城市轨道交通职业教育系列教材——城市轨道交通运营管理

城市轨道交通概论（第3版）

主编 ○ 张 凡

西南交通大学出版社
·成都·

图书在版编目（CIP）数据

城市轨道交通概论 / 张凡主编. —3 版. —成都：西南交通大学出版社，2017.2（2020.1 重印）
城市轨道交通职业教育系列教材. 城市轨道交通运营管理
ISBN 978-7-5643-5160-1

Ⅰ. ①城… Ⅱ. ①张… Ⅲ. ①城市铁路 – 轨道交通 – 职业教育 – 教材 Ⅳ. ①U239.5

中国版本图书馆 CIP 数据核字（2016）第 298039 号

城市轨道交通职业教育系列教材——城市轨道交通运营管理

城市轨道交通概论
（第 3 版）

张凡 主编

责 任 编 辑	周 杨
助 理 编 辑	宋浩田
封 面 设 计	何东琳设计工作室
出 版 发 行	西南交通大学出版社 （四川省成都市金牛区二环路北一段 111 号 西南交通大学创新大厦 21 楼）
发 行 部 电 话	028-87600564　028-87600533
邮 政 编 码	610031
网　　　　址	http://www.xnjdcbs.com
印　　　　刷	四川煤田地质制图印刷厂
成 品 尺 寸	185 mm × 260 mm
印　　　　张	13.25
字　　　　数	329 千
版　　　　次	2017 年 2 月第 3 版
印　　　　次	2020 年 1 月第 18 次
书　　　　号	ISBN 978-7-5643-5160-1
定　　　　价	37.00 元

课件咨询电话：028-81435775
图书如有印装质量问题　本社负责退换
版权所有　盗版必究　举报电话：028-87600562

出版说明

城市轨道交通凭借快捷、准时、舒适、运量大、能耗低、污染小、占地少等优点，日益成为城市现代化建设进程中重要的公益性基础设施项目。城市轨道交通涉及面广、综合性很强，其发展状况已被当成一个城市综合实力和现代化程度的重要评判指标。由此，城市轨道交通建设正在我国兴起一个新的浪潮，社会对城市轨道交通专业人才的需求巨大，给城市轨道交通类专业的职业教育发展带来了良好契机。

西南交通大学出版社与国内诸多交通院校一直保持友好往来，并整合他们在轨道交通领域的尖端科技优势和人才集成优势，致力于为国家轨道交通教育事业做出贡献，形成了以"轨道交通"为核心的出版特色，在教育界、学界都拥有良好的口碑和较高的品牌知名度。

本套丛书从满足快速增长的城市轨道交通专业实用型人才培养需求出发，从校企结合教学直接面向岗位需求这一特点出发，精心组织国内相关专业优秀教育工作者或优秀教育工作高校，分"运营管理""工程技术""车辆""控制""供电技术"五大类，系统地为读者呈现城市轨道交通教育课程全景。在编写时，力求体现如下特点：

◎ **适用性**

理论知识够用即可，在讲述专业知识的基础上，突出实际操作技能的训练，注重岗位关键能力的培养。

◎ **专业性**

图书的顶层设计从国家高职高专专业目录规范出发，内容编排紧密结合岗位应用实际，体现专业性和主流设备前沿特征，体现教学实际需求。同时，在编写或修改时，尽可能地让一线用人单位参与进来，根据生产现场实际提出建议。

◎ **生动性**

在架构设计和版式设计上，力求简洁生动，图文并茂；努力体现二维码技术等移动互联网时代元素在图书中的应用，尽可能把生产实际和研究成果，用立体生动的形式予以表达，便于读者理解掌握。

这套书可作为高等职业院校、中等职业学校城市轨道交通相关专业的教学用书，也可作为城市轨道交通企业新职工的培训教材。有关教材的课件资料等，可以联系我社使用。

联系电话：028-87600533
邮箱：swjtucbsfx@163.com

西南交通大学出版社

第3版前言

城市轨道交通诞生于19世纪中叶的英国伦敦，经历了150多年的发展历史。它技术成熟、安全可靠、形式多样、用途广泛，以其大载客量、快捷、准时、环保的特点而成为解决日益严重的城市交通堵塞问题的最有效手段。

近年来，随着改革开放政策的贯彻执行及经济建设目标的逐步实现，我国国民经济得到了蓬勃发展。经济的发展将加速都市化的进程，促进城市的建立和发展，目前，约有40个城市被归类为大城市，人口超过100万，其中8个城市人口超过300万。由于城市经济区域布局的变化以及大城市的聚集和辐射效应越来越强烈，城市流动人口大为增加，居民出行更为频繁，城市交通需求的矛盾也就越来越突出；同时，随着工业化进程和经济建设步伐的加快，人们的工作节奏越来越快，时间观念也越来越强，需要有准时、安全、快捷的交通方式来满足人们的出行需要。因此，城市轨道交通的发展越来越受到重视。

截止2015年12月31日，我国已有39个城市建设或规划建设轨道交通，其中北京、天津、上海、南京、苏州、无锡、杭州、宁波、广州、深圳、佛山、武汉、长沙、郑州、西安、重庆、成都、昆明、沈阳、大连、哈尔滨、长春、青岛、南昌和淮安25座城市开通运营的轨道交通线路共计115条，总里程3 551 km。

"十三五"时期，我国将进入城市轨道交通建设大发展阶段，2020年规划拥有的城市轨道线路里程将超过10 000 km，并将由主要集中在省会等一线城市的情况转变为向二线、三线城市扩展。

城市轨道交通的快速发展，急需大量德才兼备的各类人才。为了满足对人才特别是高、中级技能型人才培养的迫切需要，湖北铁道运输职业学院组织编写了适合高、中级职业学校城市轨道交通类专业的系列教学用书，《城市轨道交通概论》便是其中之一。

本教材第3版在第2版的基础上，根据近几年城市轨道交通的发展，将最新的技术资料收入其中，将第一章所涉及的十四个城市轨道交通建设的内容进行了更新；对第七章的第二节和第三节内容作了合理的增减，对第七章第四节城市轨道交通事故的种类进行了更新，使之更贴近行业的近况；同时，随着人们对城市轨道交通从知之甚少到广泛关注与接触，普通人关于轨道交通方面的知识储备在不断地增长，湖北铁道运输职业学院作为培养轨道交通专用人才的学校,更应走在时代的前列。为此,本次编写补充了一些与教学相关的阅读知识,附在相关章节的后面,既紧扣教学内容,又拓宽学生视野;此外,在实际教学过程中发现查找城市轨道交通相关专业的缩略语有些不便,为方便查找,书末增加了附录二,汇集了目前能够收集到的专业缩略词,更多内容有待以后补充。

本书主要由湖北铁道运输职业学院张凡编写,牛为民参加编写。具体分工为:张凡编写第一章至第六章,牛为民编写第七章。在编写过程中参阅了大量专业书籍、报刊、杂志和网页上的专题文章。书末列出了参考文献目录,在此对各位作者表示衷心的感谢。

城市轨道交通线路一般是永久性的结构,建成后几乎无调整的可能性,故各城市在线路开建前都会反复比较和修改方案。书中收集到的有关城市轨道交通的规划与建设的资料和数据不可能与修改方案同步,会与实际情况有出入,仅供学习时参考。

本书编成后,虽经反复修改和校对,但由于编者水平和时间有限,会在所难免地有不足、错漏之处,欢迎读者批评指正。

编　者

2016 年 6 月

第 2 版前言

城市轨道交通诞生于 19 世纪中叶的英国伦敦，经历了 140 多年的发展历史。它技术成熟、安全可靠、形式多样、用途广泛，以其大载客量、快捷、准时、环保而成为解决日益严重的城市交通堵塞的最有效手段。

改革开放以来，随着经济的发展，我国内地城市化进程加快，城市交通问题成为制约城市发展的重要因素。为此，国家确立了优先发展城市公共交通的城市发展战略。建立以大容量快速轨道交通为骨干、以公共交通为主体的综合交通体系，解决城市交通拥挤问题，从而实现可持续发展的治本之策。

未来 10 年，我国内地将新建城市轨道交通线路 60 多条，新建线路里程近 1 700 km；北京、上海、广州更是以每年新增线路 30~50 km 的速度在发展。

城市轨道交通迎来了最好的发展时机，抓住这一历史机遇，内地许多城市纷纷开始轨道交通的规划和建设。

城市轨道交通的发展，急需大量德才兼备的各类人才。为了满足对人才特别是高、中级技能型人才培养的迫切需要，武汉铁路司机学校组织编写了适合高、中级职业学校城市轨道交通类专业的系列教学用书。

本教材在第 1 版的基础上，根据近几年城市轨道交通的发展，将最新的技术资料收入其中；同时紧扣职业教育的特点，在讲述基本专业知识的基础上，突出了实际操作技能的培养。内容简洁明了，文字通俗易懂。为配合教学的需要，每章配有适量的复习思考题。

本书由钱传贤（第一、二、三章）、张凡（第四、五、六、七章）编写。在编写过程中参阅了大量专业书籍和报刊、杂志上的专题文章。书末列出了参考文献目录，在此我们对其作者表示衷心的感谢。

需要说明的是，由于城市轨道交通线路一般是永久性的结构，建成后几乎无调整的可能性，故各城市在线路开建前都会反复比较和修改方案。书中有关城市轨道交通的规划与建设资料和数据，可能与实际有出入，仅供参考。

本书编成后，虽经反复修改和校对，但由于编者水平和时间有限，不足甚至是错漏之处在所难免，欢迎读者批评指正。

编　者
2011 年 6 月

第1版前言

城市轨道交通诞生于19世纪中叶的英国伦敦，经历了140多年的发展历史。它技术成熟、安全可靠、形式多样、用途广泛，以其大载客量、快捷、准时、环保而成为解决日益严重的城市交通堵塞的最有效手段。

改革开放以来，随着经济的发展，我国内地城市化进程加快，城市交通问题成为制约城市发展的重要因素。为此，国家确立了优先发展城市公共交通的城市发展战略。建立以大容量快速轨道交通为骨干、以公共交通为主体的综合交通体系，解决城市交通拥挤问题，从而实现可持续发展的治本之策。

未来10年，我国内地将新建城市轨道交通线路60多条，新建线路里程近1 700 km；北京、上海、广州更是以每年新增线路30～50 km的速度在发展。

城市轨道交通迎来了最好的发展时机，抓住这一历史机遇，内地许多城市纷纷开始轨道交通的规划和建设。

城市轨道交通的发展，急需大量德才兼备的各类人才。为了满足对人才特别是高、中级技能型人才培养的迫切需要，武汉铁路司机学校（武汉轨道交通学校）组织编写了适合高、中级职业学校城市轨道交通类专业的系列教学用书。

这套教材，紧扣职业教育的特点，在讲述基本专业知识的基础上，突出了实际操作技能的培养。内容简洁明了，文字通俗易懂。为配合教学的需要，每章配有适量的复习思考题。

本书由钱传贤（第一、二、三章）、张凡（第四、五、六、七章）编写。在编写过程中参阅了大量专业书籍和报刊、杂志上的专题文章。书末列出了参考文献目录，在此我们对其作者表示衷心的感谢。

需要说明的是，由于城市轨道交通线路一般是永久性的结构，建成后几乎无调整的可能性，故各城市在线路开建前都会反复比较和修改方案。书中有关城市轨道交通的规划与建设资料和数据，可能与实际有出入，仅供参考。

本书编成后，虽经反复修改和校对，但由于编者水平和时间有限，不足甚至是错漏之处在所难免，欢迎读者批评指正。

编　者
2007年7月

目 录

第一章　城市轨道交通概述 ··· 1
　第一节　城市轨道交通的由来与发展 ··· 1
　第二节　城市轨道交通的类型 ··· 15
　第三节　我国城市轨道交通的发展 ··· 24
　第四节　城市轨道交通的规划与建设 ·· 36
　阅读知识 ··· 54
　复习思考题 ·· 55

第二章　城市轨道交通车辆 ··· 57
　第一节　车辆的基本组成及重要技术参数 ··· 57
　第二节　车体及走行装置 ··· 67
　第三节　车辆的连接装置和制动系统 ·· 71
　第四节　车辆的电力传动与控制 ·· 74
　第五节　车辆基地 ··· 76
　复习思考题 ·· 79

第三章　城市轨道交通供电系统 ··· 81
　第一节　概　述 ·· 81
　第二节　牵引供电系统 ··· 83
　第三节　远动监控及地下迷流 ··· 91
　阅读知识 ··· 94
　复习思考题 ·· 96

第四章　城市轨道交通线路与车站 ··· 97
　第一节　城市轨道交通线路 ·· 97
　第二节　城市轨道交通车站 ·· 113
　阅读知识 ··· 118
　复习思考题 ·· 121

第五章　城市轨道交通信号与通信系统 ··· 123
　第一节　城市轨道交通信号 ·· 123
　第二节　联锁设备 ··· 130
　第三节　闭塞设备 ··· 134

第四节　城市轨道交通通信系统 ·· 145
　　阅读知识 ·· 151
　　复习思考题 ·· 154

第六章　城市轨道交通运营管理 ·· 156
　　第一节　城市轨道交通运营组织基础知识 ·· 156
　　第二节　城市轨道交通列车运行调度工作 ·· 160
　　第三节　城市轨道交通行车组织工作 ·· 163
　　第四节　城市轨道交通客运组织工作 ·· 166
　　阅读知识 ·· 171
　　复习思考题 ·· 173

第七章　环控、防灾与安全系统 ·· 175
　　第一节　环控系统 ·· 175
　　第二节　给排水系统 ·· 181
　　第三节　防灾系统 ·· 185
　　第四节　城市轨道交通安全管理 ·· 190
　　复习思考题 ·· 193

附录一　轨道交通常用缩略语英汉对照（按字母顺序） ············ 195

附录二　轨道交通常用缩略语英汉对照（按专业类别） ············ 197

参考文献 ·· 201

第一章 城市轨道交通概述

第一节 城市轨道交通的由来与发展

一、城市化进程与城市交通

（一）城市发展与城市化进程

1. 城市的概念

在历史的长河中，几十亿年的天地造化，诞生了最优秀的作品——人类；又是几万年、几十万年的苦难磨砺，人类创造了自己最优秀的作品——城市。

城市是人类社会发展的产物，是仅次于语言的人类第二大文明创造。城市的出现使人们在同自然进行斗争时获得庇护和能量，从而进行更伟大的创造。从古到今城市文明比较发达的国家，在军事、经济、技术、政治等方面都展现出了强大、昌盛、文明和先进。我们今天衡量一个国家发达与否，最重要的标准之一仍然是看那个国家城市化的程度和城市文明的水平。北美、西欧、东亚的一些发达国家，都把发展城市作为重要的国策，所以它们的城市化水平明显高于其他地区的国家。

纵观人类的文明进步，特别是现代文明，包括科技、产业、通讯、交通、教育、娱乐等各个方面，都是诞生在城市这个特定的环境之中，城市本身也成为推动整个社会不断前进的巨大动力。故城市随着人类社会的发展而发展，城市是人类社会发展过程和发展水平的主要表现之一，是人类文明的标志。

对城市的定义，从常识上来讲，是一个既容易又很难回答的问题。因为即使是没有受过教育的人，包括儿童在内，也能描绘出城市与农村的不同之处，也能准确无误地告诉别人哪儿是城市，哪儿是乡村。但要从理论上给城市下一个确切的定义却相当困难。国内外许多百科全书都对城市下过定义，历史名人也都有精辟的见解，可到现在还没有一条非常细致、严格的界线或标准可以告诉人们：这就是城市。所以说，城市是一种很难确切定义的实际存在，不仅因为其外观的不同表现，还有对其在不同文化背景下的不同理解。

对于城市的定义，世界各国的学者有不同的理解和看法。有的偏重于城市的地理形态概念，有的偏重于城市功能与职能内涵。德国地理学家克里斯塔勒的见解："城市在空间上的结构是人类社会经济活动在空间的投影"更具影响。

综合各方面的见解，现代城市大致可包含以下主要特征：

（1）在一定的土地面积上聚集着相当数量的主要从事第二、第三产业的非农业人口；

（2）地理位置往往处于交通便利的地方，是一个国家或一个地区的经济、政治、军事、文化、社会、科技、交通中心；

（3）人与自然协调发展的空间体现与时间过程；

（4）节奏快、容量大、因素多的动态平衡体系；

（5）人类生产力与生产关系、经济基础与上层建筑激烈碰撞运动的表现空间，从而推动人类社会前进的最活跃社会形态；

（6）不以人的意志为转移，是社会发展的自然过程，遵循人类文明发展的必然规律。

2. 城市的发展

迄今为止，城市已经有的5 000年以上的历史。最早的城市雏形是随着私有制的产生，即剩余产品的产生，从而形成的商品交易的地方——"市"，以及因为两极分化带来的战争而需要的防御工事——"城"。在此之前，人类在原始社会漫长的岁月中，只有依附自然条件的穴居、巢居形式。

在奴隶社会向封建社会进化的过程中，城市形态渐趋成熟，有了完整的城墙以区分城市与乡村；有了较清晰的功能分区，如政治、居住、商业、手工业、殡葬等。尤为重要的是具有较完善的交通，交通的主体——道路既供行人与车辆通行，又起到隔离功能区的作用。城市的布局有明显的功能区分，特别是有了完善的道路交通体系，是城市发展的重大转折。在这一时期，由于中国的封建社会形成早于欧洲及其他大陆地区，因此，当时中国的城市发展已成较大规模。

18世纪60年代，蒸汽机在欧洲被发明并导致第一次工业革命，大量破产农民涌进城市，刺激了城市工业发展与城市形态扩展，带来了资本主义社会阶段的城市快速发展，从而使欧洲大陆城市发展超越了中国城市发展。著名的《雅典宪章》明确了城市的四大功能：工作、居住、交通、游憩，城市发展进入有规划、功能全、条件好、效率高的"社会经济聚核体"。从而出现了诸如科学城、港口城、商业城、旅游城、赌城等专业分工明显的专门化城市，也出现了众多的综合性多功能中心城市，更多的则是大量涌现的、规模不一的、特征各异的各类城市，更重要的是形成了世界城市化趋势。

一般而言，城市规模发展遵循"自由村落—中心村—镇—小城市—中等城市—大城市—特大城市—超级大都市—城市带—城市圈—城市群"的规律。在此过程中，遵循"优胜劣汰"规律，兴衰迥异。

3. 城市化进程

在城市发展的过程中，随着城市个数的不断增加，城市人口的急剧增加，出现了一个人类社会发展的大趋势——城市化。所谓城市化是指人口由分散的农村向城市集中的社会进步过程。

由于城市（尤其是大城市）具有极强的吸引力和多种优势（主要表现为聚集效应优势）：人口集中使信息流通加快，时间节省，费用降低，距离缩短，效率提高，竞争加剧；产业分工明确使专业化水平提高，高新技术发展，生产成本降低，经济效益提高。因此，虽然城市同时具有环境污染严重、交通拥挤、居住条件差、社会问题多等弊端，但仍然挡不住人口向城市流动的大势，无法阻挡乡镇向城市发展的趋势，城市发展的高级阶段——城市化也就成为必然。

目前，世界范围内人口向城市集中，城市化步伐加快。在世界城市化的进程中，有三个特征比较明显：

（1）城市人口增长速度超过总人口增长速度，这是城市化趋势的主要基础条件与特征；

（2）城市化水平与该地区经济发展水平相关，表明城市化发展是人类社会经济发展的产物；

（3）发展中国家的城市化发展基础差，但发展速度高于发达国家。发达国家城市化水平已达到较高指数值（如城市人口占总人口比例已达70%以上），因此，发展速度相对趋于平缓，而发展中国家城市化进程迅速，但其中的问题较多。

中国的城市化发展经历了一个曲折反复的过程，从封建社会时期世界领先水平，到殖民地、半殖民地时期落后于资本主义国家。在新中国成立后的很长一段时间内，也因种种主客观因素经历了"正常发展—逆城市化—快速发展"的过程。进入21世纪，随着社会和经济建设的发展，中国城市发展迅速，城市数量猛增，城市化水平不断提高，并形成了以经济为纽带的若干城市群。据中国社会科学院2009年6月发布的《城市蓝皮书》介绍：截至2008年年末，中国城镇化率达到45.7%，拥有6.07亿城镇人口，形成建制城市655座，其中人口百万以上的特大城市118座，超大城市39座。又据《中国城市发展问题调查》，2010年中国百万人口以上的城市将达到125个左右，其中200万人口以上的特大城市达到50个左右，并形成一批与综合国力相匹配的国际型大都市。2009年12月7日闭幕的中央经济工作会议提出："把统筹城乡区域协调发展与推进城镇化结合起来，大力拓展发展空间。"城镇化已成为我国经济持续发展的极为重要的动力。据中国社会科学院2011年年底发布的社会蓝皮书显示，2011年中国城镇人口占总人口的比重达到51.27%，意味着中国城市化水平首次超过50%，而2015年这一比重已达56.1%。

城市群的出现是在进入21世纪后，是我国区域经济发展的重要特点。所谓城市群是在特定的区域范围内云集相当数量的不同性质、不同类型和等级规模的城市，以一个或两个特大城市为中心，依托一定自然的环境和交通条件，城市之间的内在联系不断加强，共同构成一个相对完整的城市"集合体"。国家"十一五"规划纲要明确提出要把城市群作为推进城镇化的主题形态。未来我国将在已形成城市群发展格局的京津冀、长江三角洲、珠江三角洲基础上，发展以武汉为中心的长江中游城市群，以济南、青岛为中心的山东半岛城市群，以沈阳、大连为中心的辽中南城市群，以郑州、洛阳为中心的中原城市群，以福州、厦门为中心的海峡西岸城市群，以成都、重庆为中心的川渝城市群，以西安为中心的关中城市群等十大城市群。据了解，目前世界公认的大型城市群有五个，它们是：美国波士顿—纽约—华盛顿城市群、北美五大湖城市群、日本北海道城市群、法国巴黎城市群、英国伦敦城市群。有学者认为，长江三角洲将成为世界第六大城市群，再过若干年，全世界十大城市群，有五个可能在中国。

历史证明，城市是人类活动的中心和社会进步的重要标志，随着经济的发展和科技的进步，世界范围内的城市化进程及城市群的出现是必然的趋势。

（二）城市交通

1. 城市交通在城市发展中的地位及作用

城市交通是城市形成与发展的产物，是为城市服务的最重要的基础设施。城市内人员的流动、物质的运输是依靠城市交通来完成的。城市交通肩负着市民日常生活必需的衣食住行中"行"的任务，直接展示了城市的面貌和活力，体现着城市的承载能力。城市交通作为城市社会经济发展的纽带和命脉，与城市的形成、发展和兴衰紧密相连。考察城市化发展历程，不难发现，一方面，城市社会经济的发展产生不断增长的交通需要，诱发城市交通便捷程度的提高；另一方面，城市交通的发展吸引更多的客流向城市集中，进一步促进了城市社会经济的发展。这两者具有一种明显的相互作用关系。从现代城市的发展趋势看，交通对城市尤其是对大城市的发展具有极其重要的作用。其主要理由如下：

（1）城市交通是城市生存与发展的必要条件，是城市正常运转的"供血系统"，相适应则城市兴，不适应则城市衰。

（2）城市交通是城市内外联系的通道，是城市的主要组成部分。

（3）城市交通是城市生活的主要组成部分，市民交通出行的时间、内容、影响均占全部生活的重要部分。

（4）城市交通是城市布局的框架，交通既保证城市布局优化合理的可能，又是科学合理完善城市布局的主要构架依据。

（5）城市交通是城市运转的润滑剂，高效畅通的交通将使城市的运转高速顺畅。

（6）城市交通是城市现代化水平的标志之一，交通系统的水平直接表现了城市现代化水平。

（7）城市交通是城市化组合的纽带，现代化的交通系统是城市带、城市圈、城市群等城市组合的主要形成及发展条件。

总之，城市交通在城市发展的进程中始终是一个最活跃的因素，其发达的水平不仅对城市化水平具有质的含义，而且也是许多城市形成发展的动力。既有因依靠它发展起来的城市，也有因失去它而衰落的城市。城市交通能给城市带来动力，是城市开发的工具。正如马克思所言："没有现代的交通，就没有繁荣的城市"。

2. 城市交通系统的主要构成

城市交通系统的主要构成框架如图1.1所示。

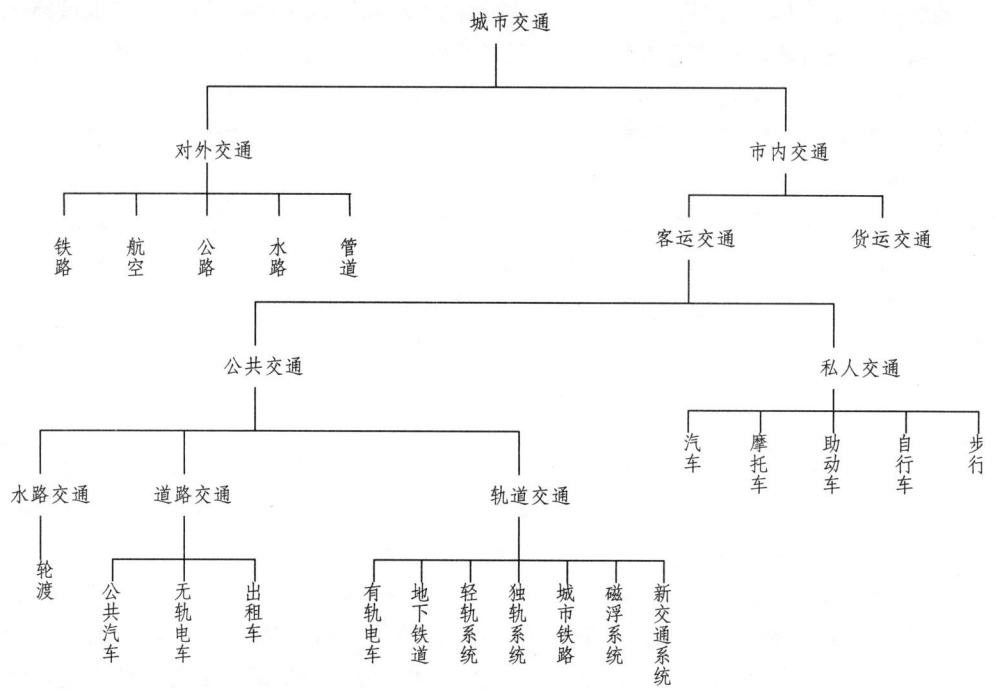

图1.1 城市交通系统的主要构成框架

3. 传统城市交通存在的问题

随着世界各国城市化的发展和我国城市化进程的不断加快，先在国外，后在国内，出现了城市人口密集、交通拥堵、环境（空气）污染严重、能源匮乏、居民出行的时间长、出行难等所谓"城市病"。城市交通问题成为困扰城市发展的难题之一，是城市肌体难以治愈的"顽症"。之所以城市交通问题成为困扰城市发展的主要问题，其根本原因是传统城市交通的发展方式存在着严重的弊端，具有不可持续性。尤其是第二次世界大战以后，发达国家城市交通发展进程几乎就是一个不断满足机动化（尤其是小汽车）发展要求的过程，机动车拥有水平几乎成了所有战略性和实施性决策的基本前提；而在发展中国家，机动化也成为城市决策者追求的目标，成为"现代化"衡量的标准。为了提高机动性，必须不断增加道路设施的供给。但"亚当斯定律"却告诉我们：新的道路建设降低了出行时耗，但同时引发新的出行需求，经过一段时间后将最终恢复原来的拥挤水平，并由此提出了交通需求总大于交通供给的著名论断。而且从普遍意义上说，道路的"生产"速度始终跟不上汽车的生产速度，因为汽车可以通过流水线生产，道路却不能；汽车可以进口，道路却不能。城市土地资源是有限而且宝贵的，不可能完全用以修建道路。因此，这种立足于供给的思维形成了一个供给与需求之间的恶性循环，即道路拥挤—公众要求增加运输能力—能力增加—旅行容易—刺激城市延伸—平均旅程增加—旅行量增加—进一步拥挤，由此导致城市交通失衡，堵塞严重和环境污染，给城市经济、社会、环境和文化发展产生巨大副作用。

在我国，虽然城市交通事业的发展，有效地保障了城市经济发展和社会进步，但城市交通建设滞后，城市交通用地被挤占，交通体系不健全，道路功能不完善，路网结构、客运结构不合理，城市交通管理体制不顺，管理水平较低等问题严重影响了城市的社会经济发展。我国很多大中城市的交通现状是：

（1）交通阻塞，行车速度缓慢，就连新兴城市深圳也不例外。交通拥堵造成公交服务水平日益下降，客运效益越来越差，造成大量自行车重新涌上街头，出租汽车、私人轿车不断增加，有限的城市道路不堪重负。在 2007 年 3 月 21 日召开的深圳市第四届人大三次会议分组审议会上，深圳市长呼吁市民放慢买车步伐实属无奈之举。

（2）我国城市传统的混合用地模式，即步行、自行车、低运输量的公共交通工具为主的出行方式，限制了城市客流的疏散。各种车辆混行在道路上，导致交通秩序混乱，交通事故频发。

（3）一些大城市环境形势日益严峻，大气污染日益加剧。机动车排放的尾气是造成大气污染的元凶。2013 年 1 月 14 日，亚洲开发银行和清华大学发布的一份名为《迈向环境可持续的未来中华人民共和国国家环境分析》中文版报告提出："尽管中国政府一直在积极地运用财政和行政手段治理大气污染，但世界上污染最严重的 10 个城市之中，仍有 7 个位于中国。中国 500 个大型城市中，只有不到 1% 的城市的空气质量达到世界卫生组织空气质量的一级标准。1998 年国际卫生组织公布的一项报告表明，全球空气污染最严重的城市依次为：太原、米兰、北京、乌鲁木齐、墨西哥城、兰州、重庆、济南、石家庄、德黑兰。2014 年中国空气污染排名（排名由最差开始）：北京、邢台、石家庄、保定、邯郸、衡水、济南、唐山、成都、西安、天津（排名来源：中国环境监测总站）。

引起城市交通阻塞的主要原因是道路面积少，人口密集、客流量大，缺乏科学的现代化交通管理。

传统城市交通发展模式已很难从根本上摆脱拥挤—缓和—再拥挤的恶性循环。重新认识城市交通发展规律，寻求城市交通的可持续发展道路，就成为世界所有城市开始关注的问题。发展以公共交通为主的城市交通体系，优化城市交通结构，研发耗能少，有利于环保的交通工具，走可持续发展之路，是解决城市交通拥挤问题的有效和根本途径，现已成为广泛共识，并将是21世纪世界城市交通发展的必然趋势。

二、城市轨道交通

轨道交通很早就作为公共交通在城市中出现。随着科学技术提高和城市化发展，大运量的轨道交通在现代大城市中起着越来越重要的作用。经济发达国家城市的交通发展历史告诉我们，只有采用大客运量的城市轨道交通（地铁和轻轨）系统，才是从根本上改善城市公共交通状况的有效途径。

（一）城市轨道交通的基本概念

1. 城市轨道交通的定义

城市中使用车辆在固定导轨上运行并主要用于城市客运的交通系统称为城市轨道交通。在我国国家标准《城市公共交通常用名词术语》中，将城市轨道交通定义为"通常以电能为动力，采取轮轨运输方式的快速大运量公共交通的总称"。

城市轨道交通是指具有固定线路，铺设固定轨道，配备运输车辆及服务设施等的公共交通设施。"城市轨道交通"是一个包含较大范围的概念，在国际上没有统一的定义。一般而言，广义的城市轨道交通是指以轨道运输方式为主要技术特征，是城市公共客运交通系统中具有中等以上运量的轨道交通系统（有别于道路交通），主要为城市内（有别于城际铁路，但可涵盖郊区及城市圈范围）公共客运服务，是一种在城市公共客运交通中起骨干作用的现代化立体交通系统。

城市轨道交通以其大载客量、快捷、准时、安全、环保而成为解决交通拥挤的最有效手段。城市公共交通的轨道化程度已成为一个城市现代化的重要标志之一。城市轨道交通经历了自1863年以来近一个半世纪的发展，其技术成熟、安全可靠、形式多样、用途广泛，正成为城市交通的骨干。

2. 城市轨道交通在城市公共交通的地位与作用

（1）城市轨道交通是城市公共交通的主干线，客流运送的大动脉，是城市的生命线工程。建成运营后，将直接关系到城市居民的出行、工作、购物和生活。

（2）城市轨道交通是世界公认的低能耗、少污染的"绿色交通"，是解决"城市病"的一把金钥匙，对于实现城市的可持续发展具有非常重要的意义。

（3）城市轨道交通是城市建设史上最大的公益性基础设施，对城市的全局和发展模式将产生深远的影响。为了建设生态城市，应把摊大饼式的城市发展模式改变为伸开的手掌形模式，而手掌状城市发展的骨架就是城市轨道交通。城市轨道交通的建设可以带动城市沿轨道交通廊道的发展，促进城市繁荣，形成郊区卫星城和多个副部中心，从而缓解城市中心人口密集、住房紧张、绿化面积小、空气污染严重等城市通病。

（4）城市轨道交通的建设与发展有利于提高市民出行的效率，节省时间，改善生活质量。国际知名的大都市由于轨道交通十分发达且方便，人们出行很少驾驶私人车辆，主要依靠地铁、轻轨等轨道交通，故城市交通秩序井然，市民出行方便、省时。

（二）城市轨道交通的主要技术特性

1. 城市轨道交通有较大的运输能力

城市轨道交通由于高密度运转，列车行车时间间隔短，行车速度高，列车编组辆数多而具有较大的运输能力。单向高峰每小时的运输能力最大可达到6万～8万人次（市郊铁路），地铁达到4万～6万人次，轻轨1万～4万人次，有轨电车能达到1万人次，城市轨道交通的运输能力远远超过公共汽车。据文献统计，地下铁道每公里线路年客运量可达100万人次以上，最高达到1 200万人次，如莫斯科地铁、东京地铁、北京地铁等。城市轨道交通能在短时间内输送较大的客流，据统计，地铁在早高峰时1 h能输送全日客流的17%～20%，3小时能输送全日客流的31%。

2. 城市轨道交通具有较高的准时性

城市轨道交通由于在专用行车道上运行，不受其他交通工具干扰，不产生线路堵塞现象并且不受气候影响，是全天候的交通工具，列车能按运行图运行，具有可信赖的准时性。

3. 城市轨道交通具有较高的速达性

与常规公共交通相比，城市轨道交通由于运行在专用行车道上，不受其他交通工具干扰，车辆有较高的运行速度，有较高的启、制动加速度，多数采用高站台，列车停站时间短，上下车迅速方便，而且换乘方便，从而可以使乘客较快地到达目的地，缩短了出行时间。

4. 城市轨道交通具有较高的舒适性

与常规公共交通相比，城市轨道交通由于运行在不受其他交通工具干扰的线路上，城市轨道车辆具有较好的运行特性，车辆、车站等装有空调、引导装置、自动售票等直接为乘客服务的设备，城市轨道交通具有较好的乘车条件，其舒适性优于公共电、汽车。

5. 城市轨道交通具有较高的安全性

城市轨道交通由于运行在专用轨道上，没有平交道口，不受其他交通工具干扰，并且有先进的通讯信号设备，极少发生交通事故。

6. 城市轨道交通能充分利用地下和地上空间

大城市地面拥挤、土地费用昂贵。城市轨道交通由于充分利用了地下和地上空间的开发，不占用地面街道，能有效缓解由于汽车大量发展而造成道路拥挤、堵塞，有利于城市空间合理利用，特别有利于缓解大城市中心区过于拥挤的状态，提高了土地利用价值，并能改善城市景观。

7. 城市轨道交通的系统运营费用较低

城市轨道交通由于主要采用电气牵引，而且轮轨摩擦阻力较小，与公共电、汽车相比节省能源，在早期从节能的角度来看其运营费用较低。

8. 城市轨道交通对环境低污染

城市轨道交通由于采用电气牵引，与公共电、汽车相比不产生废气污染。由于城市轨道交通的发展，还能减少公共汽车的数量，进一步减少了汽车的废气污染。由于在线路和车辆上采用了各种降噪措施，故一般不会对城市环境产生严重的噪声污染。

（三）城市轨道交通的技术等级

城市轨道交通技术等级如表 1.1 所示。

表 1.1 城市轨道交通技术等级表

等级 项目		Ⅰ级	Ⅱ级	Ⅲ级	Ⅳ级	Ⅴ级
系统类型		高运量地铁	大运量地铁	中运量轻轨	次中量轻轨	低运量轻轨
使用车辆类型		A 型车	B 型车	C-Ⅰ, C-Ⅲ 型车	C-Ⅱ型车	现代有轨电车
最大客运量（单向万人次/h）		4.5~7.5	3.0~5.5	1.0~3.0	0.8~2.5	0.6~1.0
线路	线路形态	隧道为主	隧道为主	地面或高架	地面为主	地面
	路用情况	专用	专用	专用	隔离或少量混用	混用为主
车站	平均站距（m）	800~1 500	800~1 200	600~1 000	600~1 000	600~800
	站台长度（m）	200	200	120	<100	<60
	站台高低	高	高	高	低（高）	低
车辆	车辆宽度（m）	3.0	2.8	2.6	2.6	2.6
	车辆定员（人）*	310	240	320	220	104~202
	最大轴重（t）	16	14	11	10	9
	最大时速（km/h）	80~100	80	80	70	45~60
	平均运行速度（km/h）	34~40	32~40	30~40	25~35	15~25
	轨距（mm）	1 435	1 435	1 435	1 435	1 435
供电	额定电压（V）	DC 1 500	DC 750	DC 750	DC 750（600）	DC 750（600）
	受电方式	架空线	第三轨	架空线/第三轨	架空线	架空线
信号	列车自动保护	有	有	有	有/无	无
	列车运行方式	ATO/司机驾驶	ATO/司机驾驶	ATO/司机驾驶	司机驾驶	司机驾驶
	行车控制技术	ATC	ATC	ATP/ATS	ATP/ATS	ATS/CTC
运营	列车最大车辆编组	6~8	6~8	4~6	2~4	2
	列车最小行车间隔（s）	120	120	120	150	300

注：*指按每平方米站 6 人计算。

（四）城市轨道交通体系构成

城市轨道交通系统是集多专业、多工种于一身的复杂系统，通常由线路、车辆、通信信号、供变电、车站、维护检修基地、指挥控制中心等组成。城市轨道交通的运输组织、功能实现、安全保证均应遵循有轨交通的客观规律。在运输组织上要实行集中调度、统一指挥、按运行图组织行车。在功能实现方面，各有关专业如线路、车站、隧道、车辆、供电、通信、信号、机电设备及消防系统均应保证状态良好，运行正常。在安全保证方面，主要依靠行车组织和设备正常运行，来保证必要的行车间隔和正确的行车线路。

为了保证列车运行安全、正点，在集中调度、统一指挥的原则下，行车组织、设备、车辆检修、设备运行管理、安全保证等均由一系列规章制度来规范。列车运行是一个多专业、多工种配合的工作，围绕安全行车这一中心而组成的联动有序、时效性极强的系统。

轨道交通系统中，采用了以电子计算机处理技术为核心的各种自动化设备，从而代替人工的、机械的、电气的行车组织、设备运行和安全保证系统。如ATC（列车自动控制）系统可以实现列车自动驾驶、自动跟踪、自动调度；SCADA（供电系统管理自动化）系统可以实现主变电所、牵引变电所、降压变电所设备系统的遥控、遥信、遥测、遥调和遥视；BAS（环境监控系统）和FAS（火灾报警系统）可以实现车站环境控制的自动化和消防、报警系统的自动化；AFC（自动售检票系统）可以实现自动售票、检票、分类等功能。这些系统全线各自形成网络，均在OCC（控制中心）设中心计算机，实现统一指挥，分级控制。

城市轨道交通各系统的功能和结构，将在后面有关章节中详细叙述。

三、世界城市轨道交通的发展

（一）城市轨道交通的起源

法国人巴斯卡于1662年在巴黎首创无轨公共马车，它有固定路线和班次，由此诞生了城市公共交通。无轨马车虽然是城市公共交通的先驱，但它缓慢、颠簸、不舒适，且容易造成街道的车辆拥挤及阻塞。

把马车放在钢轨上行驶，可以提高速度及平稳性，还可以利用有多匹马组成的马队来提高牵引力，增大车辆规模，降低运输成本及票价。1827年，世界上第一条有轨马车出现在纽约百老汇大街上，1832年由写作为动力的城市街道铁路（有轨马车）在美国纽约的第4大街正式运营。从1855年开始有轨马车大规模地替代公共马车，在美国及欧洲迅速扩展，至1890年总的轨道里程达到9 900 km。

虽然有轨马车比公共马车相比有了很大的改进，但随着城市人口及车辆的增加，在平交道口出现了交通的阻塞，这种情况在较大城市非常普遍。交通的拥堵使人们想到了将交通线路往地下发展，以便很好地解决客流膨胀与土地紧张的问题。19世纪中叶的英国伦敦，交通十分拥堵。1843年，有"地铁之父"之称的英国律师查尔斯·皮尔逊建议修建地铁。经过20年的酝酿和建设，世界上第一条快速轨道交通地下线（地铁）于1863年1月10日在伦敦正式运营，它标志着城市轨道交通在世界上的诞生。用明挖法施工的伦敦地铁，通车时采用蒸汽机车牵引，线路全长 6.5 km。由于列车在地下隧道内运行，尽管隧道里烟雾熏人，但当时的伦敦市民甚至皇亲显贵们都乐于乘坐这种地下列车，因为在拥挤不堪的伦敦地面街道上乘坐公共马车，其条件和速度还不如地铁列车。

世界第一条地下铁道的诞生，为人口密集的大都市如何发展公共交通提供了宝贵的经验。特别是线路仅 6.5 km 的伦敦地铁，第一年就运载了 950 万乘客，为解决城市交通的拥堵树立了成功的典范。1879 年，电力驱动的机车研制成功，使地下客运环境和服务条件得到了空前的改善，地铁建设显示出强大的生命力。世界上知名大都市和其他城市纷纷仿效伦敦修建地铁。从此，城市交通进入了轨道交通时代。

（二）世界城市轨道交通的发展

自 1863 年伦敦开通世界上第一条地铁以来，至 2010 年，城市轨道交通的发展已有 147 年历史。已有近 50 个国家的 330 余座城市修建了城市轨道交通，线路总长度达数万公里。各大城市的地铁、轻轨、城市铁路、新型城市轨道交通都得到了很好的发展，为城市的客运交通和经济发展做出了重要的贡献。

世界城市轨道交通的发展经历了一个曲折的过程，大致可分为以下几个阶段。

1. 初步发展阶段（1863—1924 年）

在这一阶段，欧美的城市轨道交通发展较快，其间 13 个城市建成了地铁，还有许多城市建设了有轨电车。20 世纪 20 年代，美国、日本、印度和中国的有轨电车有了很大发展。这种旧式的有轨电车行驶在城市的道路中间，运行速度慢，正点率很低，而且噪声大，加速性能低，乘客舒适度差，但在当时仍然是公共交通的骨干。

2. 停滞萎缩阶段（1924—1949 年）

第二次世界大战的爆发和汽车工业的发展，导致了城市轨道交通的停滞和萎缩。汽车由于其灵活、便捷及可达性，一度成为城市交通的宠儿，得到飞速发展。而轨道交通因投资大，建设周期长，一度失宠。这一阶段只有五个城市发展了城市地铁，有轨电车则停滞不前，有些线路被拆除。美国 1912 年已有 370 个城市建有有轨电车，到了 1970 年，只剩下 8 个城市保留了有轨电车。

3. 再发展阶段（1949—1969 年）

汽车过度增加，使城市道路异常堵塞。行车速度下降，严重时还会导致交通瘫痪。加之空气污染，噪声严重，石油资源被大量耗费，市区汽车有时甚至难以找到停车地方，于是人们又重新认识到，解决城市客运交通必须依靠电力驱动的轨道交通。轨道交通因此重新得到了重视，而且逐步扩展到日本、中国、韩国、巴西、伊朗、埃及等国家，这期间有 17 个城市新建了地铁。

4. 高速发展阶段（1970 年至今）

世界上很多国家都确立了优先发展轨道交通的方针，立法解决城市轨道交通的发展资金来源。世界各国城市化的趋势，导致人口高度集中，要求轨道交通高速发展以适应日益增加的客流运输，各种技术的发展也为轨道交通奠定了良好的基础。近几年又有四十几个城市修建了地铁、轻轨或其他轨道交通。

世界各国的地铁各具特色。莫斯科地铁是世界上最豪华的地铁，有欧洲"地下宫殿"之称。天然的料石、欧洲的传统灯饰与莫斯科气势恢弘的各类雕塑交相辉映，简直是一座艺术的博物馆。市区 9 条地铁线路纵横交错，充分体现当时苏联城市交通规划和建筑业的一流水平。纽约是当今世界地铁运行线路最长的城市，其线路有 37 条，全长 432.4 km，车站多达 498 个，设施较为陈旧。巴黎地铁是世界上最方便的地铁，每天发出 4 960 列车，在主要车站的出入口，均设有电脑显示应乘的线路、换乘的地点等，一目了然。巴黎地铁也是世界上层次最多的地铁，包括地面大厅共有 6 层（一般地铁仅为 2～3 层）。法国里尔地铁是当今世界最先进的地铁，全部由微机控制，无人驾驶，轻便、省钱、省电，车辆行驶中噪声、振动都很小，高峰时每小时通过 60 列车，为世界上行车间隔最短的全自动化地铁。美国旧金山地铁是当今世界地铁列车速度之冠。我国香港地铁 1994 年总收入 51.3 亿港元，扣除经营开发、折旧、利息和财务开支后，当年利润 10.38 亿港元。世界各国地铁均靠政府补贴，唯独我国香港地铁既解决了市区出行，同时又可创利。新加坡地铁车站和线路清洁明亮，一尘不染，是世界上最安全、最清洁、管理最好的地铁。新加坡地铁像莫斯科地铁一样考虑了战时的防护掩蔽，车站出入口均设置有防护门、密闭门等防护设施。

墨西哥城与首尔是世界上地铁发展较快的城市。墨西哥城在 1990—2000 年短短的十年间修建了 150 km 地铁，到 2000 年共计开通 21 条地铁线路，全长 400 km，承担全城客运量的 58%；韩国首尔地铁于 1971 年开始建设，到 2000 年建成 8 条线，总长 285 km。世界各国修建地下铁道的情况如表 1.2 所示。

表 1.2 世界各国地下铁道

城市（国家）	开始通车年代	当时人口（万人）	线路条数	线路长度（km）		车站数目	轨距（mm）	牵引供电	
				全长	地下			方式	电压（V）
伦敦（英国）	1863	670	9	408	167	273	1 435	第三轨	630
纽约（美国）	1867	730	29	443	280	504	1 435	第三轨	600 650
芝加哥（美国）	1892	370	6	174	18	143	1 435	第三轨	600
布达佩斯（匈牙利）	1896	210	3	27.1	23	30	1 435	第三轨	750
格拉斯哥（英国）	1897	75.1	1	10.4	10.4	15	1 435	第三轨	600
波士顿（美国）	1898	150	3	34.4	19	39	1 220	第三轨	600
维也纳（奥地利）	1898	150	3	34.4	19	39	1 435	第三轨	750
巴黎（法国）	1900	210	15	199	175	367	1 440	第三轨	750
柏林（德国）	1902	320	10	134	106	132	1 435	第三轨	750
费城（美国）	1905	170	4	62	76		1 435	第三轨	600 700
汉堡（德国）	1912	160	3	92.7	34.3	82	1 435	第三轨	750
布宜诺斯艾利斯（阿根廷）	1913	290	5	39	36	63	1 435	架空线	600 1 100
马德里（西班牙）	1919	320	10	112.5	107	154	1 435	架空线	600
巴塞罗那（西班牙）	1924	170	6	115.8	68.7	129	1 674 1 435	第三轨 架空线	1 200 1 500
雅典（希腊）	1925	300	1	28.8	3	23	1 435	第三轨	1 500
东京（日本）	1927	1 190	10	219	182	207	1 067 1 372	第三轨 架空线	600 1 500

续表

城市（国家）	开始通车年代	当时人口（万人）	线路条数	线路长度（km）		车站数目	轨距（mm）	牵引供电	
				全长	地下			方式	电压（V）
大阪（日本）	1933	260	6	99.1	88.6	79	1 435	第三轨 架空线	750 1 500
莫斯科（苏联）	1935	880	9	246	200	143	1 524	第三轨	825
斯德哥尔摩（瑞典）	1950	66.3	3	110	62	99	1 435	第三轨	650 750
多伦多（加拿大）	1954	220	2	54.5	43	60	1 495	第三轨	600
克利夫兰（美国）	1954	57.3	1	30.6	8	18	1 435	架空线	600
列宁格勒（苏联）	1955	320	4	92		51	1 624	第三轨	825
罗马（意大利）	1955	280	2	25.5	14.5	33	1 435	架空线	1 500
名古屋（日本）	1957	210	5	66.5	1 258	66	1 067 1 435	第三轨 架空线	600 1 500
里斯本（葡萄牙）	1959	90	3	16	12	24	1 435	第三轨	750
基辅（苏联）	1960	210	3	32.7	29		1 524	第三轨	825
米兰（意大利）	1964	150	2	56	36	66	1 435	第三轨 架空线	750 1 500
奥斯陆（挪威）	1966	45	8	100	15	110	1 435	第三轨 架空线	750 600
蒙特利尔（加拿大）	1966	190	4	65	53	65	1 435	第三轨	750
第比利斯（苏联）	1966	110	2	23	16.4	20	1 524	第三轨	825
巴库（苏联）	1967	150	2	29		17	1 524	第三轨	825
法兰克福（德国）	1968	62	7	57	12	77	1 435	架空线	600
鹿特丹（荷兰）	1968	56.7	2	42	11.5	39	1 435	第三轨	750
北京（中国）	1969	600	2	40	40	29	1 435	第三轨	750
墨西哥城（墨西哥）	1969	2 000	8	141	71	125	1 435	第三轨	750
慕尼黑（德国）	1971	130	6	56.5	43	63	1 435	第三轨	750
札幌（日本）	1971	160	3	39.7	28.6	33	2 150 2 180	第三轨 架空线	750 1 500
横滨（日本）	1972	320	2	22.1	22.1	20	1 435	第三轨	750
旧金山（美国）	1972	71.5	4	115	37.4	36	1 676	第三轨	1 000
纽伦堡（德国）	1972	47.5	2	21.4	15.9	29	1 435	第三轨	750
平壤（朝鲜）	1973	183	2	22.5		15	1 435	第三轨	825
圣保罗（巴西）	1974	1 060	2	40.3	18.4	38	1 600	第三轨	750
首尔（韩国）	1974	1 020	4	116.5	93	102	1 435	架空线	1 500
布拉格（捷克）	1974	120	3	35	19	36	1 435	第三轨	750
圣地亚哥（智利）	1975	430	2	27.3	21.9	37	1 435	第三轨	750
哈尔科夫（苏联）	1975	140	2	22.9		19	1 524	第三轨	825
华盛顿（美国）	1976	64	4	112	52.8	38	1 435	第三轨	750

续表

城市（国家）	开始通车年代	当时人口（万人）	线路条数	线路长度（km）全长	线路长度（km）地下	车站数目	轨距（mm）	牵引供电 方式	牵引供电 电压（V）
布鲁塞尔（比利时）	1976	110	3	39		51	1 435	第三轨	900
阿姆斯特丹（荷兰）	1977	69.1	2	34	3.5	20	1 432	第三轨	750
马塞（法国）	1977	87.4	2	19	15.5	22	1 435	第三轨	750
塔什干（苏联）	1977	190	2	24		19	1 524	第三轨	825
神户（日本）	1977	140	2	22.6	14	16	1 435	架空线	1 500
里昂（法国）	1978	120	3	16.5	14	22	1 435	第三轨	750
里约热内卢（巴西）	1979	580	3	21.6	13	19	1 600	第三轨	750
亚特兰大（美国）	1979	120	2	52.3	7	29	1 435	第三轨	750
香港（中国）	1979	550	3	43.2	34.4	38	1 435	架空线	1 500
布加勒斯特（罗马尼亚）	1979	220	2	46.2	37	30	1 432	第三轨	750
新堡（英国）	1980	28.1	4	55.6	6.4	46	1 435	架空线	1 500
天津（中国）	1980	540	1	7.4	7.4	8	1 435	第三轨	750
福冈（日本）	1981	120	2	18	17	19	1 067	架空线	1 500
埃里温（苏联）	1981	100	1	8.4	8.4	9	1 524	第三轨	825
京都（日本）	1981	150	1	9.9	9.9	12	1 435	第三轨	1 500
赫尔辛基（芬兰）	1982	49	1	15.9	4	11	1 524	第三轨	750
加拉加斯（委内瑞拉）	1983	350	2	40		35	1 435	第三轨	750
巴尔的摩（美国）	1983	80	1	22.4	12.8	12	1 435	第三轨	700
里尔（法国）	1983	110	2	25.3	9	34	2 060	第三轨	750
迈阿密（美国）	1984	170	1	34.5		20	1 435	第三轨	750
明斯克（苏联）	1984	130	1	9.5		9	1 524	第三轨	825
加尔各答（印度）	1984	730	1	16.4	15.1	17	1 674	第三轨	750
累西腓（巴西）	1985	120	2	20.5		17	1 600	架空线	3 000
高尔基城（苏联）	1985	140	1	9.8		8	1 524	第三轨	825
贝洛奥里藏特（巴西）	1985	220	1	12.5		7	1 600	架空线	3 000
新西伯利亚（苏联）	1985	130	2	12.9	12.9	10	1 524	第三轨	825
阿雷格里港（巴西）	1985	130	1	27.5		15	1 600	架空线	3 000
釜山（韩国）	1985	130	1	21.3	15	20	1 435	架空线	1 500
温哥华（加拿大）	1986	120	1	21.4	1.6	15	1 435	第三轨	600
古比雪夫（苏联）	1986	100	1	12.5		9	1 524	第三轨	825
仙台（日本）	1987	90	1	14.4	11.8	16	1 067	架空线	1 500
新加坡（新加坡）	1987	260	2	67	18.9	42	1 435	第三轨	750
开罗（埃及）	1987	830	1	5	4.5	6	1 435	架空线	1 500
第聂伯罗彼得罗夫斯克（苏联）	1988	110	1	11.2			1 524	第三轨	825

表 1.3、表 1.4 分别列出了世界上运营线路超过 100 km 的城市及世界各国轻轨交通线路。

表 1.3　运营线路超过 100 km 的城市

城市	城市人口（万人）	区域人口（万人）	线路（km）	地下线路（km）	高架线路（km）	地面线路（km）	车站数（个）	供电电源（V）	受流方式
纽约	730	1 330	436	253	129	75	501	DC 625	三轨
伦敦	670		398	163		235	273	DC 600	三轨
巴黎	210	1 020	192	177	13.7	1.1	429	DC 750	三轨
莫斯科	880		220	184	36		143	DC 825	三轨
东京	840	1 190	218	174	24	20	206	DC 1 500	三轨/架空线
芝加哥	300	700	163	18	85	60	143	DC 600	三轨
墨西哥城	2 000		141	103	10	28	125	DC 750	两导向杆
柏林	260	438	191	114	3	74	180	DC 780/600	三轨
首尔	1 020	1 350	116	116			102	DC 1 500	三轨
马德里	320	400	113	105	3	5	137	DC 600	架空线
华盛顿	60	300	112	62	10	40	64	DC 750	三轨
斯德哥尔摩	66	160	105	62			99	DC 650/750	三轨
大阪	260		104	93	11		98	DC 750	三轨/架空线

表 1.4　世界各国和地区轻轨交通线路表

国家和地区	线路数量	国家和地区	线路数量
加拿大	4	德国	62
美国	25	荷兰	6
墨西哥	3	英国	6
巴拉圭	1	比利时	5
阿根廷	1	法国	8
巴西	4	奥地利	7
瑞典	4	瑞士	9
挪威	2	意大利	6
斯洛伐克	3	西班牙	3
波兰	14	葡萄牙	3
捷克	7	突尼斯	1
芬兰	1	阿塞拜疆	2
爱沙尼亚	1	哈萨克斯坦	5
拉脱维亚	3	亚美尼亚	1
俄罗斯	71	埃及	2

续表

国家和地区	线路数量	国家和地区	线路数量
贝拉如斯	4	南 非	1
乌克兰	25	土耳其	3
罗马尼亚	15	印 度	1
波斯尼亚	1	中 国	3
克罗地亚	2	中国香港	2
塞尔维亚	1	朝 鲜	1
保加利亚	1	菲律宾	1
匈牙利	4	日 本	18
格鲁吉亚	1	澳大利亚	4
乌兹别克斯坦	1	马来西亚	1

第二节 城市轨道交通的类型

城市轨道交通种类繁多，技术指标差异较大，世界各国评价标准不一，并无严格的分类。由于城市轨道交通在世界范围内发展较快，地区、国家、城市的不同，服务对象的不同等，使城市轨道交通发展成为多种类型。目前尚无十分统一的分类标准，不同的分类方法，可以分出不同的结果。

若按容量（运送能力），可分为高容量、大容量、中容量和小容量；若按导向方式，可分为轮轨导向和导向轨导向；若按线路架设方式，可分为地下（水下）、高架和地面；若按线路隔离程度，可分为全隔离、半隔离和不隔离；若按轨道材料，可分为钢轮钢轨系统和橡胶轮混凝土轨道梁系统；若按牵引方式，可分为旋转式直流、交流电机牵引和直线电机牵引；若按运营组织方式，可分为传统城市轨道交通、区域快速轨道交通和城市（市郊）铁路。

城市轨道交通按运能范围、车辆类型及主要技术特征可分为有轨电车、地下铁道、轻轨交通、城市（市郊）铁路、独轨交通、新交通系统、磁浮交通七类。现分述如下。

一、有轨电车

旧式有轨电车（Tram 或 Streetcar）是使用电车牵引、轮轨导向、1~3辆编组运行在城市路面线路上的低运量轨道交通系统。

有轨电车是最早发展的城市轨道交通之一，一般设在城市中心穿街走巷运行，具有上下车方便的特点。

有轨电车起源于城市公共马车，为了多载客，人们把马车放在铁轨上。随着电动机的发明和牵引电力网的出现，世界上第一条有轨电车线于1888年5月在美国弗吉尼亚州里士满市开通。到20世纪20年代，美国的有轨电车总长达2.5万km。到20世纪30年代，欧洲、日本、印度和我国的有轨电车有了很大发展。1908年3月5日，我国第一条有轨电车线在上海南京路上建成通车，随后北京、天津及东北一些城市相继修建了有轨电车，在当时的城市公共交通中发挥了重要作用。

旧式的有轨电车单向运输能力一般在1万人次/小时以下，通常采用地面路线，与其他车辆混合运行，运行速度一般在10~20 km/h之间。旧式有轨电车由于运能、挤占道路、噪声等问题，在20世纪五六十年代世界上各大城市纷纷拆除有轨电车线路，改建运量大的地铁或轻轨交通。我国的有轨电车在20世纪50年代末已被拆得所剩无几，仅大连、长春和鞍山3座城市将其保留。大连还对有轨电车进行了改造，使其成为城市的一张名片。

旧式的有轨电车已停止了发展，基本上完成了它的历史使命。经改造后的现代有轨电车与性能较差的轻轨交通已很接近，只是车辆尺寸稍小一些，运营速度接近20 km/h，单向运能可达2万人次/小时。截至2015年4月，中国大陆已开通并进行有轨电车运营的城市有8个，分别是长春、大连、沈阳、天津、上海、南京、苏州和广州。其中，长春和大连是全国仅剩的两个保留了老式有轨电车的城市。

在已开通有轨电车的城市中，沈阳和苏州的运营线路已成网。天津泰达和上海张江的有轨电车制式相同，都来自法国劳尔公司，是采用胶轮导轨的制式车辆，运行于人流量较少的开发区；南京和苏州使用的是中国南车浦镇车辆有限公司的100%低地板电车，技术来源于加拿大轨道巨头庞巴迪；广州在2015年3月份开通运行的有轨电车，是全国首个采用超级电容供电的有轨电车。

据统计，目前全国已有超过100个城市在规划建设有轨电车线路，到2020年，全国计划建设的有轨电车线路总里程将达到2500km，这些规划建设有轨电车线路的大部分是二、三、四线城市。

二、地下铁道

地下铁道简称地铁（Metro/Underground Railway/Subway），是城市快速轨道交通的先驱。地铁是由电力牵引、轮轨导向、轴重相对较重、具有一定规模运量、按运行图行车、车辆编组运行在地下隧道内，或根据城市的具体条件，运行在地面或高架线路上的快速轨道交通系统。地铁的运能，单向为3万人次/h，最高可达6万~8万人次/h。最高速度可达90 km/h（巴黎的深层高速地铁速度可达120 km/h，韩国首尔将建设时速200 km的大深度高速地铁），旅行速度可达40 km/h左右（巴黎和首尔的深层高速地铁旅行速度分别达到60 km/h和120 km/h），可以4~10辆的方式编组。车辆运行最小间隔可低于1.5 min。驱动方式有直流电机、交流电机、直线电机等。地铁造价昂贵，每公里投资为3~6亿元人民币。地铁有建设成本高，建设周期长的弊端，但同时又具有运量大、安全、准时、节省能源、不污染环境、节省城市用地的优点。地铁适用于出行距离较长、客运量需求大的城市中心区域。一般认为，人口超过百万的大城市就应该考虑修建地铁。地铁的主要技术参数如表1.5所示。

表 1.5 地铁主要技术参数

顺序	项目	技术参数	顺序	项目	技术参数
1	高峰小时单向运送能力（人）	30 000~70 000	9	安全性和可靠性	较好
2	列车编组	4~8节、最多11节	10	最小曲线半径（m）	300
3	列车容量（人）	3 000	11	最小竖曲线半径（m）	3 000
4	车辆构造速度（km/h）	80~100	12	舒适性	较好
5	平均运行速度（km/h）	30~40	13	城市景观	无大影响
6	车站平均间距（m）	600~2 000	14	空气污染、噪声污染	小
7	最大通过能力（对/h）	30	15	站台高度	一般为高站台，乘降方便
8	与地面交通隔离率	100%			

地下铁道由于大部分线路在地下或高架通行，因此技术水平要求较高，可靠性和安全性要求也高。地铁系统与国家干线铁路一样，主要由线网、轨道、车站、车辆、通信信号等设备构成，要求各部门能够有机结合，协同动作，最大限度地完成输送任务。

三、轻轨交通

轻轨（Light Rail Transit，LRT）是在有轨电车的基础上改造发展起来的城市轨道交通系统。轻轨是反应在轨道上的荷载相对于铁路和地铁的荷载较轻的一种交通系统。轻轨交通是个比较广泛的概念，国际公共交通联合会（UITP）关于轻轨运营系统的解释文件中提到：轻轨交通是一种使用电力牵引、介于标准有轨电车和快运交通系统（包括地铁和城市铁路），用于城市旅客运输的轨道交通系统。

轻轨交通原来的定义是指采用轻型轨道的城市交通系统，目前国内外都以客运量或车辆轴重的大小来区分地铁和轻轨。轻轨是指运量或车辆轴重稍小于地铁的快速轨道交通。在我国《城市轨道交通工程项目建设标准》（试行本）中，把每小时单向客流量为0.6万~3万人次的轨道交通定义为中运量轨道交通，即轻轨。

轻轨交通一般采用地面和高架相结合的方法建设，路线可以从市区通往近郊。列车编组采用3~6辆，铰接式车体。由于轻轨交通采用了线路隔离、自动化信号、调度指挥系统和高新技术车辆等措施，最高速度可达60 km/h，克服了有轨电车运能低、噪声大等问题。

由于轻轨交通具有投资少（每公里造价为0.6亿~1.8亿元人民币）、建设周期短、运能高、灵活等优点，因此发展很快。目前，无论是发达国家，还是发展中国家，轻轨交通方兴未艾。各国纷纷根据自己的国情，制定相应的轻轨交通发展战略和模式。纵观各国情况，大致有以下三类发展模式：一是改造旧式有轨电车为现代化的轻轨交通。这种模式以德国、苏联及东欧各国为典型代表。二是利用废弃铁路线路改建成轻轨路线。这种方式以美国圣迭戈轻轨交通为代表，欧洲也有类似的情况，如瑞典的哥德堡、德国的卡尔·马克思州也都采用这一方式。我国上海明珠线一期工程、武汉轨道交通1号线一期工程也属于这种方式。三是建设轻轨交通新线路的方式。对有些城市而言，修建轻轨交通要比修建地铁更经济实惠，因此，诸如马尼拉、鹿特丹、中国香港等城市都相继新修了轻轨交通。

经过100多年的发展，轻轨已形成3种主要类型：钢轮钢轨系统、线性电机牵引系统和橡胶轮轻轨系统。

钢轮钢轨系统即新型有轨电车，是应用地铁先进技术对老式有轨电车进行改造的成果。

线性电机牵引系统（Linear Motor Car）是由线性电机牵引、轮轨导向、车辆编组运行在小断面隧道及地面和高架专用线路上的中运量轨道交通系统。20世纪80年代，加拿大成功地开发了线性电机驱动的新型轨道交通车辆。它采用线性电机牵引、径向转向架和自动控制等高新技术，综合造价节约近20%。它与轮轨系统兼容，便于维护救援，具有较大的爬坡能力。线性电机技术在加拿大、日本、美国都取得了较大的成功，由此研制的线性电机列车也投入了使用。线性电机列车在我国的广州和北京也有应用。由于线性电机列车具有车身矮、重量轻、噪声低、通过小半径曲线和爬坡能力强等优点，可以轻便地钻入地下，爬上高架，是地下与高架接轨的理想车型。以线性电机作动力，其意义还在于它引起了轨道车辆牵引动力的变革。

橡胶轮轻轨系统采用全高架运行，不占用地面道路，具有振动小、噪声低、爬坡能力强、转弯半径小、投资较少等优点。

在我国的许多大中城市，经济基础薄弱是制约交通建设的主要因素，选择经济合理而且符合我国人口众多这一国情的交通模式是当务之急。轻轨交通既免除了地铁的昂贵投资，又具有中运量的特点，特别是其建设标准低于地铁，因而其国产化进程容易推进。轻轨交通是适合我国大中城市，特别是中等城市的轨道交通运输方式。

四、城市（市郊）铁路

所谓城市铁路，指的是建在城市内部或内外结合部，线路设施与干线铁路基本相同，服务对象以城市公共交通客流，即短途、通勤旅客为主。

城市铁路通常是分成城市快速铁路和市郊铁路两部分。城市快速铁路是指运营在城市中心，包括近郊城市化地区的轨道系统，其线路采用电气化，与地面交通大多采用立体交叉。市郊铁路是指建在城市郊区，把市区与郊区，尤其是与远郊联系起来的铁路。市郊铁路一般和干线铁路设有联络线，设备与干线铁路相同，线路大多建在地面，部分建在地下或高架。其运行特点接近于干线铁路，只是服务对象不同。

市郊铁路是城市铁路的主要形式。市郊铁路是伴随着城市规模的扩大、卫星城的建设而发展起来的，通常使用电力牵引和内燃牵引，列车编组多在4~10辆，最高速度可达100~120 km/h。市郊铁路运能与地铁相同，但由于站距较地铁长，旅行速度超过地铁，可达40 km/h以上。

我国的大城市一般也是干线铁路的枢纽。由于市郊铁路尚没有形成方便快捷的市郊联络走廊，而且在我国，铁路与城市公共交通分属不同的部门，条块分隔，难以协调统一，因此，市郊铁路的发展还很缓慢。随着我国城市化进程的加速，城市圈、城市群的出现，我国铁路应借鉴法国国营铁路公司积极介入巴黎城市公共交通的成功经验，不局限于城际间铁路运输这一种模式，积极向城市交通领域进军，大力发展城市轨道交通，尤其是市郊铁路的建设。

五、独轨交通

独轨交通也称作单轨交通（Monorail），是指通过单一轨道梁支撑车厢并提供导引作用而运行的轨道交通系统，其最大特点是车体比承载轨道要宽。以支撑方式的不同，独轨交通常分为跨座式和悬挂式两种：跨座式是车辆跨座在轨道梁上行驶；悬挂式是车辆悬挂在轨道梁下方行驶，如图1.2所示。

图 1.2 悬挂式和跨座式独轨交通

独轨交通是采用一条大断面轨道并全部为高架线路的轨道交通。跨座式轨道由预应力混凝土制作，车辆运行时走行轮在轨道上平面滚动，导向轮在轨道侧面滚动导向。悬挂式轨道大多由箱形断面钢梁制作，车辆运行时走行轮沿轨道走行面滚动，导向轮沿轨道导向面滚动导向。

独轨交通的车辆采用橡胶轮，电气牵引，最高速度可达80 km/h，旅行速度30～35 km/h，列车可采用4～6辆编组，单向运送能力1万人次/h至2.5万人次/h。

独轨交通历史悠久，早在1821年英国人P. H. Dalmer就开发了独轨铁路，并因此获得发明专利。1888年，法国人在爱尔兰铺设了约15 km的跨座式独轨铁路，采用蒸汽机车牵引，从此有动力的独轨交通走向实用化阶段，但因为车厢摇摆、噪声大等原因，1942年这条线路停止运营。1893年，德国人Langen发明了悬挂式独轨车辆，1901年在伍珀塔尔开始运营，线路长13.3 km，其中10 km跨河架设，成为利用街道上空建设独轨铁路的先驱。这条线路至今仍在使用，成为该市的一个历史景观。

随着科学技术的进步，独轨交通技术日臻成熟，轨道、车辆和通信信号都有了很大发展，再加上独轨交通可以利用道路和河流的上方空间，独轨技术受到一定的重视。特别是1958年研制出跨座式、混凝土轨道和橡胶充气轮胎的独轨交通制式，即目前所称的ALWEG型。

美国、日本、意大利等许多国家都建设了这种形式的独轨交通,其中日本建成多条独轨交通系统,是使用独轨交通最多的国家。

我国首条跨座式独轨交通线路是在有"山城"之称的重庆修建的。重庆轨道交通 2 号线一期工程于 2005 年 6 月 18 日重庆直辖 8 周年之际正式通车。独轨客车技术是从日本引进的。跨座式独轨交通十分适合重庆市道路坡陡、弯急、路窄的地形特点,同时由于结构轻巧、简洁,易融于山城景色取得较好的景观效果。

重庆轻轨交通 3 号线,是重庆市开通的第 3 条轨道交通线。3 号线于 2007 年 4 月 6 日动工,线路横跨巴南、南岸、渝中、江北、渝北五区,并与重庆北站、江北国际机场、重庆汽车客运南站(南坪站)对接,成为重庆南北方向交通的主动脉。2011 年 12 月 30 日,江北国际机场到南坪二塘段通车,3 号线 1、2 期全长共计 39 km;2012 年 12 月 28 日,南延伸段通车运营,3 号线全长达到 55.5 km。建成后极大地缓解了重庆的交通拥堵状况,并且作为重庆最长的一条单轨线路,已超越日本大阪高速铁道,成为世界上最长的跨座式单轨交通线路。

六、新交通系统

新交通系统(Automated Guideway Transit,AGT)是一个模糊的概念,不同国家和城市对此都有不同的理解,目前还没有统一和严格的定义。广义上认为,AGT 是那些所有现代化新型公共交通方式的总称。狭义上新交通系统则定义为:由电气牵引,具有特殊导向、操作和转向方式的胶轮车辆,单车或数辆编组运行在专用轨道梁上的中小运量轨道运输系统。

在新交通系统中车辆在线路上可在无人驾驶的状态下自动运行,车站无人管理,完全由中央控制室的计算机集中控制,自动化水平高。新交通系统与独轨交通有许多相同之处,最大的区别在于该系统除有走行轨外,还设有导向轨,故新交通系统也称为自动导轨交通。新交通系统的导向系统可分为中央导向方式和侧面导向方式,每种方式又可分为单用型和两用型。所谓单用型是指车辆只能在导轨上运行,两用型则指车辆既可在导轨上运行,又可以在一般轨道上行驶。

新交通系统最早出现在美国,当初多为一种穿梭式往返运输乘客的短距离交通工具,曾被称为"水平电梯"或称为"空中巴士"、"快速交通"。在逐渐发展成一种城市客运交通工具后,一般称为"客运系统"(People Mover System)。后来日本和法国又作了进一步的技术改进和发展,使其成为城市中的一种中运量客运交通系统。日本称为新交通系统(意指含有高度自动化新技术的交通系统),以区别于其他各种交通运输工具。法国称为 VAL 系统,名称来源于轻型自动化车辆(Vehicle Automatique Leger)的法文字母字头的拼音,也有一种说法 VAL 一词的来历是线路起始地名字头缩写而得名。

新交通系统自 1963 年由美国西尼电气公司研发面世后,在世界许多地方被逐渐推广采用,尤其是日本和法国无论是技术还是规模都处于领先的地位。目前,世界各地已有几十条规模不等,用途不同,具体构造也有所不同的新交通系统线路。日本有 10 条线路,日本将高架独轨和新交通系统看做现代化的象征,故从 1976 年起做出规定,新交通系统可使用国家的财政资助,因而促进了新交通系统的发展。

目前,我国内地尚无新交通系统。我国台湾地区的台北市 1994 年建成,1996 年 3 月投入运营的木栅线（中山中学—木栅动物园），线路全长 10.8 km，其中高架线 10 km、地下线 0.8 km，采用 VAL 制式，属中运量新交通系统。香港 20 世纪 90 年代后期建设的新机场从登机厅到机场主楼，为接运旅客也建成了一条长约 1 km 采用 VAL 制式的新交通系统。

城市轨道交通经过较长时间的发展，不同运量等级的线路有不同形式的交通系统适应，在同一等级线路上，有多种交通形式可供选择。表 1.6 列出了上述六种轨道交通系统的主要特征。

表 1.6 各种城市轨道交通系统主要特征

类型	系统分类	列车轴重（t）	列车长度（m）	最大坡度	曲线半径（m）	运行速度（km/h）	适宜运距	适宜运量（万人次/h）
大运量	钢轮钢轨系统	≤16	100～190	35‰～40‰	>300	35～40	中长运距	3～6
	钢轮钢轨	≤14	<100	35‰～40‰	100～200	35～40		2～6
中运量	直线电机钢轮钢轨	≤8	<100	60‰	70	40	短、中运距	1～3
	轻轨车钢轮钢轨	≤11	<60	35‰～40‰	>80	18～25		1～3
	胶轮单轨跨座系统	≤11	<100	60‰	>50	30～40		0.8～1
	胶轮导向 AGT 系统	≤8		60‰	>25	25		1.0
低运量	索道空客系统			80‰	25～40	35	短运距	0.8～1
	有轨电车	≤8	60	80‰	25～50	15～18		

注：封闭形式，除轻轨车钢轮钢轨为半封闭、有轨电车为全地面外，其他均为全封闭。

七、磁浮交通

磁浮交通（Magnific Levitation for Transportation）是一种非轮轨黏着传动，悬浮于地面的交通运输系统。磁浮列车是利用常导磁铁或超导磁铁产生的吸力或斥力使车辆浮起，用以上的复合技术产生导向力，用直线电机产生牵引动力，使其成为高速、安全、舒适、节能、环保、维护简单、占地少的新一代交通运输工具。

磁浮列车从悬浮机理上可分为常导电磁悬浮（EMS）、超导电动悬浮（EDS）及永磁补偿悬浮三种。常导电磁悬浮就是对于车载的、置于导轨下方的悬浮电磁铁通电励磁而产生磁场，悬浮电磁铁与轨道上的铁磁性构件相互吸引，将列车向上吸起悬浮于轨道上，悬浮间隙一般为 8～10 mm，通过控制悬浮电磁铁的励磁电流来保证稳定的悬浮间隙。导向原理与悬浮原理相同，是通过车辆下部侧面的导向电磁铁与轨道侧面的导向轨道磁铁相互作用，实现水平方向的无接触导向。列车的驱动是通过直线电机来实现的。由于电磁式悬浮是采用普通导体通电励磁，故又称为常导磁浮。因为常导电磁式悬浮技术的悬浮高度较低，因此对线路的平整度，路基下沉量及道岔结构方面的要求较高。

最新的常导电磁式磁浮列车以德国的 Transrapid（简称 TR）08 型和日本的 HSST100L 型为代表。其结构简图分别如图 1.3、图 1.4 所示；HSST 型磁浮列车的导向原理如图 1.5 所示。常导电磁浮列车根据其原理既可设计为高速（400～500 km/h），如德国的 TR 型；也可设计为低速（100 km/h 左右），如日本的 HSST 型。

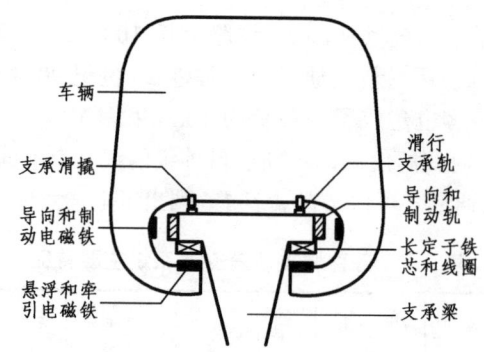

图 1.3 德国 TR 高速磁浮列车结构简图

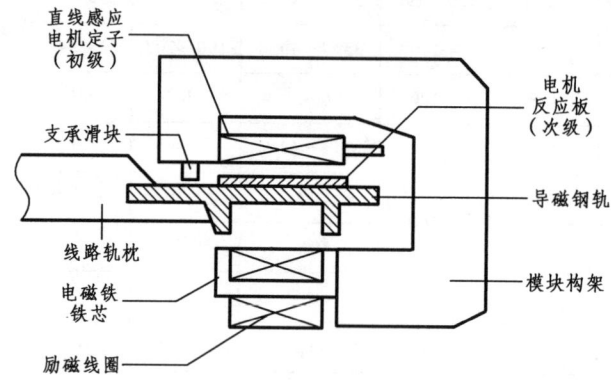

图 1.4 日本 HSST 型磁浮列车悬浮结构简图

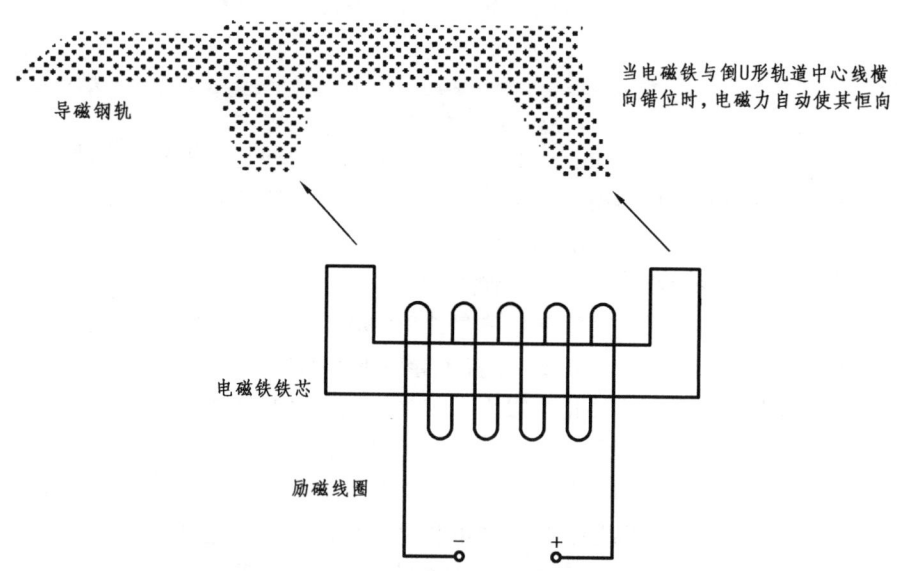

图 1.5 日本 HSST 型磁浮列车导向原理示意图

超导电动磁浮就是当列车运动时,车载磁体(一般为低温超导线圈)的运动磁场在安装于 U 形线路两侧的悬浮线圈中产生感应电流,两者相互作用,产生一个向上的磁力将列车悬浮于路面一定高度(一般为 100～150 mm)。由于电动悬浮是利用安装在车辆上的超导线圈,故又称为超导电动悬浮。有低温(热力学温度 4.2 K)超导和高温(热力学温度 77.4 K)超导之分。

导向与悬浮在原理上是相同的,只是使左、右线圈产生的力的方向相差180°,因而相对车辆中心线的任何左右位移将产生恢复力,即导向力。列车的驱动也是靠直线电机来实现的。与常导电磁式悬浮相比,超导电动悬浮系统在静止时不能悬浮,必须达到一定速度(约150 km/h)后才能起浮。超导电动式悬浮系统在应用速度下,悬浮间隙较大,对线路的要求不是十分严格。超导电动悬浮式磁浮列车以日本的MLX型超导磁浮列车为代表,其结构如图1.6所示。

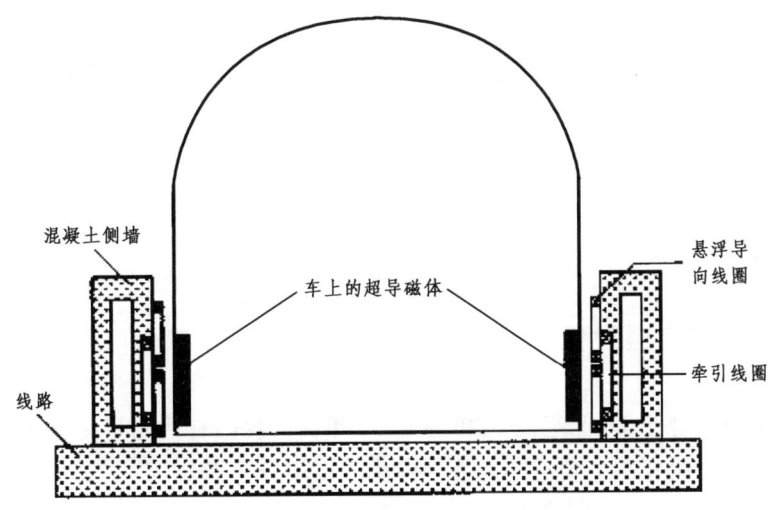

图1.6 日本MLX型超导磁浮列车断面简图

永磁悬浮技术是采用"永磁补偿式悬浮技术"研制出来的磁浮交通系统,在中国和美国等国家均有研究。永磁悬浮技术是利用轨磁与翼磁形成斥悬浮工作机构,补磁与导磁板轨形成吸悬浮工作机构,两者协同工作提供悬浮力,实现永磁悬浮列车的运行。永磁悬浮具有悬浮能力大、耗能低、控制简捷、安全可靠、技术实现方式成本低的特点。永磁补偿悬浮系统以中国大连磁谷科技研究所拥有完全自主知识产权的低速暗轨磁悬浮技术验证车"中华01号"和高速吊轨磁悬浮验证车"中华06号"为代表。

自1922年德国人赫尔曼·肯佩尔(Hermann Kemper)提出了电磁浮原理,并在1934年获得世界上第一项有关磁浮技术的专利,到现在已有90多年的历史。而磁浮技术的真正发展始于20世纪70年代,以德国为代表的常导磁浮技术和以日本为代表的低温超导磁浮技术比较成熟,接近或达到商业运营要求。历史上,1984年英国伯明翰开通了速度为54 km/h、长度为620 m的商业运营线。2003年,中国上海开通了速度为430 km/h、路线长度30 km的商业运营示范线。2005年3月,日本名古屋东部丘陵线(世界首条中低速磁浮线,长8.9 km)开始商业运营,大量世博会期间的宾客通过干线铁路经由名古屋东部丘陵线到达世博园区。日本还打算在2025年前,由日本铁路公司负责将东京至名古屋的中部新干线进行磁悬浮改造(预计速度达500 km/h)。虽然磁浮交通的发展取得了很大成绩,但目前还是新生的交通系统,从原理、结构、系统配置、运营组织以至商业运作上还有很多不完善的地方。

我国磁浮交通的研究始于20世纪80年代,西南交通大学、国防科技大学都有不少研究成果。

2003年1月,我国第一辆磁悬浮列车(买自德国)在上海开始运行,它是一条高速常导磁浮商业运营线,2015年10月,我国首辆具有完全自主知识产权的中低速磁悬浮列车在长

沙磁浮线成功试跑，并于 2016 年 5 月 6 日开通进行试运营，该线路起点站为长沙高铁南站，终点站为黄花机场，全长 18.55 km，是目前世界上最长的中低速磁浮商业运营线，列车悬浮系统的核心技术由西南交通大学提供，磁浮列车运行速度为 100 km/h，能适应试验线各种曲线及坡道的要求。

第三节　我国城市轨道交通的发展

我国城市轨道交通的发展可以划分为早期有轨电车交通和现代城市轨道交通两个历史时代。

一、有轨电车交通时代

我国有轨电车起源于 20 世纪初至 20 世纪 50 年代，我国有轨电车交通发展达到了高峰。北京、上海、天津、哈尔滨、长春、大连、鞍山等诸多城市都建成了多条有轨电车。有轨电车在我国城市交通中发挥了历史性的作用。

由于有轨电车与城市发展的诸多矛盾，我国有轨电车同国外一样，从 20 世纪 50 年代开始逐步拆除。至今，只有大连、长春等极少数城市保存了有轨电车并进行了改造，使之与现代城市交通的发展相适应。

二、现代城市轨道交通时代

我国现代城市轨道交通是以 1965 年 7 月 1 日开工建设的北京地铁为开端发展至今的，其间大致经历了以下五个阶段。

（一）起始阶段

该阶段是以 1965 年开始建设、1969 年 10 月 1 日建成通车的全长 23.6 km 的北京地铁（北京站—苹果园站）和 1970 年开始兴建、1976 年建成通车的全长 5.2 km 的天津地铁（新华路站—西南角站）为代表。

这一阶段地铁的规划与建设，除了实现城市的客运功能，更重要的是考虑满足人防战备的需要。

（二）开始建设阶段

这一阶段以北京地铁 1 号线完全建成（复八线建设和 1 号线改造）、上海地铁 1 号线（上海火车站—莘庄）、广州地铁 1 号线（西朗站—广州东站）的建成为标志。在这一阶段随着改革开放和经济体制改革的逐步深入，城市交通需求剧增，导致道路交通供给能力严重不足，交通供需矛盾突出，成为制约城市社会经济发展的一个重要因素。为适应城市发展的需要、缓解城市交通的紧张状况。从20世纪90年代开始，我国政府加大了对城市交通基础设施的投入，强调轨道交通对解决城市交通问题和引导城市发展的作用。从此，发展大容量轨道交通方式的理念开始显现，我国开始了城市轨道交通的建设阶段。这一阶段除地铁建设外，以上海明珠线一期工程为代表的轻轨交通也开始建设。

（三）建设高潮阶段

随着我国经济的发展和城市化进程的加快，我国城市的规模和人口数量在不断扩大，城市交通问题更加突出。城市交通问题的解决必须依赖公共交通的发展，大城市及特大城市还必须建设一个以轨道交通系统为骨干，以公共交通为主体，多种交通方式相互协调的综合交通系统，这已成为各城市的共识。同时，经济的快速发展也为发展城市轨道交通奠定了雄厚的物质基础。自20世纪末至21世纪初，我国城市轨道交通进入快速发展的建设高潮阶段。

在这一阶段，城市轨道交通的建设具有以下特点。

1. 兴建城轨道交通的城市迅速增多

截至2005年，全国已开通城市轨道交通的城市有北京、上海、天津、广州、长春、大连、重庆、武汉、深圳、南京这10个城市，共计20条线路，运营线路总长444 km。全国48个人口百万以上的大城市中已有20多个城市开展了城市轨道交通建设的前期工作，初步统计规划建设55条线路，长约1 700 km，总投资近6 000亿元。除上述10个开通了轨道交通的城市外，已开工建设的还有沈阳、成都、西安、杭州、哈尔滨、苏州、青岛等城市。我国总计有33个城市正在建设和筹建轨道交通，我国的城市轨道交通处于良好的快速发展阶段。

2. 城市轨道交通的网络化

目前，我国部分城市的轨道交通建设出现网络化的发展。北京、上海、天津、广州等城市均在建和筹建多条城市轨道交通线路，形成纵横交错、相互沟通连接的网络交通体系。

3. 城市轨道交通类型的多元化

目前，我国的城市轨道交通已不再是单一的地铁交通。北京建成了市郊城市铁路交通；天津建成了滨海快速轨道交通；大连、长春、武汉建成了轻轨交通；重庆建设了跨座式单轨交通；上海开通了常导高速磁悬浮交通；广州出现了直线电机驱动的列车。城市供电系统不仅有第三轨供电，而且还有架空线接触网供电形式。轨道交通类型呈多元化发展。

4. 城市轨道交通的现代化

随着城市轨道交通建设的发展，以车辆为代表的技术体系也实现了现代化。通过国际技术交流合作，引进先进技术，实现设计制造技术的现代化。在提升技术水平的同时，也促进了国产化的进程。

（四）建设调整阶段

在我国城市轨道交通的发展过程中，值得指出的是，从1995年到1998年，由于地铁建设发展迅猛，有部分城市不顾地方经济实力，盲目上马建设轨道交通项目，速度过快、过猛。还有的城市盲目追求高标准，忽视了是否适合本城市的实际情况，使城市轨道交通建设带有很大的盲目性。针对工程造价高（每公里地铁造价接近7亿元人民币）、车辆需全部引进、大部分设备需大量引进等问题，1995年国务院办公厅60号文通知，除上海地铁2号线项目外，所有地铁建设项目一律暂停审批，并要求做好发展规划和国产化工作。2002年10月中旬国务院冻结了近20个城市的地铁立项，委托中国国际工程咨询公司对国内的地铁项目做全面的调查分析，准备出台一系列有关地铁项目审批的新政策，加大地铁项目的宏观调控力度。从1995年到1998年，近3年时间国家没有审批城市轨道交通项目，轨道交通的建设与发展经历了一段曲折的历程。

（五）蓬勃发展阶段

我国的城市轨道交通建设在经历了早期建设、高速发展、建设调整等曲折过程后，正步入稳步、持续、有序的蓬勃发展阶段。

《国家中长期科学和技术发展纲要》明确提出构建以城市轨道交通为骨架的城市公共综合交通体系，我国城市轨道交通建设在"十一五"期间迎来真正的建设高潮。

国家"十一五"规划提出轨道交通"超前规划、适时建设"。有条件的大城市和城市群地区要把轨道交通作为优先发展领域。在国家政策的指导下，特别是在面对全球金融危机，国家投巨资拉动内需，加强基础设施建设的经济方针指导下，今后一段时间将是我国内地城市轨道交通的快速发展时期，其建设规模为世界罕有。根据15个城市近期的建设规划，目前已开工（或很快开工）的建设线路将达1 000 km以上。"十一五"期间轨道交通的建设速度远远超过过去十年的建设历程。表1.7、表1.8分别列出了我国内地已建和在建的轨道交通线路。

表1.7 中国内地城市轨道交通已建成线路表（截止时间：2015年年底）

序号	城市	运营线路条数	线路类型				车站（座）	总里程（公里）
			地铁	轻轨	有轨电车	磁悬浮		
1	上海	16	588.64		10.00	30	369	628.64
2	北京	18	553.39				336	553.39
3	广州	10	247.02	3.94	7.70		170	258.66
4	南京	7	232.25		7.76		137	240.01
5	重庆	4	110.32	86.97			121	197.29
6	深圳	5	177.58				131	177.58
7	大连	7	42.20	88.45	40.38		100	171.03
8	天津	6	94.16	45.41	7.86		100	147.43
9	武汉	4	126.03				102	126.03
10	沈阳	6	60.26		56.00		134	116.26
11	成都	3	88.44				709	88.44

续表

序号	城市	运营线路条数	线路类型				车站（座）	总里程（公里）
			地铁	轻轨	有轨电车	磁悬浮		
12	杭州	3	81.56				56	81.56
13	苏州	3	52.34		18.19		57	70.53
15	长春	4	16.33	31.99	17.22		82	65.54
14	昆明	3	60.99				35	60.99
16	无锡	2	56.16				46	56.16
17	西安	2	52.00				40	52.00
18	宁波	2	49.23				42	49.23
19	南昌	1	28.70				24	28.70
20	长沙	1	27.05				23	27.05
21	郑州	1	25.41				20	25.41
22	淮安	1			20.07		23	20.07
23	哈尔滨	1	17.73				18	17.73
24	佛山	1	14.78				11	14.78
25	青岛	1	12.00				10	12.00
合计	25座	112	2 814.57	258.76	185.18	30	2 257	3 286.51

表1.8 中国内地城市在建轨道交通项目情况表（截止时间：2015年）

序号	城市	线路性质	线路名称	线路长度（km）	车站数量（座）	总里程	开通年限
1	北京	建设中	14号线（中段大部）	16.2	12	268.75	2015年
			昌平线（2期）	10.6	5		2015年
			6号线（西延）	10.6	6		2016年
			8号线（3期南段）	20.7	16		2016年
			8号线（三期北）				2017年
			8号线（三期南）				2016年
			16号线（北段）	49.8	28车站和2车辆基地		2016年
			16号线（南段）				2017年
			房山线（西延）	1.6	1	268.75	2016年
			门头沟线	10.2	8		2016年
			西郊线	9.1	7		2016年
			燕房线	16.7	8		2016年

续表

序号	城市	线路性质	线路名称	线路长度（km）	车站数量（座）	总里程	开通年限
1	北京	建设中	机场线（西延）	1.9	1		2018年
			14号线 中段剩余	5	5		2019年
			17号线	49.7	20		2019年
			19号线	22.4	9		2019年
			房山线北延	5.2	4		2019年
			新机场线	39.05	3		2019年
		规划中	3号线	22	15		2020年以前
			20号线（东延）	52	5		2020年以前
			12号线（全线）	29	21		2020年以前
2	上海	建设中	5号线南延伸段	19.505	9	267	2017年年底正式通车
			8号线三期工程	6.6	6		2018年年中建成
			9号线三期工程东延伸段	17	11		未知
			10号线二期工程	10.08	6		2016年建成
			12号线（七莘路-金海路全线）	40.4	32		2015年年底
			13号线二期工程（长寿路站至长清路站）	17	12		2015年左右开通
			13号线三期	5.254	3		2017年建成试通车
			15号线	40	30		2020年
			18号线	36.8	26		2020年年底
			14号线	39	31		2020年年底
			17号线	35.3	13		2017年年底前
3	广州	建设中	5号线2期	11	5	303	2015—2020年
			6号线2期	24.3	22		2015年年底
			7号线（首期）	30.9	14		2017年年底开通
			9号线（1期）	20	10		2015年
			8号线北延段	15			预计2017年
			13号线（首期）	28.3			2017年年底开通
			14号线	51.2			预计2016年年底
			21号线	58.7			力争2017年年底
			知识械线	21.6			预计2018年开通
			11号线	42.4			

续表

序号	城市	线路性质	线路名称	线路长度（km）	车站数量（座）	总里程	开通年限
4	天津	建设中	4号线	41.04	36	167.6	2018年
			5号线	33.6	28		预计2016年
			1号线东沿线	15.891	10		未知
			10号线1期	21	20		未知
			6号线	56.13	48		1期2016年通车试运营，2期
5	深圳	建设中	光明线（六号线）	37.89		238	2016年
			七号线	30.2	28		预计2016年年底
			八号线	26.36			2018年6月
			九号线	25.35			2016年通车
			15号线	27	18		未知
			16号线	39.8	26		14年年初开工
			11号线	51.7			2016年6月底
6	南京	建设中	S3线	46.5		164	预计2017年
			4号线1期	33.8	22		2016年通车
			S7线	36.4			预计2017年
			S1线	47.6			1期2014年8月1日，2期未知
7	武汉	建设中	3号线1期	33.2		275.9	2015年年底
			1号线四期径间延伸线	5.7	3		2018年
			2号线二期南延长线	13.35	10		2019年
			5号线一期	32.302	19		2021年
			6号线1期	33.5	27		2016年
			7号线1期	30.9	19		2017年
			11号线（东段）	19.7	13		2019年
			21号线	35.18	15		2018年
			机场线	19.769	7		2017年
			24号线（11号线西段）	15.5	8		2016年11月
			27号线（7号线2期）	16.9	7		2018年年底

续表

序号	城市	线路性质	线路名称	线路长度（km）	车站数量（座）	总里程	开通年限
7	武汉	建设中	29号线（属于11号线东段）	19.83	13/14		2019年年中
			8号线2期	16.63	12		2020年
			8号线1期	16.7	12		2017年
8	重庆	建设中	4号线	17.6	10	193.2	2017年
			5号线1期	40	25		2017年年中
			9号线	40.46	29		2015年年底开工
			环线	50.47	34		2017年建成通车
			10号线	44.69	27		2017年建成试运营
9	长春	建设中	地铁1号线1期	37.4			2016年9月30日
			地铁2号线	24.6			2018年
10	大连	建设中	地铁1号线	27.4	17	163.8	2016年年底通车试运营
			地铁2号线	35.4			2017年12月1日
			地铁6号线-金州西线	19			未知
			快轨8号线-旅南线	40.4			2014年5月1日试运营
			快轨10号线-金营	41.6			未知
11	沈阳	建设中	地铁2号线北延线	10.6	7		2018年6月
			9号线	28.996	23		2018年5月
			10号线1期	27.21	21		2018年4月
			4号线	23.2	19		2015年年底开工
			地铁2号线南延线	16.5	7		2020年建成通车
12	苏州	在建中	2号线东、北延线	13	10	110.5	2016年底开通
			地铁4号线	41.5	30		2017年3月
			3号线	46.732	35		2018年通车
			地铁7号线1期	9.29	7		预计2017年开通试运营
13	南昌	建设中	地铁1号线1期	35.8	24	50.1	2015年9月30日开通运营
			地铁2号线蓝线	23.3	21		2017年12月

续表

序号	城市	线路性质	线路名称	线路长度（km）	车站数量（座）	总里程	开通年限
14	长沙	建设中	地铁1号线1期	23.57	20	211.77	2016年年初
			地铁1号线北延段	8.6	9		未知
			磁浮线	18.54	5		2015年年底通车
			长株潭线（城中线）	96	21		预计2016年年中
			地铁3号线1期	42.8	30		2018年年中
			地铁4号线1期	22.26	19		2019年年初
15	昆明	建设中	地铁3号线	23.6	16	74.6	2016年年底或2017上半年
			地铁4号线	43.5	26		2018年年底
			地铁6号线2期	7.5	4		2017年年底
16	西安	建设中	地铁3号线	39.15		127.9	2015年
			地铁4号线	36.3			2018年
			地铁9号线	25.15			2018年
			地铁13号线	27.3			未知
17	成都	建设中	地铁3号线	49.8	33	189.2	1期2016年7月前开通试运营
			地铁4号线	41.3	26		2015年12月底开通
			地铁5号线	49	40		未知
			地铁7号线	38.6	31		2017年建成通车
			地铁10号线	10.5	6		未知
18	郑州	建设中	地铁2号线1期	20.65	16		2016年
			地铁2号线南延机	42.1	18		2016年12月31日
			地铁1号线2期	15.4	9		2017年
			地铁4号线	34.7	25		未知
			地铁5号线	40.9	33		2018.12
19	青岛	建设中	地铁2号线	25.2	22	50	2017年7月1日
			地铁3号线	24.8	22		2015年10月1日
20	哈尔滨	建设中	地铁3号线	37.6	32	82.6	2018年
			地铁2号线	45	29		2020年
21	杭州	建设中	地铁5号线	48.1	36	75.1	2019年
			地铁6号线	27	19		2018年

续表

序号	城市	线路性质	线路名称	线路长度（km）	车站数量（座）	总里程	开通年限
22	无锡	建设中	地铁3号线	28.8	29	69.3	2016年
			地铁4号线	40.45			2017年
23	合肥	建设中	地铁2号线	30.1	24	58.9	2017年6月30日
			地铁1号线	28.8	26		2016年12月31日
24	福州	建设中	地铁1号线	29.2	26	24.89	2015年
		规划中	地铁2号线	26.5	16	136.9	2018年
			3号线	27.2	22		2030年前
			4号线	25.2	22		2031年前
			5号线	15	22		2032年前
			6号线	13.9	6		2033年前
			7号线	29.1	16		2034年前
25	宁波	建设中	地铁1号线	21.3	19	104.13	2014年开通
			地铁2号线	50	26		2015年开通
			地铁3号线	32.83	18		2018年开通
		规划中	地铁4号线	40.6	22	181.5	未确定
			地铁5号线	43.6	20		未确定
			地铁6号线	32.4	20		未确定
			5号线支线	27.6	22		未确定
			6号线支线	5.8	5		未确定
26	厦门	建设中	地铁1号线	31.5	23	60.4	2017年
			地铁2号线	28.9	22		2018年
		规划中	地铁3号线	18.6	16	143.5	未确定
			地铁4号线	40.4	31		未确定
			地铁5号线	41.6	21		未确定
			地铁6号线	42.9	23		未确定
27	贵阳	建设中	地铁1号线	31.9	23	31.9	2015年
			地铁2号线	26.8	24		2015年
		规划中	地铁3号线	47.2	21	82.0	未确定
			地铁4号线	35.7	19		未确定

续表

序号	城市	线路性质	线路名称	线路长度（km）	车站数量（座）	总里程	开通年限
28	南宁	建设中	地铁1号线	32.12	25	53.12	2016年
			地铁2号线	21	16		2017年
		规划中	地铁3号线	31.3	23	182.07	未确定
			地铁4号线	25.5	20		未确定
			地铁5号线	32	25		未确定
			地铁6号线	38.3	27		未确定
			地铁7号线	31.3	22		未确定
			地铁8号线	24.3	16		未确定
29	乌鲁木齐	建设中	地铁1号线	26.5	21	26.5	2016年
30	兰州	建设中	地铁1号线	26.8	27	121.8	2017年
			地铁2号线	32	27		2020年
			中川线	63			2014年
		规划中	地铁3号线	24	16	64	未确定
			榆中线	40			未确定
31	太原	建设中	地铁2号线1期	25.1	22	49.2	2016年
			地铁1号线1期	24.1	21		2017年
		规划中	地铁3号线	22.5	20	252.5	2020年
			地铁4号线	34.4	20		2019年
			地铁5号线	33.8	29		2022年
			地铁6号线	48.1	23		未确定
			地铁7号线	27.6	15		未确定
			地铁8号线	20.4	21		未确定
			地铁9号线	41.8	17		未确定
32	石家庄	建设中	地铁1号线	40	29	162.7	2017年
			地铁2号线	60.4	37		2020年
			地铁3号线	62.3	34		2018年
		建设前期	地铁4号线	23.3	19	52.2	未确定
			地铁5号线	28.9	22		未确定
			地铁6号线		17		未确定
33	常州	建设中	地铁1号线	33.84	29	33.84	2019年
		建设前期	地铁2号线	25	10	87	2020年
			地铁3号线	28	18		未确定
			地铁4号线	34	23		未确定

续表

序号	城市	线路性质	线路名称	线路长度（km）	车站数量（座）	总里程	开通年限
34	东莞	建设中	地铁R2线	37.7	20	37.7	2015年
		建设前期	地铁R1线	65.8	13	65.8	2018年开工
35	徐州	建设中	地铁1号线	24	16	66.2	2017年
			地铁2号线1期	23.9	19		2020年12月
			地铁3号线1期	18.3	15		2020年12月
36	佛山	运营中	地铁1号线	14.777	11	14.777	2010年
		建设中	地铁2号线	53	23	53	未确定
		建设前期	地铁3号线	70.2	34	100.2	未确定
			地铁4号线	30			未确定
37	南通	建设前期	地铁1号线1期	39.15	25	59.55	2018年
			地铁2号线1期	20.4	16		2020年
38	芜湖	建设中	地铁1号线	30.375	24	46.895	2019年12月
			地铁2号线	16.52	12		2020年
39	烟台	建设前期	地铁1号线	47	37	199	未确定
			地铁2号线	58	36		未确定
			地铁3号线	30	21		未确定
			地铁4号线	20	15		未确定
			地铁5号线	36	16		未确定
			地铁6号线	38	16		未确定

随着我国经济社会的不断发展和进步，我国城市轨道交通将会快速发展。在肯定我国轨道交通长足发展的同时，我们也应清醒地看到，轨道交通的发展目前仍存在一些问题。主要表现在四个方面：一是城市轨道交通规模小，财务效益差，对经济社会发展的"瓶颈"制约仍较严重，高峰期运输紧张问题突出，路网规模总量、结构仍然有待提高和改善；二是在城市交通问题日益尖锐，大城市交通拥堵，路网结构不够合理的状况下，大城市快速大容量的轨道交通方式发展仍较缓慢；三是城市群快速发展，城际旅游客流量不断增加，城际间交通运输能力愈来愈不适应，城际间大容量、高效、低污染和节省资源的轨道交通建设滞后；四是国产化率偏低，有待进一步提高。

为了实现我国轨道交通的可持续发展，2003年，国务院办公厅出台了《关于加强城市快速轨道交通管理的通知》（国办发[2003]81号），对城市轨道交通的建设进行严格的控制管理。根据通知的要求，人口规模、交通需求和经济水平将是衡量一个城市能否建设轨道交通的三大基本要素，缺一不可。城市轨道交通的建设应坚持"量力而行、规范管理、稳步发展"的方针。表1.9列出了我国内地已建和拟建轨道交通的城市。

表 1.9 中国内地部分已建和拟建轨道交通的城市

城市	市辖区户籍人口（万人）	地方财政一般预算内收入（亿元）
上 海	1 289.13	1 107.31
北 京	1 092.85	731.59
天 津	764.37	237.60
重 庆	1 017.57	160.55
广 州	599.91（970）	288.48
深 圳	165.13（701）	327.71
东 莞	161.97（645）	82.64
厦 门	146.77	65.02
南 京	501.23	162.14
苏 州	216.87	95.98
杭 州	401.59	171.28
宁 波	210.45（321.9）	108.93
成 都	464.54	88.51
昆 明	226.38	59.38
南 宁	150.06	31.46
武 汉	785.90	104.02
长 沙	202.47	62.76
哈尔滨	394.54	83.37
沈 阳	492.34	105.50
长 春	314.70	45.88
大 连	278.09	101.54
鞍 山	146.07	32.57
青 岛	258.40	95.77
石家庄	217.28	37.66
威 海	58.92	16.51
西 安	516.30	71.72
乌鲁木齐	177.57	45.60

注：（ ）内为常住人口数量。

除表 1.9 所列的城市外，随着当地经济和社会的发展，规划建设及正在建设城轨交通的城市还有：福州、郑州、合肥、济南、南昌、贵阳、无锡、常州、泉州、惠州、佛山、温州、徐州、兰州、太原、潍坊、呼和浩特、银川等。

展望未来，轨道交通作为一种与我国国情和资源禀赋相适应的交通运输方式，发展前景十分广阔。

第四节 城市轨道交通的规划与建设

一、城市轨道交通的规划

轨道交通作为一种有轨交通方式从属于交通范畴。其规划也是依托于交通规划的原形，在发展过程中逐渐形成自己的特点与规律。世界上最早的轨道交通规划可以追溯到19世纪80年代。西班牙的马德里，轨道交通的规划以地下、地面和高架相结合的方式进行。轨道交通的规划距今已有120多年的历史。在我国，1956年上海开始编制城市交通规划，距今也有了50多年历史。现代都市的一个显著特征是公共交通方式正逐步成为城市交通的主流，尤其是大容量的快速轨道交通以其污染轻、速度快、安全正点得到人们的青睐，发展前景广阔。因此，科学合理的城市轨道交通规划对未来的城市发展具有十分重要的意义。

（一）城市轨道交通规划的地位与作用

"规划"是研究如何从全面和长远的角度确定发展目标，并对现有资源进行优化配置，从而达到目标的理论和方法。

城市轨道交通规划是城市交通规划的一个分支。城市轨道交通规划是在城市交通规划的基础上，科学分析客流发展趋势和不同交通方式在未来城市中的发展比例，同时结合城市的自然地理条件，合理规划线网，确定轨道交通发展规模并制定相应的实施对策以及交通政策，为城市轨道交通的发展设计蓝图。

对于一个现代化大城市来说，没有轨道交通是不可想象的。轨道交通规划已成为新的城市交通规划中的重要环节。一个科学、合理、完善的轨道交通网是城市客运交通的发展方向，轨道交通网不仅是城市交通网中的骨干线路网，还是对城市发展起到决定性的引导激发作用的机构网。

城市轨道交通是一种投资高、技术要求高、施工难度高的"三高"系统。建设已属不易，建成后的改造调整更是近乎不可能。因此，城市轨道交通规划是一项既需顾及多种相关因素，又须顾及城市发展趋势，带有极强的空间相关性和时间延缓性效应的高难度规划。

由此而言，城市轨道交通规划是一项既有整体性（服从于城市规划、城市交通规划的整体要求），又有独立性的相对独立体系。既有超前性（建设时间跨度大，对城市发展影响大），又有调整性（在逐步完成的过程中，在导向与适应两方面均有内部调整的必要与可能）。因此，城市轨道交通规划既要科学，又要大胆，更要谨慎。

（二）城市轨道交通规划的原则

城市轨道交通规划是建设城市轨道交通的蓝图，对城市交通的发展具有导向作用，因此，城市轨道交通的规划应遵循以下原则。

1. 可持续发展原则

城市可持续发展应重视公共交通，公共交通首选轨道交通。城市轨道交通规划作为未来城市轨道交通发展方向的指南针，必须符合可持续发展的原则，用最小的自然资源作代价来换取最大的社会效益。

2. 协同性原则

城市交通规划必须与城市社会经济发展规划相适应，城市轨道交通也不例外，应与社会经济协同发展。与此同时，城市轨道交通规划还应与国家的路线、方针、政策，尤其是城市发展方针、目标相一致；与城市总体规划、土地利用规划、产业布局规划相一致，并且应该结合地方特色，统筹兼顾。注重保护历史文物，城市传统风貌和自然景观等。

3. 整体性原则

城市轨道交通规划是城市交通规划这个大系统的子系统。城市交通系统最优化就是要求各种运输方式的配置合理，协调发展，最终达到满足城市居民出行的需求。因此，应将城市交通系统作为一个整体，在城市总体交通规划的基础上，结合各种交通运输方式的发展规划，制定城市轨道交通的发展规划。

4. 动态性原则

城市的发展是动态的，城市交通的发展也是动态的。随着世界范围内城市化进程的加快，各种现代化交通工具伴随着社会经济的发展和科技进步应运而生，从而拓宽了城市交通的发展空间。动态的发展需要动态的规划来适应，一成不变的静态交通规划是不符合科学发展观的，也不能适应现代化城市发展的需要。

5. 客观性原则

规划必须客观，要采用科学的理论和方法来指导规划工作。城市轨道交通规划应反映客观事实，提出未来城市交通模式和方向，从而为城市决策者提供真实可靠的决策依据。

6. 可操作性原则

规划的目的是为了实施。轨道交通规划既要满足社会经济发展的需要，又要受建设能力的制约，应在两者之间寻求一个平衡点，以保证规划是在最大可能实现前提下的对需求的适应。

7. 经济性原则

轨道交通建设投资巨大，这在一定程度上要求政府投入大量的人力、物力和财力来建设轨道交通。因此，城市轨道交通规划应本着经济、节约的原则，最大限度地挖掘交通潜力，有步骤、有目的地在财力允许的基础上逐步建设轨道交通网络，而不能不顾经济实力盲目发展。

（三）城市轨道交通规划的内容

规划的核心内容是确定目标。城市轨道交通规划的目标在于建立合理的轨道交通网络，使之对现有城市结构的不利影响减至最小，对未来城市可持续发展有利，能够最大限度地运送来往客流，满足市民出行需求。

城市轨道交通规划流程如图1.7所示。规划内容如下：

1. 社会经济调查

社会经济调查的目的是针对交通规划的需求，对指定范围的社会经济状况进行全面的了解，详尽收集资料，通过分析和整理以供规划中使用。按规划阶段不同，可分为综合经济调查和个别经济调查。

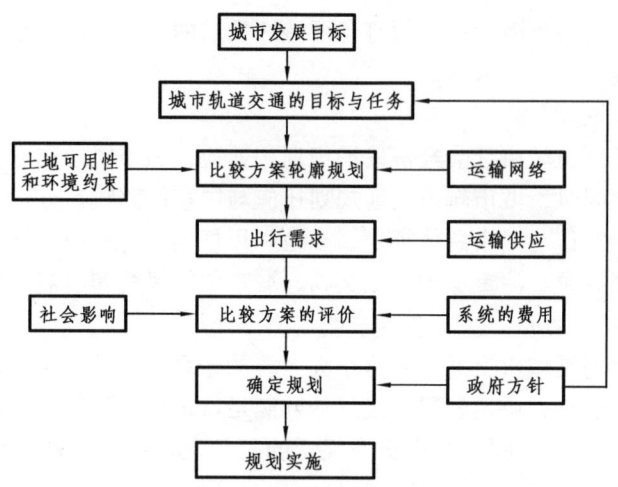

图 1.7　城市轨道交通规划流程图

综合经济调查是对一个城市以至整个区域的社会经济现状和发展远景进行全面调查，主要任务是收集编制交通网所需的全部资料。

个别经济调查是按某一工程项目需要所进行的调查，主要任务是为规划线路设计确定位置、标准、施工程序以及为经济评价提供依据。

社会经济调查的步骤一般为准备调查、实施调查、资料分析三个阶段。

2．土地使用规划

城市轨道交通的设施是建立在土地上的，土地使用规划的目的是合理有效地使用有限的土地。由于城市轨道交通规划是解决城市活动中市民流动的规划，因此，必须和土地使用规划协调运作，才能在保证土地合理使用的前提下构建轨道交通网络。

3．出行需求的分析与客流预测

城市轨道交通规划中出行需求分析与客流预测通常采用国际通行的"四阶段法"：建立出行生成模型、出行吸引模型、出行分布模型和出行分配模型并进行分析和客流预测。"四阶段法"的具体内容可参看有关资料。

客流预测是确定城市轨道交通网络规模、交通方式选择及线路运输能力、车站规模设备能力、运营组织、经济效益评价的重要依据。在规划路网时，先要根据居民出行调查及城市道路网等资料初拟路网规划图，然后预测路网客流量以证明路网设计的合理性，如发现不当之处，要重新调整路网规划，并重做客流预测，多次反复，直到满意为止。

客流预测是一门新兴的学科，城市总体客流预测方法逐步趋于成熟，而对轨道交通线路的客流预测尚处于探索研究阶段。

客流预测在城市轨道交通规划中十分必要。首先，客流预测是进行轨道交通项目宏观、微观投资决策的依据；其次，客流预测是轨道交通项目可行性研究和项目评估的基础。

4．轨道交通系统的规划

轨道交通系统的规划有线路规划、站点设置、环境保护等方面的内容，现分述如下。

（1）线路规划。城市轨道交通的线路规划应能满足未来城市发展对交通设施的需求。各城市因自然地理环境、居民出行习惯的差异，轨道交通线路的规划应有所不同。但在充分利用自然条件，最大限度发挥轨道交通的能力方面应该是共通的。

轨道交通系统的线路规划应采用网络结构形式,即路网结构。其基本模式有放射型线路、环状线路及两者的组合。

线路规划还应考虑能与其他公共交通方式以及和城市间铁路、航空、水运换乘便利,衔接紧密。

(2)站点设置。站点设置要考虑城市布局和居民出行便利,一般在能容纳大交通量的地区,尤其是能充分接近高密度居住区为最好。

换乘枢纽应根据枢纽站的种类来确定其位置和规模。一般而言,各种交通方式应能便利换乘,尽量缩短乘客换乘时间。

(3)环境保护。在城市轨道交通地面、地下、高架三种结构中,地面轨道交通的噪声、震动等公害最为严重;地铁可以避免这些公害,但造价昂贵;高架轻轨则能有效减少公害,且建设费用较地铁低得多,日益成为城市轨道交通的主要模式之一。

经过科学论证制定的轨道交通规划所赋予的城市交通发展模式及发展方向,在一定时期内是不可动摇的原则。当然在实践过程中会出现一些未预料到的问题,或预见不够准确的问题,在实施规划的过程中可以进行动态调节。城市轨道交通规划一经制定,就应该作为有关决策部门的决策参考依据,轨道交通项目的建设应符合规划的基本原则。

二、城市轨道交通的建设

城市轨道交通作为城市客流运输的骨干,起着其他交通方式难以替代的作用。当前,我国国民经济持续快速发展,城市化进程明显加快,城市人口迅速增长,城市交通问题十分突出。为解决城市交通拥堵和环境恶化问题,我国具备规模经济的相关城市都把发展城市轨道交通作为发展公共交通的根本方针,对轨道交通的建设进行了规划。现将我国主要城市轨道交通建设与规划情况作如下介绍,供参考。

(一)北 京

北京地铁规划始于1953年,工程始建于1965年,最早的线路竣工于1969年,于1971年开始运营,是大中华地区第一条地铁。

2007年1月26日,北京市出台了一个总投资约1 700亿元人民币的近期(2004—2015年)轨道交通线网建设规划。近期规划实施后,全市轨道交通运营线路日客运量,将由以前的186万人次提高到888万人次。轨道交通出行量占公共交通出行量比例,将由以前的15%提高到49%。

2007—2015年,北京市陆续开工建设11条线路,长332 km。新线建设的时序和目标,当时大致按三个阶段安排:

第一阶段,到2008年奥运会前,建设完成地铁5号线、10号线一期(含奥运会支线)和轨道交通机场线,新增运营里程84 km,累计达到198 km。

第二阶段,到2012年年底,建设完成地铁4号、6号、7号、8号、9号、10号、14号、15号线一期和亦庄线,新增运营里程221 km,累计达到419 km,基本实现中心城区轨道交通线网规划。

第三阶段，到 2015 年年底，建设完成地铁 15 号线二期和大兴线、房山线、S1（门头沟）线、S2（昌平）线，全部完成轨道交通 19 条路线 561 km 的建设规划。届时，北京市将形成"三环、四横、五纵、七放射"的轨道交通线网格局。

在北京奥运会的冲刺阶段，北京地铁在新线不断开通的同时，老线也在进行更新改造工程。北京地铁对 1 号线和 2 号线各站站厅进行了改造，增设了乘客服务中心，车站导向标志和卫生间也进行了改造。另一方面，1 号线和 2 号线在不中断运营的情况下，完成了车辆、信号、通讯、供电、机电、线路等系统的改造，购买了新列车，缩短了发车间隔。2 号线还实现了有人看护下的自动驾驶。老线改造总投资达 84.3 亿元。

2008 年 6 月 9 日，作为改造的成果之一，北京地铁启用自动售票系统，人工售出的纸质车票停用，取而代之的是非接触式 IC 卡车票。乘客只需在地铁出入口的自动检票机上刷一下车票或是"一卡通"即可完成进出站。

截至 2015 年 12 月 26 日，北京地铁共有 18 条运营线路（包括 17 条地铁线路和 1 条机场轨道），组成覆盖北京市 11 个市辖区，拥有 334 座运营车站（换乘车站重复计算，不重复计算换乘车站则为 278 座车站）、运营线路总长 554 km 的轨道交通系统。

据介绍，未来 5 年，北京轨道交通通车里程将达到 900 km，运营间隔缩短至 2 min 30 s。每年至少整治 60 条大街，实现"三环半"成环，姚家园路、京密路提升为城市快速路，缓解东北部交通压力。

计划 2020 年将建成 1000 多 km 的轨道交通网络。

北京市轨道交通建设与规划示意图如图 1.8 所示。

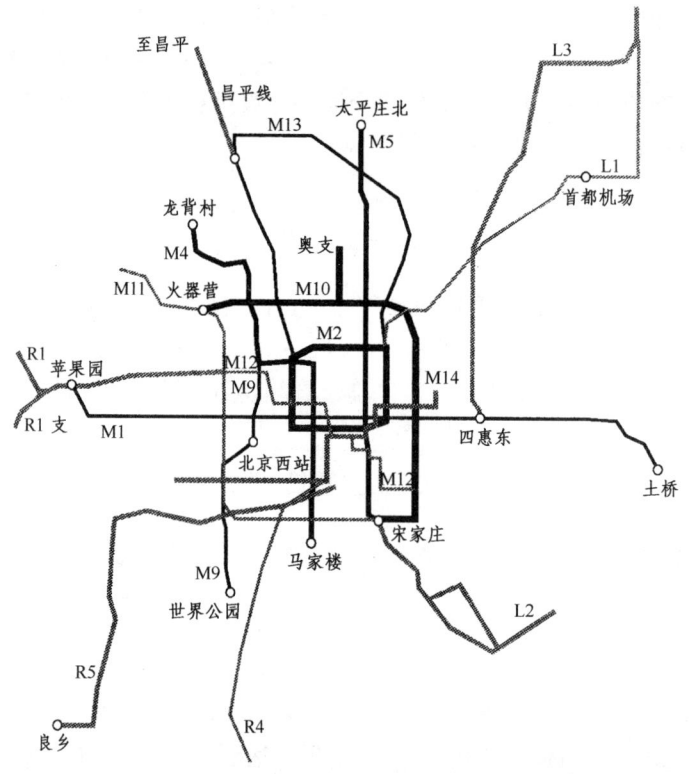

图 1.8 北京市轨道交通建设与规划示意图

（二）上　海

上海地铁第一条线路上海轨道交通 1 号线于 1993 年 5 月 28 日正式运营，是继北京地铁、天津地铁建成通车后中国大陆投入运营的第三个城市轨道交通系统。上海轨道交通由上海申通地铁集团有限公司负责运营。

截至 2015 年 12 月，上海轨道交通共开通线路 14 条（1~13 号线、16 号线），全网运营线路总长 617 km，车站 366 座（不含上海磁浮示范运营线，3/4 号线共线段 9 个车站的运营路程不重复计算，多线换乘车站的车站数分别计算），并有 5 条线路延伸规划、4 条线路新建计划。

上海中期轨道交通线路规划如表 1.10 所示。

表 1.10　上海中期轨道交通线路规划

项目名称	建设周期（年）	项目范围	线路长度（km）
1 号线北延伸二期	2004—2006	泰和路—富锦路	4.2
2 号线西延伸	2003—2006	中山公园—虹桥机场	9.5
2 号线东延伸	2006—2009	张江高科—浦东机场	29.2
9 号线二期	2005—2009	东安路—源深路	17.2
11 号线一期	2005—2010	嘉定、安亭—三林	62
11 号线二期	2006—2010	三林—临港新城	58
12 号线	2006—2011	漕宝路—巨峰路	33.3
13 号线	2006—2011	金沙江路—不夜城	13

上海轨道交通建设与规划如图 1.9 所示。

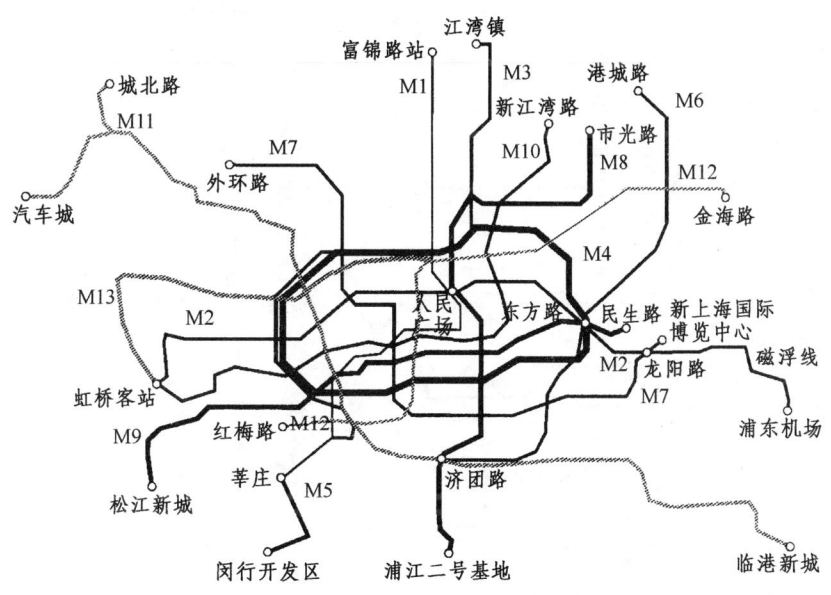

图 1.9　上海市轨道交通建设与规划示意图

据最新出炉的《上海市轨道交通近期建设计划（2017—2025）》，截至 2025 年上海将新增规划再建设 9 条轨道交通线路。这 9 条线路除了地铁外，还包括了连接上海两大机场的城际铁路快线，以及中运量轨道线路等多种模式。

届时，上海将拥有包括地铁、城际铁路、机场快线、磁浮线等多种模式的轨交线路，共计 39 条，总长约 1 050 km。

（三）天　津

天津是中国第二个拥有地铁的城市。

天津第一条地铁于 1970 年 04 月 07 日决定建设，1970 年 06 月 05 日动工，1976 年 01 月 10 日不载客试通车，1984 年 12 月 28 日正式通车运营。2013 年 9 月 20 日天津地铁日客流量破 71 万，创单日运营新高。天津市已开通运营地铁 1、2、3 号线和 9 号线（9 号线部分停运，2015 年 12 月 15 日恢复运营天津站-钢管公司站），共约 140 km；地铁 5 号线，1 号线东延线和 4、10 号线南段工程在建，地铁 6 号线进行设备调试阶段，地铁 9 号线在天津滨海"8.12"爆炸事故后，部分区间暂时停运。现已开通天津站至钢管公司段。（截至 2016 年 01 月 14 日）

依据城市总体规划和综合交通规划，天津市城市轨道交通远景年线网由 28 条线路组成，总长度 1 380 km。预测到 2020 年，天津市公共交通占机动化出行量比例达到 36%，轨道交通占公共交通出行量比例达到 40%。

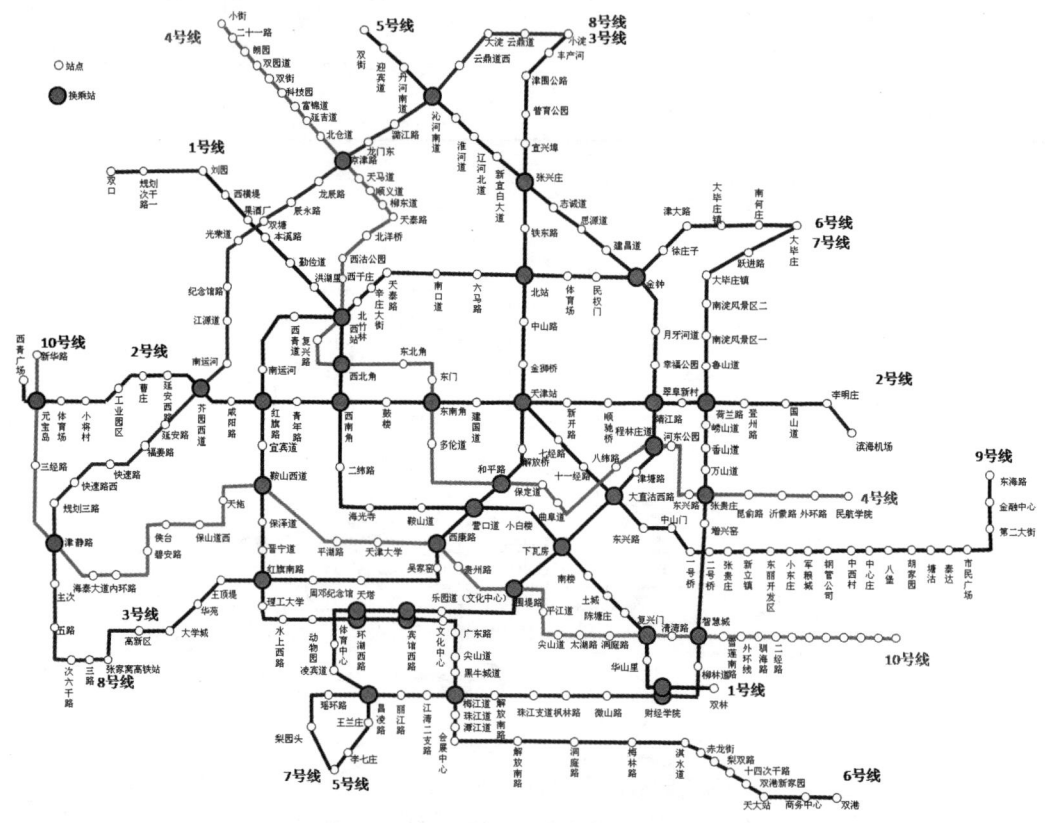

图 1.10　天津轨道交通规划线路图

天津地铁规划情况如表 1.11 所示：

表 1.11 天津轨道交通线路规划

线　路	起　点	终　点	开工时间	通车时间
天津地铁 4 号线	小　街	民航大学	2015 年	待　定
天津地铁 5 号线	双　街	李七庄	已开工	预计 2016 年
天津地铁 6 号线	新外环东路	梅林路	已开工	预计 2016 年
天津地铁 7 号线	张家窝	藤源路	规划中	规划中
天津地铁 8 号线	津静路	咸水沽	规划中	规划中
天津地铁 10 号线	屿东城	梨园头	2015 年	待　定
天津地铁 11 号线	中　北	温家房子	规划中	规划中
天津地铁 12 号线	赵　庄	大　寺	规划中	规划中
天津地铁 13 号线	张家窝	空港保税区	规划中	规划中
天津地铁 Z1 线	子牙产业园	于家堡（火车站）	规划中	预计 2020 年前
天津地铁 1 号线东延线	双　林	咸水沽北	已动工	2016—2017

（四）广　州

广州地铁于 1997 年 6 月 28 日开通，是中国大陆第四个开通并运营地铁的城市。截至 2013 年 12 月 28 日，广州地铁共有 9 条营运路线（1 号线-6 号线、8 号线、广佛线及 APM 线），总长为 260.5 km，共 164 座车站。

广州地铁由广州市地下铁道总公司负责营运管理，并且还是广佛地铁的实际建设及营运者，并由此间接成为佛山地铁一号线（即佛山境内魁奇路至金融高新区区间）的运营商。

广州地铁已经成为广州市民最主要的交通工具之一，截至 2015 年 12 月 31 日，广州地铁单日客流纪录达到 879.1 万人次，比原纪录 863.1 万人次多了 16 万人次。879.1 万人次，相当于比广州所有户籍人口数还要多，在这一天都外出搭过地铁。

未来十年，广州计划建设 16 条（段）、432.6 km 地铁新线，总投资估算 2 976 亿元。广州新一轮轨道交通（2015 年—2025 年）建设规划方案在网上曝光，地铁里程将由现在的 260 km，增至将近 1 000 km，南沙、增城将有 3 条或以上的地铁。不过，记者透过权威人士获悉：这只是正在做的其中一个中间方案，还不是最终版本，待规划稳定后，将向社会公示征求市民意见。

新一轮规划的亮点在于：3 号线将迎来加密线，由天河直达南沙，但起点还未确定；6 号线将拆解为两条线路，往东延伸至增城，串起广州和增城两大开发区；广州南站至南沙的 18 号线，将往北延伸至白鹅潭。

广州市轨道交通建设与规划如图 1.11 所示。

城市轨道 交通概论

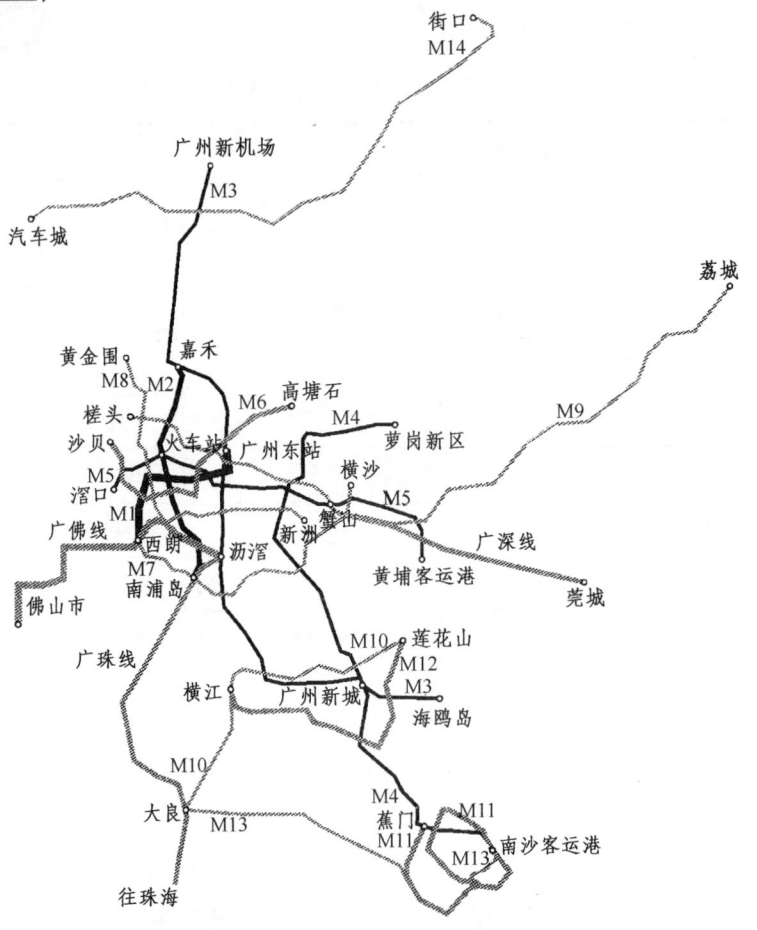

图 1.11 广州市轨道交通建设与规划示意图

（五）深　圳

深圳是中国大陆地区继北京、天津、上海、广州、武汉后第 6 个拥有地铁系统的城市。截至 2015 年 5 月，深圳地铁共有 5 条线路、131 座车站、运营线路总长 178 km，轨道交通线路长度居中国第 6（仅次于上海、北京、广州、南京、重庆），居世界第 15 位，构成覆盖深圳市罗湖、福田、南山、宝安、龙岗五个市辖行政区和龙华一个功能区的地铁网络。

深圳地铁（Shenzhen Metro）由深圳市地铁集团有限公司（SZMC）、港铁轨道交通（深圳）有限公司（MTR〈ShenZhen〉）和深圳市地铁龙岗线投资有限公司（已与深圳市地铁集团有限公司合并）分别运营不同线路，在深圳政府指导下执行统一的票价定价和服务。

2014 年 12 月 31 日，深圳地铁单日网络客运量再创历史新高，达 394.34 万人次，地铁占公共交通出行比例已达 27.8%，构成深圳市公共交通的骨干。同时，地铁也极大地推动了深圳市特区的一体化进程。

深圳地铁三期工程的三条线路正在建设，预计于 2016 年年底开通，届时开通线路将达到 8 条，通车里程达 285 km。路网的远期规划则达到 20 条线路，里程超过 700 km。机场快线将于 2016 年 6 月底开通，西丽线、梅林线将于 2016 年年底开通。

据 2015 年的最新信息：深圳市城市轨道网络远期共规划了 20 条线路，总里程约 748.5 km（含弹性发展线路约 73.7 km）；同时规划了 5 条城际线路，形成约 146.2 km 的城际线网，加上国家铁路，深圳市轨道交通总里程远景规划将达到 1 080 km，轨道规模和密度与东京等国际先进城市基本相当。

《深圳市城市轨道交通建设规划》确定了深圳轨道交通中期发展目标与方案，并明确轨道交通 1 号、2 号、3 号、4 号及 11 号共 5 条线路为优先发展线路，优先发展的线路总长 124.80 km，总投资约 369.5 亿元（见表 1.12 及图 1.12）。

表 1.12　深圳市中长期轨道交通线路规划

项目名称	项目范围	线路长度（km）	车站数（座）
1 号线续建工程	世界之窗—深圳机场	23.333	15
2 号线工程	蛇口西站—世界之窗	14.35	11
3 号线工程	红岭中路—龙兴街站	32.913	19
4 号线续建工程	少年宫—龙华镇中心	15.953	9
11 号线工程	深圳西站—塘坑	38.22	12

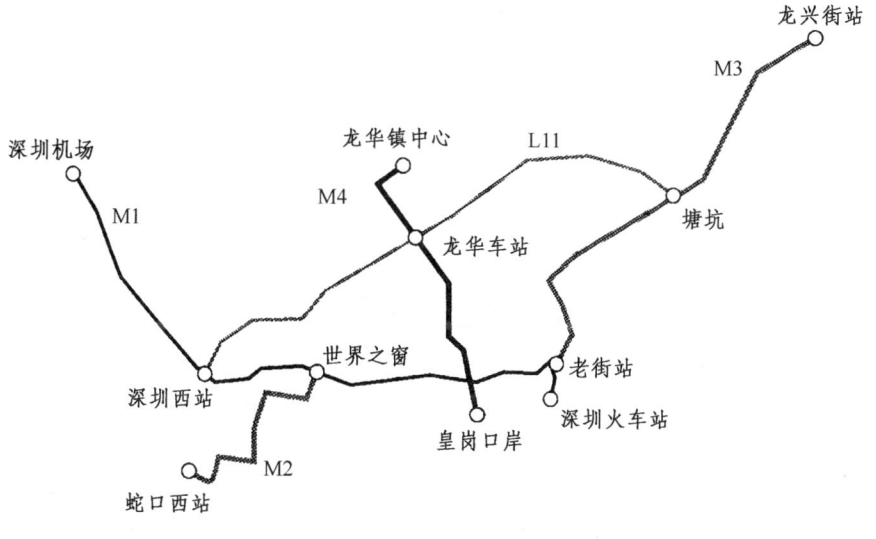

图 1.12　深圳市轨道交通建设与规划示意图

（六）重　庆

为了适应建设长江上游经济中心的城市发展战略的需要，尽快建立有效衔接内外交通，安全、高效、便捷的现代化城市综合交通体系。重庆轨道交通的规划是：用 20 年的时间，建设 300 km 以上轨道交通线路，形成覆盖中心城区衔接外围组团的快速轨道交通网络，实现日运量 600 万人次，约占城市交通 40% 的运量，超过我国香港的城轨运量水平（见表 1.13 及图 1.13）。

表 1.13　重庆市前期轨道交通建设规划表

项目名称	项目范围	线路长度（km）	建设年限（年）
轨道 3 号线	二塘—龙头寺	21	2004—2008
	龙头寺—机场	16	2007—2010
地铁 1 号线	大坪—大学城	25	2007—2011
	朝天门—大坪	7	2009—2012
地铁 6 号线	冉家坝—上新街	13	2008—2012
建设长度总计（km）		82	

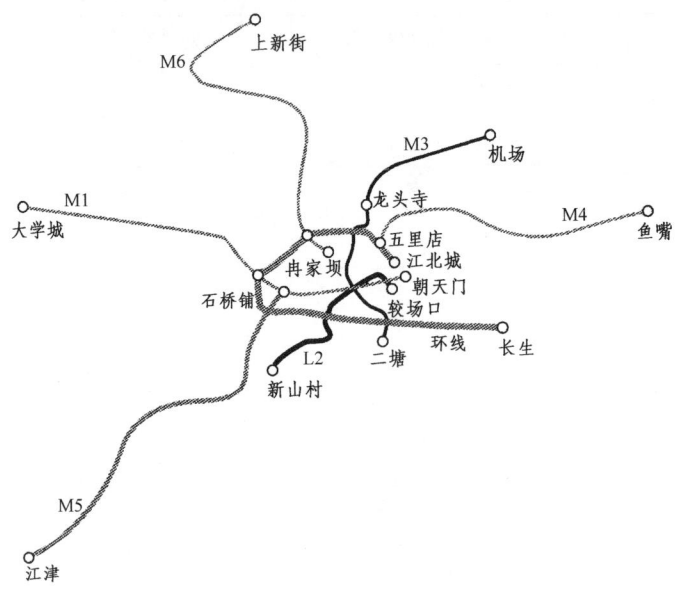

图 1.13　重庆市轨道交通建设与规划示意图

2014 年从市轨道集团获悉，国家发改委正式批复《重庆市城市轨道交通近期建设规划（2012—2020 年）》。获批规划项目共 8 个，即 4 号线一期、5 号线一期、6 号线支线一期和二期、9 号线一期和二期、10 号线以及环线，全长 215.04 km，项目总投资约 1 097 亿元。

近期规划为形成 9 条线路，总长 410.24 km；远期规划为环线 + 17 条射线，总长约 820 km，其中主城线路总长约 780 km。届时，重庆主城轨道线网密度将达到 0.69 km/km²。

（七）成　都

成都地铁于 2005 年开始建设第一条线路。由成都地铁有限责任公司负责建设与规划，由成都地铁运营有限公司负责运营，服务于四川省成都市主城区及其周边郊县、市。

成都地铁 1 号线一期工程于 2010 年 9 月 27 日投入运营，标志着成都成为中国内地第八个开通地铁的城市。

成都地铁 2 号线一期工程于 2012 年 9 月 16 日开通。此后，成都地铁积极响应"交通先行"战略，更是保持了每年至少开通一条（段）的速度。

截至 2016 年 2 月，成都地铁运营总长约 88.1 km，在建总长约 249 km，67 座运营车站（转乘站不重复计算），3 座两线转乘站。

成都地铁现已成为成都市民主要出行方式之一。2015 年度发送乘客 3.39 亿乘次，日均客流达到 92.97 万乘次，列车正点率 99.97%。成都地铁单日最高客流量为 173.82 万人次（2016 年 3 月 25 日）。2016 年 2 月，成都地铁日均客流 111.48 万人次。

据 2016 年 2 月 25 日的 四川新闻网（成都） 报道：到 2020 年，成都将实现地铁建设及运营规模 782 km 的城市轨道交通建设总目标，其中运营规模 530 km，在建规模 252 km。建成 IT 大道现代有轨电车和都江堰现代有轨电车，运营规模 50 km。

成都市轨道交通建设规划如表 1.14 及图 1.14 所示。

表 1.14 成都市轨道交通建设规划

项目名称	项目范围	线路长度（km）	车站数量（座）
1 号线	大丰站—广都站	31.6	23
2 号线	龙泉东站—石牛站	50.65	26
地铁 3 号线	红星车站—板桥南站	49.28	22
地铁 4 号线	温江站—西河站	38.90	19
地铁 5 号线	驷马桥站—江河站	24.63	13
6 号主线	沙湾站—四河站	22.05	13
6 号支线	琉璃场站—双流航空港站	15.11	8
轻轨 7 号线	生态站—龙潭东站	41.93	22

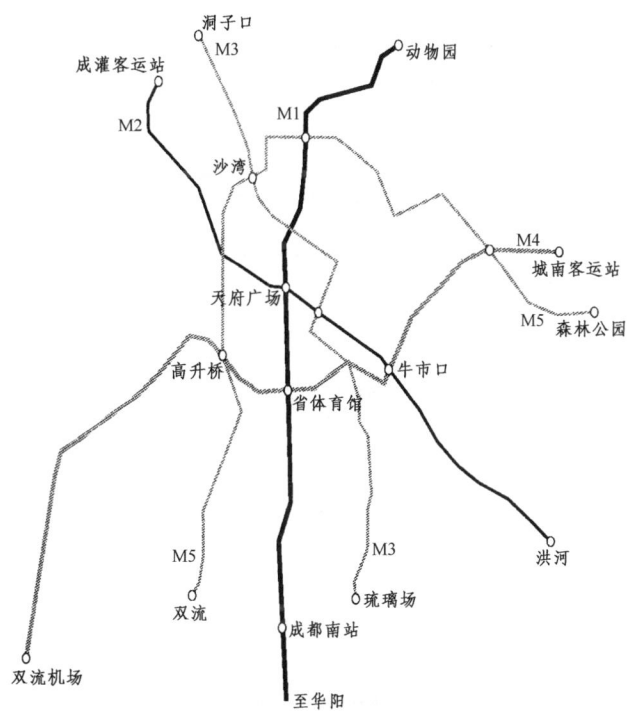

图 1.14 成都市轨道交通建设与规划示意图

（八）南　京

南京地铁第一条线路于 2005 年 5 月 15 日正式通车，是中国大陆第六个建成并运营地铁的城市，目前是大陆地区唯一盈利的城市轨道交通。

截至 2016 年 1 月，南京地铁有 6 条线路、121 座车站，线路总长 225.4 km，地铁线路长度居大中华地区第四（仅次于北京、上海、广州）、世界第十一位，日均客流量超过 225 万人次，2015 年 12 月 31 日的 298.1 万人次为最高单日客运量。

"十三五"期间，南京将启动建设 8 条地铁线路，总长 157.2 km。根据南京市总体规划，新线建成后，南京地铁运营总里程将达 534.81 km，南京轨道交通基本网络将全部成型，轨道交通在公共交通客运总量中占比达 45%，南京将真正成为具有国际水准的公交都市。

南京市中长期轨道交通建设规划如表 1.15 及图 1.15 所示。

表 1.15　南京市中长期轨道交通线路规划

项目名称	项目范围	线路长度（km）	车站数量（座）
2 号线	龙潭—板桥南	67.4	32
3 号线	林场站—禄口机场	58.3	22
4 号线	紫金山—江北地区中心	25.4	18
5 号线	下关—东山新市区	23	18
6 号线	南京站—南京站	30.9	20
7 号线	预留线	34	20

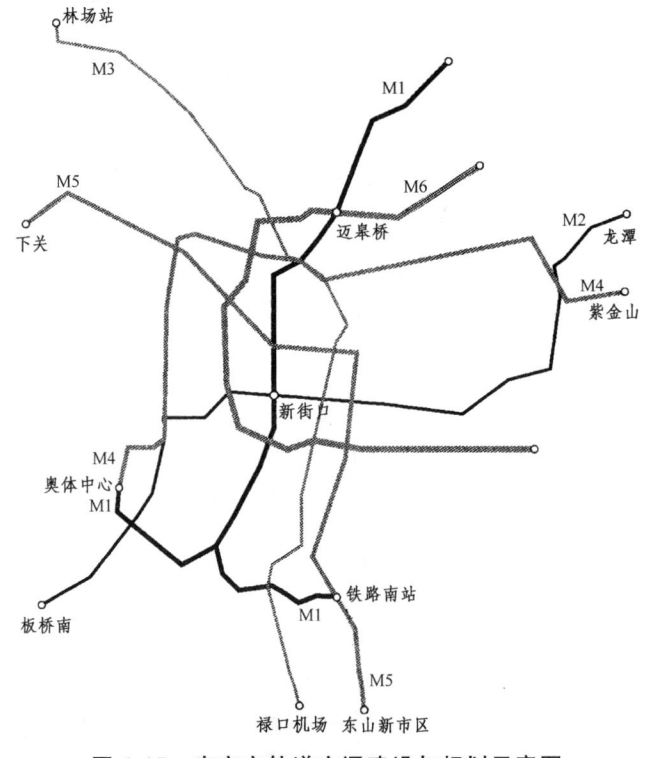

图 1.15　南京市轨道交通建设与规划示意图

（九）杭　州

杭州地铁 1 号线于 2007 年 3 月 28 日开工建设，2012 年 11 月 24 日开通，是浙江省首条地铁线路，同时杭州也是华东地区第四个开通地铁的城市。

杭州地铁初期规划总计为 13 条线路外加 12 条城际线路，总长为 375.6 km（不含城际线路）。截至 2015 年 12 月，杭州共开通地铁 82 km，车站 52 座（换乘站不重复计算），为全球首个覆盖 4G 网络的地铁系统，其中：1 号线共 54 km，车站 34 座；2 号线东南段 18.2 km，车站 12 座；4 号线 9.61 km，车站 10 座。

表 1.16、图 1.16 勾画了杭州市轨道交通建设蓝图，预示着杭州大都市时代的到来。

表 1.16　杭州市中长期轨道交通线路规划

项目名称	项目范围	线路长度（km）	车站数量（座）
1 号线	临平副城—萧山湘湖	58	39
2 号线	良渚—蜀山	48	31
3 号线	留下—临平	35	33
4 号线	彭埠镇—钱江大桥	15	18
5 号线	老余杭—萧山火车站	48	38
6 号线	浦沿—钱江文化园	25	19
7 号线	世纪城—江东工业园区	31	22
8 号线	下沙—教育科研区	18	7

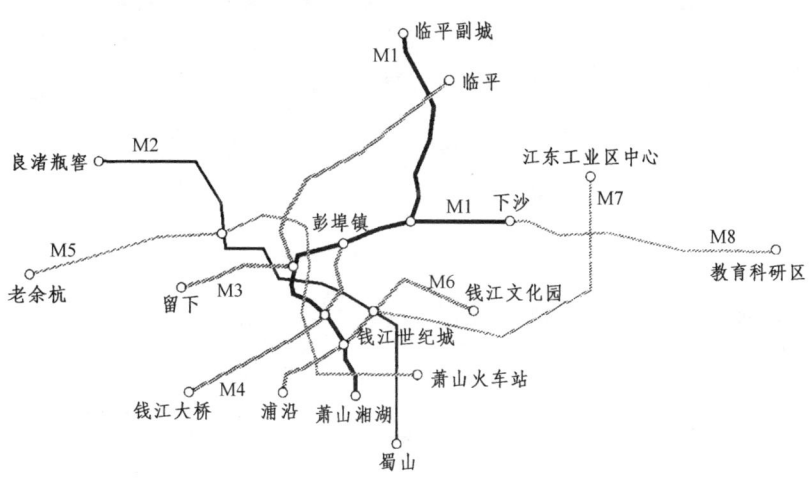

图 1.16　杭州市轨道交通建设与规划示意图

（十）西　安

西安地铁是世界四大古都交通系统中拥有里程最长的大运量城市轨道交通系统，是中国西北地区首个、中国（含港澳台）第十二个投入运营的大运量城市轨道交通系统，也是中国（含港澳台）第十一个实现多线路组网的大运量城市轨道交通系统。

西安地铁目前运营2条线路，即西安地铁1号线、西安地铁2号线。两条线以十字形贯穿西安市区。运营里程52.2 km，共设车站39座。线网覆盖西安市七个市辖区（新城区、碑林区、莲湖区、灞桥区、未央区、雁塔区、长安区），连通古城、城东、城西、城南、城北五大城区。西安地铁串起了西安市东西轴线上的三桥、土门、五路口、康复路、纺织城，南北中轴线上的凤城五路、龙首原、钟楼、小寨、西安电视塔、韦曲等商圈，使得市区紧密联系在1小时经济圈内。

据2016年2月的报道，国家发改委已批复了西安市城市快速轨道交通建设规划调整（2013年—2021年）方案，根据国家发展改革委批复的文件，预计到2021年，西安市将形成由7条运营线路组成、总长243.2 km的轨道交通网络。西安市轨道交通建设规划图如下：

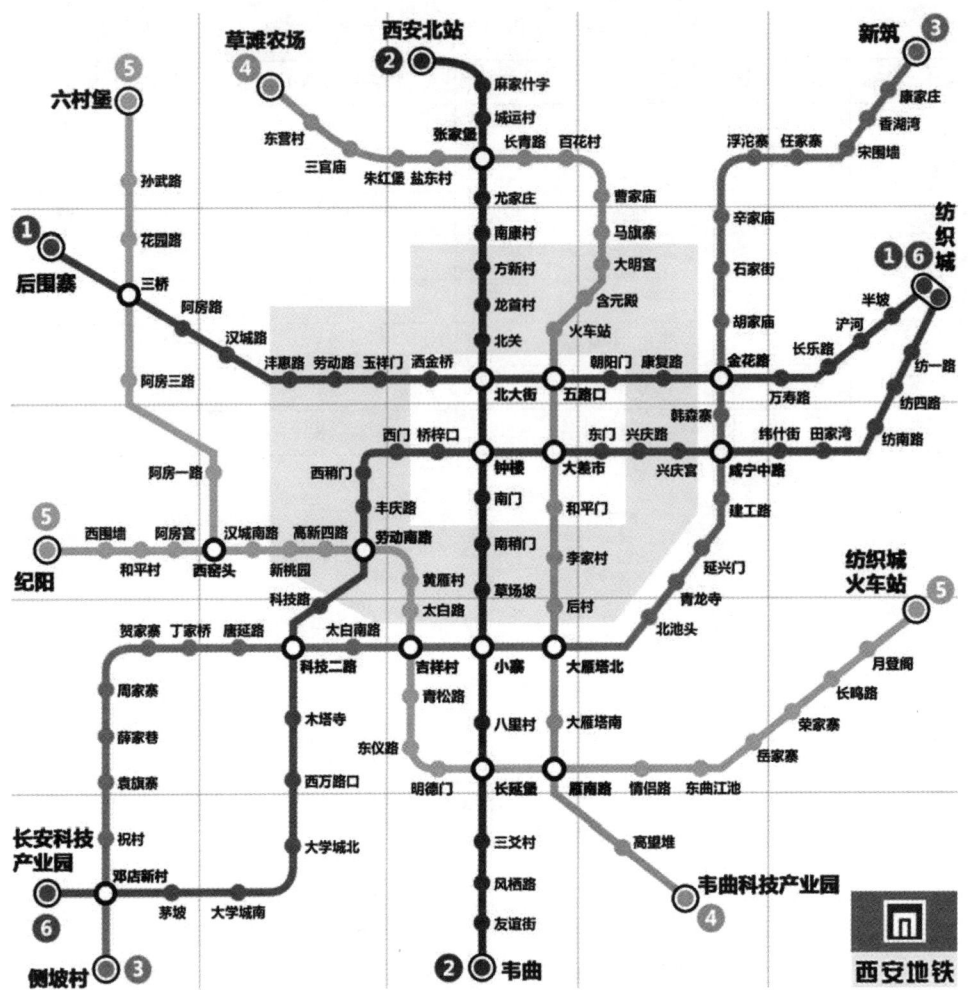

图1.17 西安市轨道交通建设规划图

（十一）沈　阳

2005年8月6日《沈阳市快速轨道交通建设规划》获国务院批准。2005年11月8日沈阳地铁1号线一期工程开工建设（地铁1号线于2010年9月27日开通试运营）。根据规划，沈阳将在2006年至2012年期间，先期建设地铁1号、2号线一期工程，即两条线路的中间段，形成十字形轨道交通骨架，建设里程40.85 km，总投资171.8亿元。

沈阳市轨道交通线网结构为环形加放射形，由东西两条线、南北两条线、1条环线和2条直线组成。规划线网总长182.5 km，换乘站达15座（见表1.17及图1.18）。

表1.17 沈阳市轨道交通线路规划

项目名称	项目范围	线路长度（km）	车站数（座）
1号线一期工程	张士—黎明文化官	22.05	18
2号线一期工程	道义组团—桃仙机场	18.8	16
3号线	洪杨士地区—副城地区	33.1	
4号线	下坎子—苏家屯副城	25.6	
4号支线	先农坛—浑南	27.2	
5号线	环　线	29.6	
5号支线	北二路西—于洪车厂	4.9	

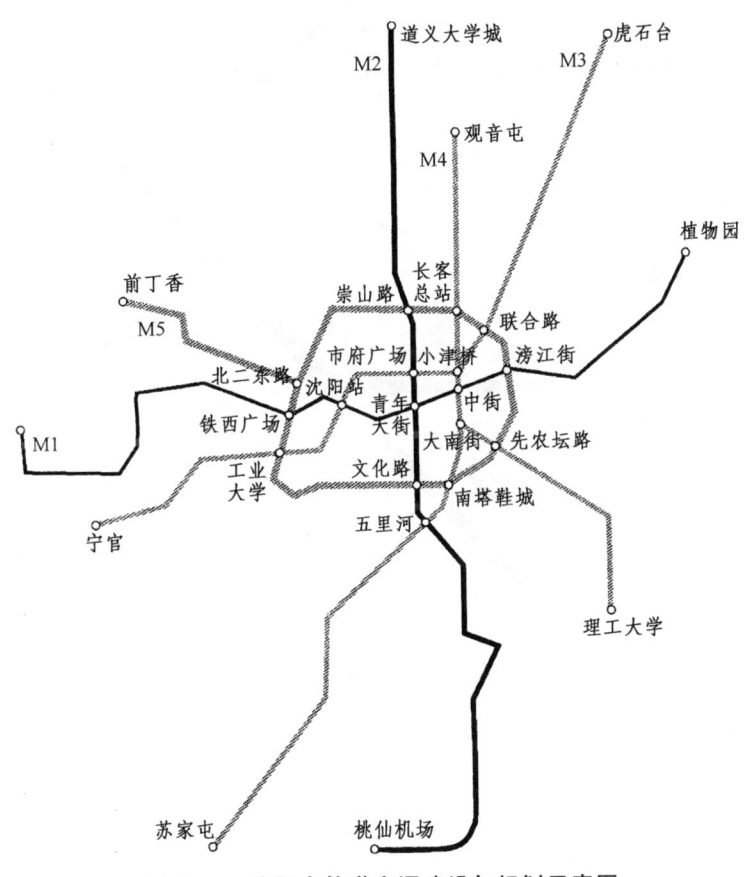

图1.18 沈阳市轨道交通建设与规划示意图

据悉，依据沈阳市政府的统筹安排，地铁指挥部正积极推进沈阳第三轮《沈阳市城市轨道交通建设规划（2016年—2022年）》(以下简称《建设规划》)报批工作。《建设规划》需经国家发改委、住建部、环保部等国家相关部委审批报国务院备案后,由国家发改委批复。获批后,还需省发改委、环保厅、住建厅等部门对单条线路《工程可行性研究报告》及相关要件进行批复。此轮《建设规划》包含9条线路,分别是地铁三号线一期工程、六号线一期工程、七号线一期工程、八号线一期工程和十一号线一期工程,以及4条延长线工程,分别是一号线东延线工程、二号线南延线工程、四号线北延线工程和四号线支线工程,总长约208 km。

(十二)武 汉

武汉轨道交通,是服务于湖北省武汉市的城市轨道交通系统。武汉地铁首条线路武汉轨道交通1号线于2004年7月28日开通运营,

武汉市城市轨道交通建设2020年规划示意图如图1.19所示。

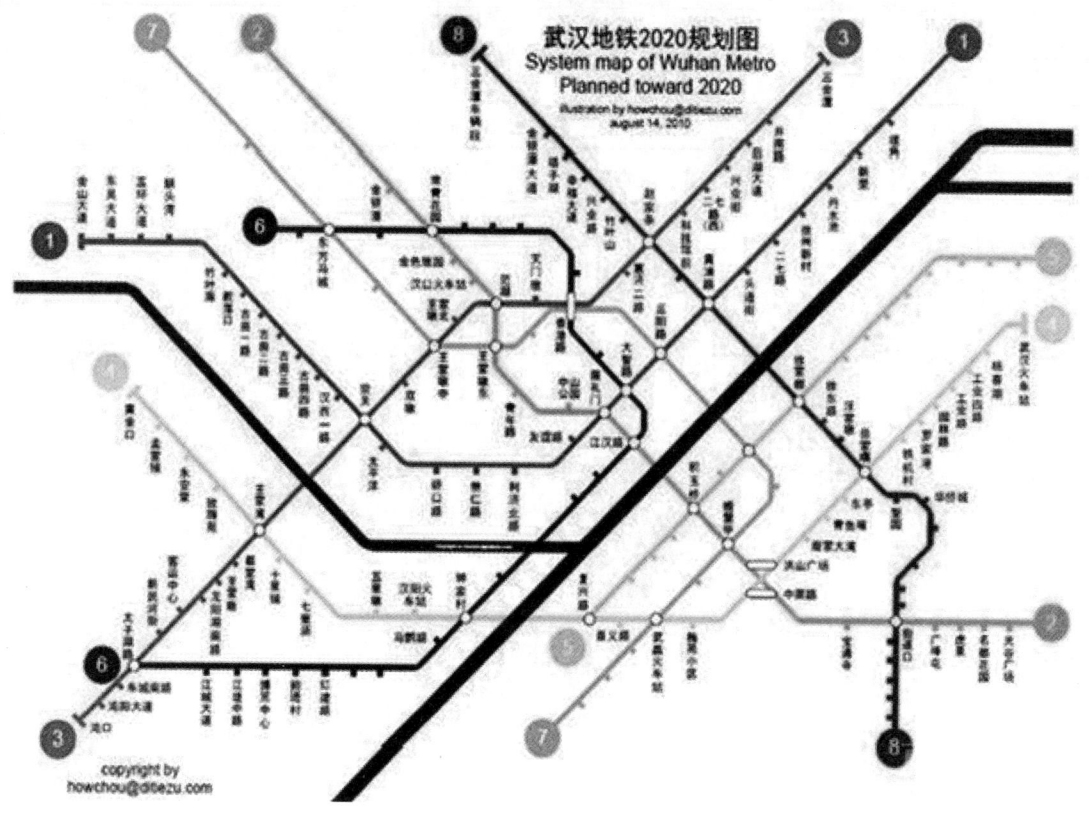

图1.19 武汉市轨道交通建设与规划示意图

2008年6月25日,武汉市政府正式批复《武汉市轨道交通线网规划(修编)》。修编后的线网规划,拟由3条市域快线和9条市区线路组成,总长540 km。未来50年内,整个轨道交通线网建成后,在武汉主城区近7成居民出门600 m就可乘坐地铁或轻轨。

3条市域快线分别是:1号线蔡甸—豹澥;2号线黄陂—纸坊;3号线常福—阳逻。

9条市区线分别是:1号线吴家山—堤角;2号线金银潭—鲁巷;3号线吴家山—博览中心;4号线永安堂—武汉火车站;5号线青菱—青山;6号线军山—三金潭;7号线黄家湖—盘龙城;8号线古田—阳逻;9号线鲁巷—东湖高新。

截至 2016 年 2 月,武汉地铁已投入运营 1 号线、2 号线、3 号线和 4 号线,共 96 座车站,运营里程 125.42 km。武汉地铁联络三镇,通达全市 7 个中心城区。至此,武汉站、汉口站、武昌站三大火车站已融入现代化的地铁网络。至 2017 年年底,将会开通 7 条中心城区线路,其中 7 个中心城区路线总长约 215.3 km。按武汉三期规划,到 2021 年武汉城区将有 9 条线路,新城区将有 5 条线路,从 2016 年开始,武汉市以每年至少开通 2 条线的速度,确保 2021 年形成约 400 km 的轨道交通线网,跻身世界地铁城市第一方阵。

(十三)哈尔滨

哈尔滨地铁(Harbin Metro)是黑龙江省哈尔滨市的城市轨道交通系统,是中国首个高寒地铁系统。该工程于 2008 年 3 月 31 日启动,规划有"九线一环",总里程 340 km,其中部分路段利用原有的"7381"人防地道工程进行改造。哈尔滨地铁 1 号线一、二期工程于 2013 年 9 月 26 日开通试运营;哈尔滨地铁 3 号线一期工程正在建设中,哈尔滨地铁 2 号线工程将待发改委审批后启动。

哈尔滨地铁总工程预计在 20 年内完成,估算总投资 2000 亿元。哈尔滨市轨道交通网络规划采取地上地下相结合、城区城郊相结合、平时战时相结合方式,线网规划为"九线一环两支",总里程 340 公里。

(十四)宁 波

宁波轨道交通网络规划以主城区为核心,以跨三江(余姚江、甬江、奉化江)、连三片(三江片、镇海片、北仑片)、沿三轴(商业轴、水轴、公建轴)为指导思想构成骨架,辐射范围覆盖全宁波市区和余慈地区以及奉化组团,规划线网全长 697 km(包括市域线,市快线)。

宁波市轨道交通由 14 条放射性线路组成并连线成网。其中市区线暂定为 8 条,市域线 4 条,市快线 2 条。市区线中宁波轨道交通 1 号线、宁波轨道交通 2 号线、宁波轨道交通 3 号线为轨道交通主干线,宁波轨道交通 4 号线、宁波轨道交通 5 号线、宁波轨道交通 6 号线、宁波轨道交通 7 号线、宁波轨道交通 8 号线为辅助线,呈现"一环两快七射",其中一环指 5 号线成环,两快为 K1、K2 线,七射"由 1,2,3,4,6,7,8 号线组成"。市域线为 S3 线[宁波—奉化(2015 年 12 月 30 日开工,计划 2019 年与宁波轨道交通 3 号线贯通试运营)—宁海],S2 线(宁波—慈溪),S1 线(宁波—余姚—慈溪—杭州湾),S4 线(宁波—象山)。快线为在市域线的基础上形成并穿越市中心城区,将建设 K1 线(余姚—横溪),K2 线(慈溪—溪口)两条。

(十五)无 锡

2008 年 12 月,《无锡市城市快速轨道交通近期建设规划》获国家批准。获批开建的是 1 号、2 号线,总长 56.11 km,形成"十"字骨架。远景规划是 5 条加环线,规划总长 157.77 km。2015 年前建成 1 号、2 号线,2020 年前建成 3 号线及 4 号线一期工程。

2009 年 11 月,无锡市轨道交通 1 号线开工建设,1 号线全长 30.73 km,共设车站 25 座,建设工期 5 年。

无锡位于沪、宁、杭地区的中心点，是长三角城际交通圈的核心。原规划的线路有可能由 5 条增至 7 条，总里程扩至 300 km。无锡将成为未来长三角轨道交通的核心。

阅读知识

世界地铁标志

"地铁"在全球大多数国家中都叫做 Metros（只有很少一部分国家的地铁叫做 Subway、underground、U-Bahn、T-bana 或者其他），大多数地铁都会把 LOGO 标志设置在入口，或者印在车厢、路线图和车票上。地铁的标志多少都和 Metros 中的 M 有关。

我们看到世界各国的地铁 LOGO 有各种各样的设计，大多以字母 M 和地铁横切面为原型来设计。一些城市里，LOGO 代表着整个地铁系统；而另一些城市里，LOGO 只代表某一条线路或者负责某一线路的公司。所以有些城市的地铁只有一个 LOGO，如德国、意大利、西班牙，德国的地铁 LOGO 是一个蓝色的 U，意大利是红色的 M，而西班牙则是红色的 C；而有些城市里的地铁 LOGO 有很多个，如俄罗斯，在俄罗斯，地铁 LOGO 大多使用代表莫斯科英文 Moscow 的红色斜体 M。

地铁作为城市的重要的交通工具，每天运载着不同的人到达城市的不一角落。地铁标志（如表 1.19 所示）作为城市地铁的形象和符号，出现在城市每个角落。其实它本身代表的就是城市的特色，它是城市精神的物化，同时也是城市实力的一种展示。

表 1.19　世界主要国家的城市及我国部分城市地铁标志

城市名称	地铁标志	城市名称	地铁标志	城市名称	地铁标志
巴　黎		巴塞罗那		布拉格	
开　罗		阿姆斯特丹		华盛顿	
洛杉矶		迈阿密		墨西哥城	
华　沙		里约热内卢		东　京	
雅　典		巴西利亚		伊斯坦布尔	
哥本哈根		洛　桑		里斯本	

续表

城市名称	地铁标志	城市名称	地铁标志	城市名称	地铁标志
北京		香港		广州	
深圳		天津		南京	
沈阳		杭州		石家庄	
兰州		无锡		温州	
武汉		西安		上海	
贵阳		南宁		福州	

复习思考题

一、选择题：

1. 下列哪项不属于城轨交通的范畴？（　　）
   A 有轨电车　　B 航空运输　　C 城市铁路　　D 独轨交通

2. 城市轨道交通是以（　　）为动力、采取轮轨运输方式的快速大运量公共交通的总称。
   A 太阳能　　B 风能　　C 机械能　　D 电能

3. 世界上第一条快速轨道交通地下线（地铁）于（　　）年在伦敦正式运营。
   A 1825　　B 1863　　C 1924　　D 1949

4. 我国第一条地铁是在哪座城市兴建的？（　　）
   A 广州　　B 上海　　C 北京　　D 天津

5. 我国第一条地铁是哪一年开始建设的？（　　）
   A 1924　　B 1949　　C 1965　　D 1976

6. 我国首条采用跨座式独轨交通的城市是（　　）。
   A 成都　　B 重庆　　C 武汉　　D 南京

7. 按容量分，轻轨属于（　　）的轨道交通。
   A 高容量　　B 大容量　　C 中容量　　D 小容量

二、简答题：

1. 何谓城市化？简单说明中国的城市化进程。
2. 什么是城市轨道交通？它在城市交通中处于何种地位？
3. 城市轨道交通的主要技术特性有哪些？
4. 城市轨道交通的类型有哪些？说明各自的特点。
5. 地铁与轻轨有何相同？有何不同？
6. 世界城市轨道交通是如何发展起来的？
7. 简述我国城市轨道交通的建设与发展过程。
8. 为什么要进行城市轨道交通的规划？
9. 城市轨道交通的规划应遵循哪些原则？
10. 简要说明你所在地区中心城市轨道交通的建设与规划。

第二章　城市轨道交通车辆

第一节　车辆的基本组成及重要技术参数

一、城市轨道交通车辆概述

（一）车辆的特点

车辆是轨道交通系统中完成乘客运输任务的直接工具，它具有以下特点：

（1）载客能力强。大型地铁车辆载容量可达350人/辆。

（2）动力性能好。速度快，加速能力强，制动效果好。

（3）安全可靠性强。设备先进，故障率低，稳定性可靠性强，突发情况下适应性强。

（4）环境条件好。照明，空调，坐椅，扶手等。

（5）灵活的牵引特征。根据不同的线路特征，可采用不同的牵引方式，即动力集中牵引和动力分散牵引。

（6）节能环保。车辆牵引动力常为电力。

（二）车辆的分类

1. 按车辆牵引动力配置分

（1）动车（Motor，用"M"表示）：车辆自身具有动力装置（动轴上装有牵引电机），具有牵引与载客双重功能。动车又可分为带有受电弓的动车（M′）和不带受电弓的动车（M）。

（2）拖车（Train，用"T"表示）：车辆不装备动力装置，需动车牵引拖带的车辆，仅有载客功能。拖车可设置司机室（首位车辆，用"Tc"表示），也可带受电弓（用"T′"表示）。

2. 按车辆规格分

可分为A，B，C，D，L等车型，目前应用较多的为A，B，C三种车型，其主要技术规格如表2.1所示。

表 2.1 各类车型主要技术规格

序号	项目名称		A 型车 四轴车	B 型车 四轴车	C 型车 四轴车	C 型车 六轴车	C 型车 八轴车
1	车辆基本长度（m）		22	19	18.9	22.3	29.5
2	车辆基本宽度（m）		3	2.8	2.6		
3	车辆高度（m）	受流器车（加空调/无空调）	3.8/3.6	3.8/3.6	3.7/3.25		
3	车辆高度（m）	受电弓车（落弓高度）	3.8	3.8	3.7		
3	车辆高度（m）	受电弓工作高度	3.9～5.6				
4	车内净高（m）		2.10～2.15				
5	地板面高（m）		1.1		0.95		
6	车辆定距（m）		15.7	12.6	11	7.2	
7	固定轴距（m）		2.2～2.5	2.1～2.2	1.8～1.9		
8	车轮直径（mm）		$\phi 840$		$\phi 760$		
9	车门数（每侧）（个）		5	4	4	4	5
10	车门宽度（m）		≥1.3				
11	车门高度（m）		≥1.8				
12	定员人数（人）	单司机室车	295	230	200	240	315
12	定员人数（人）	无司机室车	310	245	210	250	325
13	车辆轴重（t）		≤16	≤14	≤11		
14	站立人员标准	定员（人/m²）	6				
14	站立人员标准	超员（人/m²）	9				
15	最高运行速度（km/h）		≥80		≥70		
16	启动平均加速度（m/s²）		≥0.9		≥0.85		
17	常用制动减速度（m/s²）		1.0		1.1		
18	紧急制动减速度（m/s²）		1.2		1.3		
19	噪声[dB（A）]	司机室内	≤80		≤70		
19	噪声[dB（A）]	客室内	≤83		≤75		
19	噪声[dB（A）]	车 外	80～85（站台）		≤82		

注：① 车辆详细技术条件，可参照 GB 7928—87《地下铁道车辆通用技术条件》和 CJ/T 5021—95《轻轨交通车辆通用技术条件》。
② C 型车未包括低地板车。

3. 按车体制作材料分

（1）耐候钢车。

（2）铝合金车。

（3）不锈钢车。

4. 按受电方式分

受电弓受流和第三轨受流两种。

5. 按电压等级分

直流 750 V 和直流 1 500 V 两种。

6. 按驱动方式分

（1）旋转电动机驱动。

（2）直线电动机驱动。

7. 按牵引控制系统分

（1）直流变阻车，已淘汰。

（2）直流斩波调压车，已改造完毕。

（3）交流变压变频车。

（4）直线电机变压变频车。

（三）车辆选型的基本原则

（1）车辆选型应以工程的主要技术条件（线路条件、供电电压等）为依据，其技术指标应满足客运量及行车组织（行车密度）的要求。

（2）车辆选型和技术条件，应能适应当地的环境和气候。地面和高架为主的线路，应考虑车辆的降噪措施。

（3）车辆的主要部件和设备，应采用先进、成熟、安全、经济、可靠且检修方便的产品。

（4）车辆的选型应考虑与城市景观的协调，在外形与色彩方面应力求与城市环境统一和谐。

（5）车辆的引进和生产要严格坚持车辆国产化的原则和有关政策。

（四）列车的编组

车辆在运营时，一般采用动拖结合、固定编组，形成电动列车组（动车组）。编组形式可采用全动车形式或动拖车有机结合的固定编组形式。无论采用何种编组形式，每列车的首车和尾车必须带有司机室。列车的编组数，可按下列计算决定

$$N = \frac{Q_{max}T}{60D} \tag{2.1}$$

式中，N 为每列车编组辆数（辆）；Q_{max} 为高峰小时单向最大客流量（人/h）；T 为最小行车间隔（min）；D 为每辆车的定员数（人）。

列车编组主要考虑车辆形式（按大、中、小，分为 A，B，C 三种形式）、编组辆数（2~10 的 9 个整数）、编组车辆动车与拖车比例，简称车型、辆数、动拖比三个要素。城市轨道交通的规模取决于高峰时期小时客运量，而小时客运量取决于编组列车的载客量及行车间隔。目前，城市轨道交通系统大多利用加大行车间隔来调节运量，而较少采用分解列车编组由大变小的方法。

随着车辆技术的不断发展，牵引电机单位体积的功率愈来愈大，车体宽度及车长也在加大，相对来说，列车编组的最大辆数也相对减少。采用全动车编组，理论上的好处是摘编方

便、编组灵活（北京地铁一期），但现在城轨列车大多采用动拖结合的混编方式。

图 2.1~图 2.4 分别表示了几种城轨列车的编组情况，供参考。

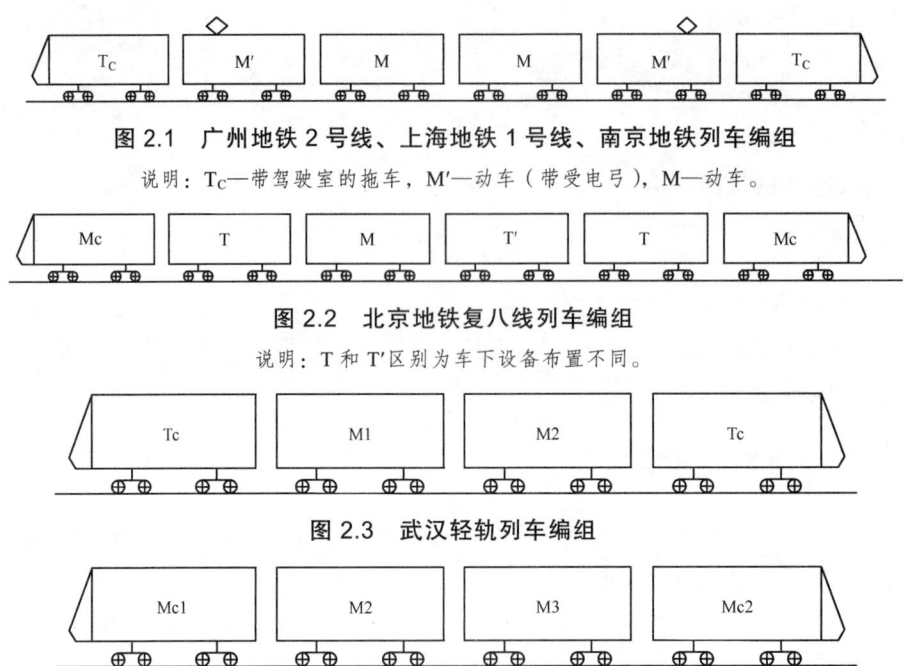

图 2.1　广州地铁 2 号线、上海地铁 1 号线、南京地铁列车编组

说明：T_C—带驾驶室的拖车，M′—动车（带受电弓），M—动车。

图 2.2　北京地铁复八线列车编组

说明：T 和 T′ 区别为车下设备布置不同。

图 2.3　武汉轻轨列车编组

图 2.4　重庆单轨列车编组

二、城市轨道交通车辆的基本组成

城市轨道交通车辆尽管形式不同，但均由车体，转向架，制动系统，风源系统，电气传动控制系统，辅助电源，通风、采暖及空调，内装及设备，车辆连接装置，受流装置，照明，自控、监控系统等组成。

（一）车　体

车体是城市轨道交通车辆最重要的组成部件之一，坐落在转向架上。它除了载客之外，几乎所有的机械、电气、电子等设备都安装在车体的上部、内部及下部，驾驶室也设置在车体中。车体一般由底架、侧墙、车顶、前端、后端等组成。车体最初由普通碳素钢制造。为了减少腐蚀，提高使用寿命，耐候钢制造的车体得到广泛应用。为实现车体的轻量化，现代城市轨道交通车辆多由不锈钢、铝合金制造。车体的个别部位（如前端等）也可采用有机合成材料制造。

车体要有隔音、隔热、防火等功能以及在事故状态下尽可能保证乘客安全的措施。

（二）转向架

转向架是城市轨道交通车辆最重要的组成部件之一。是支撑车体并担负车辆沿轨道走行功能的支撑走行装置。转向架一般由构架、轮对、悬挂系统、减振装置、基础制动装置、传动装置等组成。动车的牵引电机、变速机构等装在转向架上。

转向架的结构及各部参数是否合理,直接影响车辆的运行品质,动力性能和行车安全。

(三) 制动系统

城市轨道交通车辆必须安装制动系统。制动系统的作用就是根据需要使车辆按规定减速、停车。制动系统由制动控制系统和制动执行系统组成。制动执行系统分为摩擦制动和动力制动。

摩擦制动分为磁轨制动、闸瓦制动和盘型制动。磁轨制动是用电磁铁与钢轨间的作用力实施制动的。闸瓦制动又称为踏面制动,它是由闸瓦压紧车轮的踏面产生阻力实现制动。盘型制动就是在车轴上安装制动盘,闸片夹紧制动盘产生阻力实现制动。

动力制动(又称电制动)分为能耗制动和再生制动。能耗制动也称电阻制动,它是将列车的动能经牵引电机及控制转换为电能消耗在电阻上。再生制动就是将列车的动能经牵引电机及控制转换为电能反馈到供电线路上。

(四) 风源系统

城市轨道交通车辆的转向架上的空气弹簧、机械制动、门的开闭等都需要压缩空气,所以必须有风源系统。风源系统一般由电动空气压缩机、除油、除湿装置、散热装置、压力控制装置、管路等组成。

(五) 电气传动控制系统

电气传动控制系统由电气控制系统及电气执行系统组成。电气传动控制由控制信号发生,控制信号传输的电子器件及控制电器组成。电气控制执行系统由牵引电动机组成。

电气传动控制系统分为直流控制系统和交流控制系统。所谓直流控制系统就是采用直流牵引电动机的控制系统。所谓交流控制系统就是采用交流电动机的控制系统。

直流控制系统分为凸轮变阻控制、斩波调阻控制及斩波调压控制。凸轮变阻控制就是在牵引和电阻制动时,由凸轮控制电器结点的开闭,实现制动电阻的变换和串并联转换来调节直流牵引电动机的电压及电流。斩波调阻控制就是用斩波器调节电阻值控制直流牵引电动机的电压及电流的控制方式。斩波调压控制就是用斩波器直接调节牵引电动机的电压及电流。

交流控制系统分为异步电动机和直线电机控制两种。异步电动机控制就是用调压调频装置控制异步电动机电压及频率,实现牵引和电气制动。直线电机与以上不同的是不采用旋转的异步电动机,而采用平面的交流电动机即直线电机的控制方式。

(六) 辅助电源

城市轨道交通车辆上的直流、交流,如照明、通风、空调、控制等用电均由辅助电源提供。辅助电源早期为电动发电机组，现多采用逆变电源。电动发电机组就是将供电线路的直流电源经过电动发动机组变成三相交流电源，供交流用电使用，经过整流装置供直流电源使用。逆变电源就是将供电线路的直流电源经过逆变器控制变成三相交流电源，供交流电源使用，经整流装置供直流电源使用。

城市轨道交通车辆装有蓄电池，用作控制电源和辅助电源停止工作后的应急电源。

（七）通风、采暖及空调

城市轨道交通车辆因乘客拥挤、空气污浊，必须设有通风装置，一般采用机械通风。在地面高架并运行在较冷地区的车辆，设有电热器，一般由供电线路直接供电。为改善乘客的舒适度，现代城市轨道交通车辆一般设有空调装置。

（八）内装及设备

内部装饰及设备是城市轨道交通车辆必不可少的。其要求是美观、舒适、实用、隔音、减振、坚固、防火。内部装饰包括客室内部的墙板、顶板、地板及司机室布置等。设备包括车窗、车门及机构、坐椅、扶手、吊环、擎天柱及乘客信息装置等。

（九）车辆连接装置

城市轨道车辆多辆编组，车辆之间设有连接装置。连接装置由车钩、缓冲器、电气连接及风挡、渡板两部分组成。

车钩及缓冲器的作用是连接车辆及减少车辆间的纵向冲撞。为便于相邻车辆间乘客的流动，调节客室的疏密，现代车辆之间采用全贯通式，故设有风挡及渡板。

（十）受流装置

受流装置就是接受供电的装置。一般城市轨道交通车辆采用的直流供电分 750 V 和 1 500 V 两种。直流 750 V 供电采用第三轨供电，在车辆的转向架上装有受流器。接触方式分为上部受流和下部受流。上部受流就是受流器的滑块与第三供电轨上部接触滑行。下部受流就是受流器滑块与第三供电轨的下部接触。直流 1 500 V 供电采用架空线接触网式供电，有的轨道交通系统采用直流 1 500 V 供电，第三轨受流（广州地铁 4 号线）。

（十一）照　明

城市轨道交通车辆的照明由前照灯司机室照明及客室照明组成。前照灯要能照射足够的距离，以保证行车安全。

（十二）自控、监控系统

现代城市轨道交通车辆设有自控、监控系统。自控系统就是将城轨行车指挥信息传输至车辆上的接收装置，不断得到行车信号的显示功能，更主要的是得到限速、加速、保持行车间隔的安全作用，可实现无人驾驶。监控系统就是将列车及车辆的运行状态、主要机电设备的工作状态进行显示及存储。主要用途是保证行车安全及故障分析。

三、城市轨道交通车辆的主要技术参数

（1）车辆自重、载重与容积。

（2）车辆构造速度。指安全及结构强度所允许的车辆最高行驶速度。

（3）轴重。指车辆在某运行速度范围内一根轴允许负担的包括轮对自身重量在内的最大总质量。

（4）通过最小曲线半径。与转向架类型及设计有关。

（5）启动加速度和制动减速度。

（6）制动形式。有摩擦制动、再生制动、电阻制动和磁轨制动等形式。

（7）轴配置或轴列数。如四轴动车一般设两台动力转向架，六轴单绞轻轨车一般两端为动力转向架，中间为非动力转向架。

（8）供电电压、最大网电流、牵引电机功率。

（9）坐席数及每平方米地板面积站立人数或载客量（座位载客量、定员载客量、超员载客量）。

（10）电气控制方式或电传动方式。

表2.2至表2.6分别列出了几种城市轨道交通车辆的技术参数以供参考。

表2.2　上海地铁1号线4种车型主要性能参数

项目	第1车型	第2车型	第3车型	第4车型
供货商	德沪地铁集团	德沪地铁集团	长客 庞巴迪	南京浦镇车辆厂 阿尔斯通
车辆类型	A	A	A	A
制造年限（年）	1992—1995	1998—2000	2003—2004	2006—2007
编组形式	6节4动2拖	6节4动2拖	6节4动2拖	8节6动2拖
列车宽度（m）	3	3	3.07	3
额定载客量（位）	1 860	1 860	1 860	2 476
侧门形式	气动内藏式移门	气动内藏式移门	电动外挂门	电动外挂门
贯通道（宽/高）（m）	0.9/1.8	1.5/1.9	1.5/1.9	1.5/1.9
车辆定距（mm）	15 700	15 700	15 700	15 700
轴距（mm）	2 500	2 500	2 500	2 500

续表

项 目	第1车型	第2车型	第3车型	第4车型
车钩中心线距轨面高度（mm）	720	720	720	720
齿轮传动比	5.947（一级）	6.353（一级）	6.688（一级）	6.924 3（一级）
制动方式	再生/电阻/气制动混合	再生/电阻/气制动混合	再生/电阻/气制动混合	再生/电阻/气制动混合
初始加速度（m/s^2）	0.9	0.9	1.11	1.0
平均常用制动减速度（m/s^2）	1.0	1.0	1.0	1.0
辅助逆变器总容量（kVA）	450	540	440	600
供电电压（V）	DC 1 500	DC 1 500	DC 1 500	DC 1 500
列车长度（m）	139.4	139.4	140	186.5
列车高度（受电弓除外）（m）	3.8	3.8	3.8	3.8
座位总数（位）	372	320	288	396
每侧门数（个）	5	5	5	5
逃生方式	列车端部坡道式	列车端部坡道式	列车端部梯子式	列车端部梯子式
最大轴重（t）	16	16	16	16
地板面距轨面高度（mm）	1 130	1 130	1 130	1 130
车轮直径（mm）	770～840	770～840	770～840	770～840
传动制式	直流传动系统	交流传动系统	交流传动系统	交流传动系统
最高运行速度（km/h^{-1}）	80	80	80	80
平均紧急制动减速度（m/s^{-2}）	1.3	1.3	1.3	1.3
牵引电机功率（kW）	207	190	220	185
空调形式	集中式单冷	集中式单冷	集中式单冷	集中式单冷

表2.3 深圳地下铁道电动客车主要技术参数

列车编组	六辆车编组，四动两拖	转向架轴距（mm）	2 500
轨 距（mm）	1 435	车轮直径（新轮/磨耗轮）（mm）	840/770
供电方式	DC 1 500 V 架空接触网	列车构造速度（km/h）	90
座位载客量（人/列）	288	列车最大运行速度（km/h）	80
定员载客量（人/列）	1 896	运行平稳性指标	≤2.5
超员载客量（人/列）	2 692	冲击极限（m/s^3）	0.75
车辆长度（m）	A车：24.34；B，C车：22.8	平均初始加速度（0～35 km/h）（m/s^2）	≥1.0
车辆高度（含静排气口）（mm）	3 855	常用制动平均减速度（80 km/h～0）（m/s^2）	1.0
车辆内部宽度（mm）	2 720	紧急制动平均减速度（80 km/h～0）（m/s^2）	≥1.3
车辆最大宽度（mm）	3 100	单元制冷能力（kW）	40
地板面到轨面高度（mm）	1 130	车内温度（℃）	27
车钩类型	全、半自动车钩，半永久牵引杆	车内相对湿度	<65%
转向架中心距（mm）	15 700	电气控制方式	VVVF
轴 重（t）	≤16		

表2.4 DKZ8武汉轨道交通1号线电动客车主要技术参数

轨 距（mm）	1 435	客室门有效开度（mm）	1 300
供电电压（V）	直流 750	转向架形式	无摇枕转向架
受流方式	第3轨受电	轴 距（mm）	2 200
允许通过最小曲线半径（m）	R110	传动形式及传动化	平行万向节式，传动比 7.69
自 重（t）	M车 35.5；Tc车 31.5	电气控制方式	矢量控制 VVVF
定 员	M车 240人；Tc车 215人；910人/列	牵引电机功率（kW）	180
编 组	Tc＋M＋M＋Tc	列车总功率（kW）	1 440
构造速度（km/h）	80	制动装置	模拟式电气制动装置
启动加速度（m/s²）	0.83	空气压缩机及净化装置	活塞式空压机，中空丝模式空气干燥器
制动减速度（m/s²）	1.2（紧急）；1.0（常用）	辅助电源形式及功率	IGBT 静止逆变器 40 kVA
车辆尺寸（长×宽×高）	M：19 000 mm×2 800 mm×3 800 mm Tc：19 300 mm×2 800 mm×3 800 mm	风动门形式	电动塞拉门（客室）；手动塞拉门（司机室）
车体材料	铝合金	通讯方式	FSK 列车总线
客室地板面至轨面高（mm）	1 100	信号及自动控制形式	ATO 及 ATP 自动驾驶
客室门对数	4对	广播装置	工业控制及 VOBC 控制广播系统

表2.5 QKZ2（QK6~QK9）重庆跨座式单轨车主要技术参数

轨道尺寸（mm）	850（L）×1 500（W）
供电电压（V）	DC 1 500
受流方式	轨道梁两侧刚性接触网
允许通过最小曲线半径（m）	R50
自 重（t）	Mc 28.6；T 27.6
定 员（人）	Mc 151；T 165
编 组	Mc1＋M2＋M3＋Mc2
构造速度（km/h）	80
启动加速度（m/s²）	0.833
制动减速度（m/s²）	1.1
车辆尺寸（长×宽×高）	Mc：15 500 mm×2 980 mm×5 300 mm M：14 600 mm×2 980 mm×5 300 mm

续表

车体材料	铝合金
客室地板面至轨面高（mm）	1 130
客室门对数	2 对
客室门有效开度（mm）	1 300
转向架形式	跨座式无摇枕转向架
轴距（mm）	走行轮：1 500　稳定轮：2 500
传动形式及传动比	2 级减速直角传动 TD 挠性板联轴节；齿轮传动，6.55
电气控制方式	矢量控制 VVVF
牵引电机功率（kW）	105
列车牵引总功率（kW）	1 260
制动装置	模拟式电空制动装置
空气压缩机及净化装置	活塞式空压机、真空丝膜式空气干燥器
辅助电源形式及功率	静止逆变器　85 kVA
侧门形式	气动内藏拉门
通讯方式	无线电台
信号及自动控制形式	ATP
广播装置	MP3 数字音频压缩技术广播

表 2.6　直线电机电动客车（广州地铁）主要技术参数

编　组	4~6 节
受电方式	DC 1 500 V，三轨接触轨
曲线半径	正线最小曲线半径：150 m；车辆段最小曲线半径：60 m
运动速度	90 km/h
制　动	常用制动以电气再生制动为主，弹簧盘型制动为辅；紧急制动采用弹簧盘型制动
车辆尺寸	长 17 m、宽 2.8 m、高 3.64 m
加、减速度	正常加、减速度：1.0 m/s^2；紧急制动减速度：1.3 m/s^2
最大坡度	50‰
最大载客量	230 人/辆（4 辆编组载客 918 人）

第二节　车体及走行装置

一、车　体

车体是车辆中装载乘客的部分，它支撑在转向架上。车体除供乘客乘坐外，同时也是司机驾驶列车的场所，属车辆的上部结构。车体底架下部及车顶上部要安装大量机电设备，构成车辆主体，故车体是车辆的重要部件之一。

车体要承受各种动静载荷、各种振动，适应 100 km/h 左右速度运行；还要隔音、减振、隔热、防火，并在事故状态下尽可能保证乘客安全。

按车体使用的主要材料，车体有碳钢（高耐候结构钢）、不锈钢、铝合金三大类。在这三类车体中，为了满足头部（司机室前端）造型和功能要求，有的车体前端采用 FRP（玻璃钢）制成，再与车体的底架、侧墙、车顶固定，构成坚固的车体。

（一）车体的主要组成

城市轨道交通系统各类车辆均由车底架，车顶，侧墙（左右侧各 1），前、后端墙，车门，车窗等组成。各组成部件间的连接方式主要是手弧焊接、接触点焊、螺栓、铆钉连接等。各部件连接成车辆壳体，形成一个整体承载结构。

车底架由侧梁、端梁、牵引梁、枕梁、横梁等组成。车底架的作用是承受车底上部载荷并传递给整个车体，承受因各种原因而引起的横向力和走行部传来的各种振动和冲击。牵引梁用于安装车辆的车钩缓冲装置，将车辆连接组成列车，并在车辆间传递牵引力和制动力。

侧墙由上墙板、下墙板、窗间墙板组成。

车顶由弯梁和圆弧形顶板组成。

端墙由弯梁、车厢贯通道、立柱、墙板组成。

车体内部设置照明、通讯、空调、车门开闭装置、坐椅、扶手或拉杆、拉手等。

车门采用集中电气自动控制的风动拉门，也有采用电气驱动的车门。整列车车门由司机或列车自动控制系统控制，车门数量与开度大小由运营条件需求决定，满足停站时间内上下乘客的时间保障。

车辆在编组成列时，可采用贯通式和非贯通式的连接方式。由于贯通式方式中全列车的载客部分贯通，能有效地调节各个车辆的载客拥挤度，便于疏散乘客，故得到广泛应用。

（二）车体的主要技术参数

1. 几何尺寸

车体的几何尺寸除长×宽×高（车顶部距轨面高）3 个尺寸以外，还包括车辆定距（2 个转向架之间的距离）。

三种车辆的几何尺寸如下：

A 型车：22 000 mm×3 000 mm×3 800 mm；

B 型车：19 000 mm × 2 800 mm × 约 3 515 mm；

C 型车：车宽为 2 600 mm，长度和高度均不大于 B 型车。

2. 车体自重

3. 车体载重

车辆允许的最大装载重量。

4. 纵向压缩载荷

在 250～800 kN 之间。

5. 纵向拉伸载荷

在 150～600 kN 之间。

6. 扭转载荷

40 kN·m。

7. 构造速度

80～120 km/h。

8. 车体弯曲刚度

垂直弯曲刚度 $EJ \geqslant 5.5 \times 10^{14}$ N·mm²（参照日本地铁车辆标准）。

9. 车体扭转刚度

$GJ_p \geqslant 2.0 \times 10^{14}$ N·mm²/rad（参照日本地铁车辆标准）。

10. 车体自振频率

一般为 8 Hz 以上。

二、走行装置

车辆走行装置（走行部）是车辆导向、运行、荷重及减震的关键部件。走行装置还应具有使列车制动减速或停车的作用。对于动车来讲，还将牵引电动机的转矩通过齿轮传动转动轮对，从而转化为列车前进的牵引力。

走行装置一般由轮对、轴箱、弹性悬挂装置、转向架构架、转向架与车体连接装置、基础制动装置等组成。

（一）轮　对

轮对由两个车轮和一个车轴经压装而成，地铁和轻轨车辆一般采用铸钢式整体车轮，其基本组成如图 2.5 所示。

车轮由踏面与轮缘组成。踏面是与钢轨接触滚动摩擦部分，为防止蛇行，采用 1∶20 斜面。轮缘是防止车轮脱离钢轨的突起部分。

车轴由轴颈、轮座和轴身组成。轴颈是安装轴承部分；轮座是车轮安装位置，轴身是车轴的中央部分。

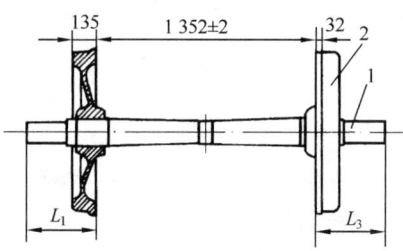

图 2.5　轮对（单位：mm）

1—车轴；2—车轮

单轨交通及新交通系统采用充气橡胶轮胎，有走行轮、导向轮、稳定轮之分（走行轮充氮气，其他充空气）。车辆上常安装有轮胎检测装置和备用轮胎，可及时更换。

（二）轴　箱

轴箱是套在轴颈上的部件，采用滚动轴承（滚柱或滚珠）。轴承按规定的修程时间检测及更换，平时应具有较强的可靠性。

轴箱内装油润装置，通过油润减少摩擦阻力，降低摩擦升温。

轴箱外侧是轴箱盖，可使轴承免受雨水、灰尘的侵害，还用于安装传感器和接地装置。

（三）弹性悬挂装置

为了减少线路不平顺和轮对运动对车体的各种动态影响，转向架在轮对与构架之间以及构架与车体之间，设有弹性悬挂装置。也可称为一系悬挂装置和二系悬挂装置。

一系悬挂装置大多采用金属圆簧或圆锥叠层橡胶弹簧（兼作轴箱定位），二系悬挂装置采用空气弹簧、横向油压减振器及叠层缓冲橡胶弹簧。

（四）转向架构架

构架是转向架的基础，主要作用是传递重量，安装设备（如轴箱、弹簧、电动机等）。构架是由横梁、侧梁组成，目前大多采用无摇枕结构。

（五）转向架与车体连接装置

转向架与车体连接装置的结构应能满足安全可靠地支承车体，并传递各种载荷和作用力；同时车体与转向架之间应能绕不变的旋转中心相对转动，以使车辆顺利通过曲线。一般转向架支撑车体的方式有心盘集中承载、非心盘承载（或旁承承载）和心盘部分承载三种。

（六）基础制动装置

基础制动装置是空气制动的执行设备，所有的空气制动力均是通过基础制动装置产生的。基础制动装置大致可分为杠杆式基础制动装置和单元式基础制动装置两大类。

空气制动机制动缸的制动作用力，经过基础制动装置均衡地作用于每个车轮的闸瓦。基础制动装置由制动杠杆、拉杆、制动梁、闸瓦等组成。

由于城轨交通车辆车底架下方与转向架间的空间有限，故多采用单元式基础制动装置，称为单元制动机。普通单元制动机由增力杠杆、闸瓦、制动缸和闸瓦间隙调整器等部件组成。

基础制动装置除了传递制动缸的制动力外，还有放大制动力的作用。

对于城市轨道交通的动车而言，走行装置还应包括传动装置。传动装置应包括驱动装置（齿轮减速箱）与电机悬挂装置（一般采用抱轴式半悬挂）。

图 2.6、图 2.7、图 2.8 分别表示了几种城市轨道交通车辆的走行装置，供参考。

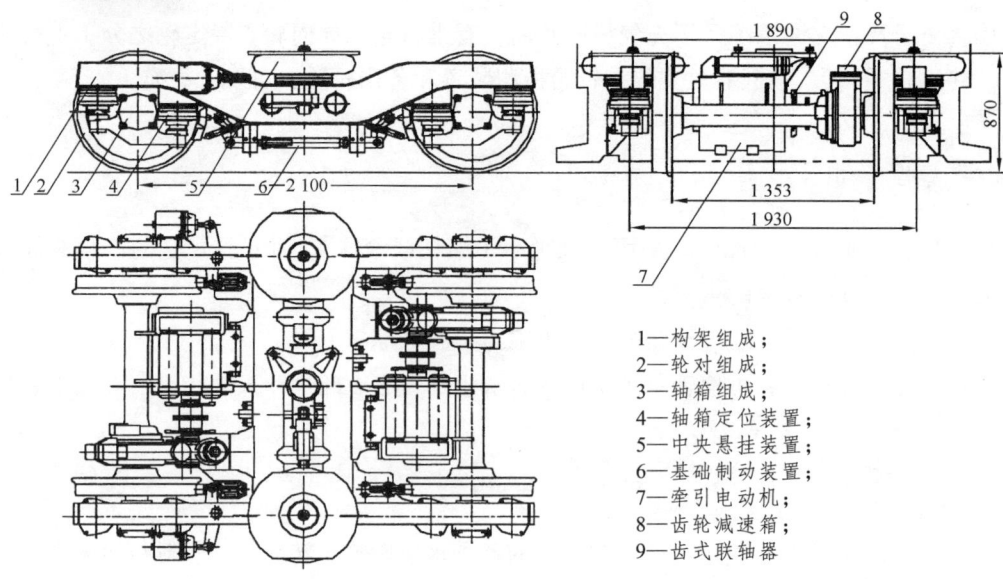

图 2.6 地铁动车转向架（单位：mm）

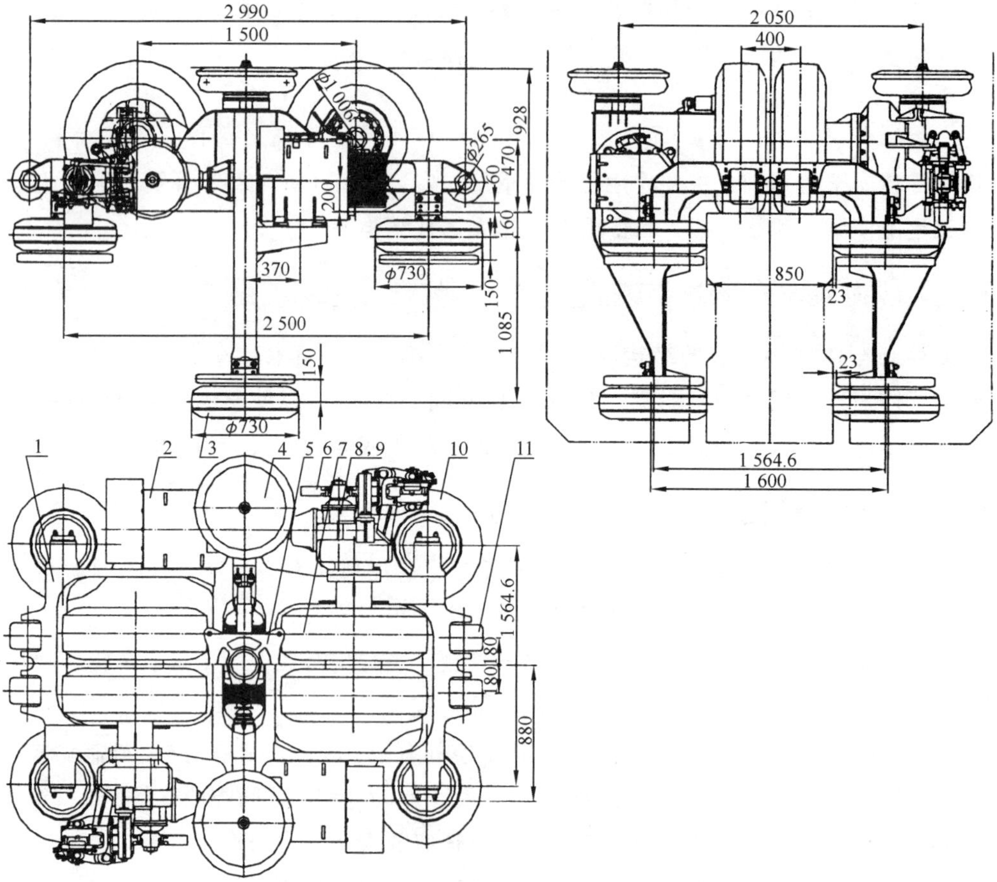

1—构架组成；
2—轮对组成；
3—轴箱组成；
4—轴箱定位装置；
5—中央悬挂装置；
6—基础制动装置；
7—牵引电动机；
8—齿轮减速箱；
9—齿式联轴器

图 2.7 跨座式单轨转向架（单位：mm）

1—构架组成；2—牵引电机；3—稳定轮；4—二系悬挂装置；5—牵引装置；6—基础制动装置；
7—走行轮；8—齿轮减速箱；9—联轴节；10—导向轮；11—走行安全轮

图 2.8　直线电机转向架外观

第三节　车辆的连接装置和制动系统

一、车辆的连接装置

车辆连接装置包括车钩缓冲装置、电气连接装置及车辆贯通装置。

（一）车钩缓冲装置

车钩缓冲装置的作用是供车辆编组连接成列，同时传递牵引力，缓和纵向冲击力（如启动、制动等）。在车钩连接的同时，两车的风路（制动及开关车门用高压空气通路）、电路一并连接。

车辆连挂时，两车的制动主管和总风缸连通管自动接通，并将制动主管上的塞门自动打开。同时各车之间的控制线路自动接通（也有手动接通控制线路的）。

列车分解时拨动司机室内的解钩阀或人工扳动解钩杆，钩舌即处于开锁位置，同时将制动主管塞门关闭。两车分离，电路断开，电气连接器防尘罩自动合上。

车钩缓冲装置主要由密接式车钩、缓冲器、风管连接器等部分组成。

1. 密接式车钩

密接式车钩由钩头（钩体）、钩舌、解钩杆、解钩风缸、弹簧（顶杆弹簧）等组成，如图 2.9 所示。

密接式车钩的工作原理：

两钩连接时，凸锥插入对方的凹锥孔中，这时凸锥的内侧面在前进中压迫对方的钩舌转动，使解钩风缸的弹簧受压，钩舌沿逆时针方向旋转 40°。当两钩连接面接触后，凸锥的内侧

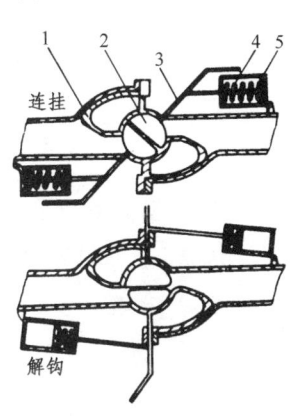

图 2.9　密接式车钩

1—钩头；2—钩舌；3—解钩杆；
4—弹簧；5—解钩风缸

面不再压迫对方的钩舌,此时,由于弹簧的作用,使钩舌恢复到原来的状态,即处于闭锁位置。

要使两钩分解,需由司机操纵解钩阀,压缩空气由总风管进入前车(或后车)的解钩风缸,同时经解钩风管连接器送入相连接的后车(或前车)解钩风缸,活塞杆向前推并带动解钩杆,使钩舌转动至开锁位置,此时两钩即可解开。两钩解开后,解钩风缸的压缩空气迅速排出,解钩弹簧得以复原,带动钩舌顺时针转动40°,恢复到原始状态,为下次连挂做好准备。如果采用手动解钩,只要人力扳动解钩杆,也能使钩舌转动至开锁位置,实现两钩的分解。

密接式车钩在我国城轨车辆中应用的有自动车钩、半自动车钩、半永久性车钩三种。

全自动车钩的连接和解钩是自动进行的;半自动车钩电路需靠人工连接和解钩;半永久性车钩的机械、电路、气路的连接和解钩均需人工操作,一般只在架修以上作业才分解。

2. 缓冲器

缓冲器装在钩身后部,是起缓解车辆之间相互冲撞的部件。缓冲器由牵引杆、缓冲弹簧片、前从板、后从板、缓冲器体、后盖等组成。

缓冲器有圆形橡胶金属片式、双作用橡胶片式、长方钢板硫化橡胶、弹性胶泥缓冲器、环弹簧缓冲器等。

3. 风管连接器

风管连接器由总风管、制动风管、解钩风管连接器组成,装设于钩头锥体的上、下侧,如图2.10所示。

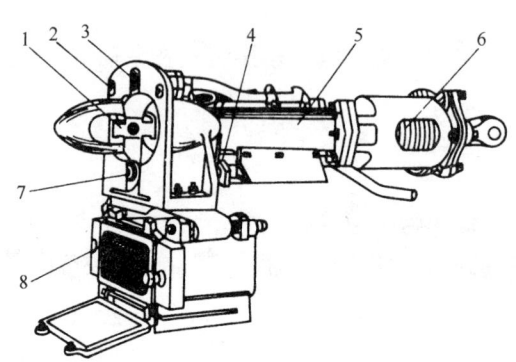

图2.10 密接式车钩缓冲装置

1—钩舌;2—解钩风管连接器;3—总风管连接器;4—截断塞门;5—钩身;
6—缓冲器;7—制动风管连接器;8—电气连接器

(二)电气连接装置

电气连接装置有自动电气连接器和插头插座式连接器。自动电气连接器一般安装在车钩上(见图2.10),插头插座式连接器安装在车体后端墙上。

(三)车辆贯通装置

贯通装置位于两节车厢的连接处,是连接两车辆通道的重要组成部分。由风挡、内饰板和渡板组成。它具有良好的防雨、防尘和隔音功能。

贯通装置分为宽通道和窄通道两种。

二、制动系统

车辆制动系统的作用是用以产生制动力,使列车减速或及时停车。其作用的好坏对保证城市轨道交通列车的安全和正点运行具有极其重要的作用,而且也是提高载客量和运行速度的前提条件。

(一)制动的类型

城轨车辆所采用的制动,按制动时列车动能的转换方式或制动力获得的方式,可分两大类:即摩擦制动和动力制动。

1. 摩擦制动

所谓摩擦制动就是利用两物体之间的摩擦把列车的动能转换为热能,散佚到周围大气中去,从而产生制动作用。轨道交通车辆一般常用的摩擦制动是闸瓦制动(或称踏面制动),另外还有盘形制动和磁轨制动。

(1)闸瓦制动。闸瓦制动(踏面制动)是利用铸铁或合金材料制成的闸瓦压紧车轮的踏面,使两者摩擦产生制动作用。目前采用合成闸瓦的较多,也有采用半金属闸瓦或粉末冶金闸瓦。应注意,采用闸瓦制动时,制动功率不宜过大。

(2)盘形制动。盘形制动是利用合成材料制成的闸片紧固装于车轴上(轴盘制动),或紧固装于车轮辐板上的制动圆盘(轮盘制动)上,使闸片与制动圆盘间产生摩擦实现制动。动车常采用轮盘制动,拖车采用轴盘制动。

因盘形制动能双向选择摩擦副,所以可以得到比闸瓦制动大得多的制动功率。

(3)磁轨制动。磁轨制动是在车体或转向架的下部设有电磁铁,在制动时将电磁铁放下,与钢轨相吸,利用二者之间的摩擦产生制动作用。

磁轨制动能获得较大的制动力,因此常被城轨车辆作为实施紧急制动时的一种补充制动手段。

2. 动力制动

动力制动也称为电制动,是把电动车中的牵引电机在制动时变为发电机,把车辆运行的动能转化为电能。

对这些电能的不同处理方式形成了不同方式的动力制动。

(1)电阻制动。将电能送到制动电阻上消耗掉,使之变成热能而释放到大气中去,称为电阻制动。电阻制动一般能提供较稳定的制动力,但在车辆底架下需要安装体积较大的制动电阻箱,还要强迫通风冷却,故较少采用。

(2)再生制动。将电能重新反馈回电网,则称为再生制动。再生制动具有节约能源,制动时不污染环境的优点。对于城市轨道交通车辆,制动减速、停车十分繁琐,采用再生制动是一种较为理想的制动方式。

由于动力制动的效率随着车辆运行速度的降低而下降,所以一般在高速时施行动力制动,当车辆速度降到一定程度后则采用摩擦制动。另外,在动力制动不足时,需同时施行摩擦制动。

城轨车辆最常用的摩擦制动装置为空气制动机。

（二）空气制动机

空气制动机是以压力（压缩）空气作为制动的动力和操纵制动的介质。通过压力空气的变化来操纵制动力的大小。

空气制动机有自动式空气制动机和直通式空气制动机两大类，目前较常用的是自动式空气制动机。

自动式制动机可以在司机或其他控制装置（如 ATP，ATC 等）的控制下，产生各种制动作用。

城轨车辆用的制动机，一般均选用电空制动机。它是在空气制动机的基础上加装电磁阀等电气控制部件而形成的，其特点是：制动作用的操纵控制用"电控"，但制动作用的原动力还是压力空气，实施制动时，空气制动和电气控制作用同时产生。电空制动机比单纯的空气制动反应灵敏，易于实现自动控制，且当电气控制失效时，空气制动仍能发挥作用，保证了列车运行的安全。

我国城轨车辆一般选用自行研制的 DK 型电空制动机、SD 数字式电空制动机以及目前国内外大量使用的数字模拟式和模拟式电空制动机。

第四节 车辆的电力传动与控制

一、传动方式

城轨列车电动车辆的动力来自牵引电动机。目前世界各国采用的牵引电动机有两大类，即旋转电动机和直线电动机。

（一）旋转电动机

旋转牵引电动机又可分为直流牵引电动机和交流牵引电动机。一直以来，直流牵引电动机在城轨电动车辆上得到了广泛应用，目前仍占有一定比重。随着电气和电子技术的发展，体积小、容量大、可靠性高、维修量小的三相交流异步牵引电动机开始大量被采用，其明显的技术优势，有替代直流牵引电动机的趋势。在我国，电动车辆几乎都采用交流牵引电动机。

（二）直线电动机

直线电动机是异步感应直线电动机的简称，其工作原理与一般的旋转式感应电动机类似（直线电动机的结构特点和工作原理参看有关教材）。

采用直线电动机的车辆，取消了传统的旋转电动机从旋转运动转换成直线运动所必不可少的一系列机械减速传动机构，从而能达到降低噪声，减轻重量的效果。直线电动机的应用使电动车辆转向架的结构变得十分简单，可降低城轨交通系统土建工程的造价。

直线电机牵引系统的缺点是效率低（约为旋转电机效率的 70%），另外需铺设一条与线路等长的感应轨，工艺要求高、投资较大、控制技术复杂。

目前采用直线电动机牵引的车辆已在日本、加拿大、美国一些轨道交通线路上应用。广州地铁 4 号线是我国首次运用直线牵引电动机作为车辆牵引动力的车辆。广州地铁 5 号线、6 号线，北京快速轨道机场线也采用直线电动机牵引车辆的方式。

二、传动控制技术

城轨交通电动车辆的传动控制方式有以下几种。

（一）变阻控制

变阻控制是一种曾广泛应用于直流牵引电机传动的控制方式，虽然控制方式简单方便，但由于耗能、发热等原因已被淘汰。

（二）斩波调压控制

斩波调压控制是利用大功率电力电子器件将直流电压转换成方波，从而调整直流牵引电动机的端电压。这种方法广泛用于直流牵引电动机作动力的电动车辆上，可实现无级调整，并容易实现再生制动。

（三）变压变频控制

变压变频控制（VVVF）是近 30 年来最先进的交流牵引电动机传动控制方式。它利用逆变器将直流变为电压和频率均可调节的交流，以电压和频率的变化控制交流牵引电动机。在调速性能和节能方面均有优越性，被公认为近代调速系统中性能最好的一种。

变压变频控制适合旋转交流电动机和直线交流电动机。

各种控制方式的技术性能如表 2.7 所示。

表 2.7　各种传动方式电动车辆技术性能

以传动方式区分的车型		直流电机牵引变阻车	直流电机牵引斩波调压车	交流电机牵引变压变频车	直线电机牵引变压变频车
主牵引电机	电机形式	直流旋转电机	直流旋转电机	交流旋转电机	交流线性电机
	电机效率	较高	较高	较高	低
	调速控制	较易	较易	较难	较难
	结构	复杂	复杂	简单	简单
	重量	较重	较重	较轻	最轻
	体积	大	大	较小	小
	维修量	大	大	小	小

续表

以传动方式区分的车型		直流电机牵引变阻车	直流电机牵引斩波调压车	交流电机牵引变压变频车	直线电机牵引变压变频车
电气传动控制	传动形式	直流传动	直流传动	交流传动	交流传动
	控制方式	凸轮变阻	GTO 斩波调压	VVVF 逆变	VVVF 逆变
	控制技术	简单	较简单	较复杂	较复杂
转向架	转向架形式	普通型动力转向架	普通型动力转向架	普通型动力转向架	可采用径向转向架
	传动机械	齿轮变速箱	齿轮变速箱	齿轮变速箱	不需传动机构
	转向架自重	6~8 t	6~8 t	5~7 t	5 t 以下
	通过曲线能力	较差	较差	较差	较好
	爬坡能力	较弱	较弱	较弱	较强
	噪声	较大	较大	较大	较小
经济性	轨道工程投资	较低	较低	较低	投资大
	车辆造价	较高	较高	较高	较高
	运营耗电量	最大	较小	较小	较大
	维修费用	最大	较大	最大	较小
技术可行性		技术成熟，国内已批量生产	大功率 GTO 斩波调压器已组织攻关，经努力可实现国产化	VVVF 逆变技术，较复杂，引进关键部件可实现国产化	交流传动直线电机，径向转向架，技术难度大，国产化难
技术先进性		已被淘汰，技术上落后	技术较先进	代表当前最先进技术	代表当前最先进技术

第五节 车辆基地

车辆基地是车辆停放及维修的基地的简称，是城轨交通车辆停放、保养、修理的专门场所。

一、车辆基地的组成

车辆基地主要由车辆段、停车场（库）、列检所等组成。

（一）车辆段

车辆段是城市轨道交通系统中对车辆进行运用管理、停放及维修保养的场所。一般情况下一条线路设一个车辆段，当线路长度超过 20 km 时，可以考虑设一个车辆段、一个停车场。

车辆段的任务主要是承担车辆的运用及各种定期检修作业。车辆段主要由停车库、检修库和办公生活设施三部分组成。车辆段主要划分为检修区和运营区，所有的检修工作均集中在检修区进行，运营区主要负责段属车辆的停放、列检和乘务工作。

（二）停车场（库）

停车场（库）是车辆集中停放的场所，又是车辆编组、清扫、整备、维修和日常管理的场所。

停车场（库）不仅要有足够的轨道停车位，同时还要设置管理人员、乘务员工作和活动休息的场所。

（三）列检所

列检所的任务是利用列车停放时间和停放场地，对车辆的重要部件进行例行技术检查，对危害行车安全的一般故障进行重点修理。

列检所一般设在停车场（库）或列车折返时停留和准备场所的停车线旁。

二、车辆的检修

车辆经过一段时间运用后，各部构件会产生磨耗、变形或损坏，为了保证车辆质量良好地运行、延长使用寿命，除了车辆乘务员加强日常检查和保养、维护外，还需要定期进行各种修程的检修。

（一）车辆检修制式

目前世界各国车辆的检修制式有两种，一种是厂修、段修分修制，另一种是厂修、段修合修制。

1. 分修制

修建专门的车辆大修厂（不限于 1 个），承担全线路网各线车辆的大修任务。车辆的架修、定修及其以下的修理工作，由各线的车辆段承担。如莫斯科、北京地铁。

2. 合修制

不设专门的车辆大修厂，车辆的大修在车辆段内进行。世界大多数城市采用合修制。

（二）车辆修程

国外车辆的修程主要是根据预防性维修的原则，从走行公里与运行时间上考虑，对车辆的各部件进行修理的一种检修制度。例如，日本城轨交通车辆的修程主要有：重要部检查和全面检查（车辆工厂），日检查、月检查（检车区）。

我国内地城轨车辆的检修制度基本上沿用了传统的轨道交通车辆的检修经验，采用按运行里程和时间进行预防性"计划检修"和发生故障后的事后"故障维修"。

我国内地主要城市的城轨交通车辆修程分别为：

1. 北京地铁

修程为：厂修、架修、定修和月修（其中架修、定修和月修为段修修程）。

2. 上海地铁

修程为：厂修、架修、定修、双月修、双周修和列检（日检）。

3. 广州地铁

修程为：厂修、架修、三年检、二年检、一年检、半年检、三月检、双周检和日检。

（三）检修内容

综合国内主要城市轨道交通车辆的修程，大致分为列检（日检）、月检（双月检）、定修、架修和厂修（又称大修）。各种修程的主要检修内容和范围如下：

1. 列　检

对容易出现危及行车安全的各主要部件（如轮对、弹簧、转向架、受流器、控制装置、空气制动装置、车钩及缓冲装置、蓄电池、车门风动开关装置、车体、车灯等）进行外观检查，对危及行车安全的故障及时进行重点修理。

2. 月　检

对车辆外观和一般功能进行检查，即对车辆主要部件的技术状态进行外观检查和必要试验，对危及行车安全的故障进行全面修理。

3. 定　修

主要是预防性的修理，需要架车。对各大部件的技术状态和作用做较仔细检查，对检查发现的故障进行针对性修理，对车上的仪器和仪表进行校验，车辆组装后要经过静调和试车。

4. 架　修

主要目标是检测和修理大型部件（如走行部、牵引电动机、传动装置等），同时，经架车，对车辆各部件进行解体和全面检查、修理、试验，对计量的仪器、仪表进行校验，车体要重新油漆标记，组装后进行静调和试车。

5. 厂　修

全面恢复性修理。要求对车辆全面解体、检查、整形、修理和试验，要求完全恢复其功能。组装后要重新油漆、标记、静调和试车。总之，厂修后的车辆基本上要达到新车出厂水平。

（四）检修的主要设备

1. 不落轮镟床

不落轮镟床可以在不拆卸轮对的情况下即时对其踏面和轮缘进行镟削。

2. 列车自动清洗机

清洗机按程序进行车头、车尾、车侧、车窗、车体连接折篷的清洗，另外该机还可以进行水洗和化学清洗的选择，以及进行水处理循环等工作。

3. 地面式架车机

地面式架车机能同步提升多节不解钩的列车单元组，以便对列车车体下部的机械和电气部件进行维修、保养和更换等操作。每四台架车机为一组。地面架车机分为固定式和移动式两种。

4. 地下式架车机

架车机组最高平面与地面轨道在同一水平面，由两个独立的车体架车机和转向架架车机组成。该架车机组不但能提升列车，还能轻易落下车辆中任意一个转向架或轮对。

5. 轮对压装机

轮对压装机用于车轮和车轴在设定压力下装配成轮对或将轮对分解成车轮和车轴。

复习思考题

一、填空题：

1. 车辆按牵引动力配置分_____和_____两种。
2. 车辆编组应考虑车型、辆数和_____三个要素。
3. 磁轨制动是用_____的作用力实施制动。
4. 车辆制动系统由制动控制系统和制动_____系统组成。
5. 闸瓦制动是由闸瓦压紧车轮的_____产生阻力实施制动。
6. 电阻制动是将列车的动能转变为电能消耗在_____上。
7. 再生制动是列车的动能转变为电能反馈到_____上。
8. 轮对是由_____和一个车轴经压装而成的。
9. 车轮的轮缘是防止_____的突起部分。
10. 单轨交通车轮除了走行轮之外，还有导向轮和_____。
11. 轴箱油润装置的作用一是减少摩擦阻力，二是_____。
12. 二系悬挂装置设于构架与_____之间。
13. 车辆的检修制式有分修制和_____。

二、简答题：

1. 城轨交通车辆如何分类？
2. A，B，C三类车型的主要技术规格有哪些？
3. 城轨交通车辆有哪些基本组成？

4. 按材料分车体有哪几种？较先进的是哪种？
5. 车辆走行装置的作用是什么？有哪些基本组成？
6. 简述密接式车钩的结构及作用原理。
7. 车钩缓冲装置的作用是什么？
8. 城轨交通车辆采用哪些制动方式？
9. VVVF 传动控制方式是什么意思？
10. 车辆的修程有哪些？

第三章　城市轨道交通供电系统

第一节　概　述

城市轨道交通的供电系统是负责为其正常运营提供所需电能的重要部门。城市轨道交通列车是电力牵引的电动列车，其动力是电能；此外，为运营服务的辅助设施包括照明、通风、空调、排水、通信、信号、防灾报警、自动扶梯等，也都依赖并消耗电能。在运营中，供电一旦中断不仅会造成地铁运输的瘫痪，而且还会危及乘客生命安全和造成财产的损失。因此高度安全、可靠而又经济合理的供给电力是城市轨道交通正常运营的重要保证和前提。

城市轨道交通是一个重要的供电用户，不同于一般的工业和民间供电。根据其重要性应规定为一级负荷。一级负荷规定应由两路独立的电源供电，当任何一路电源发生故障中断供电时，另一路应保证城市轨道交通一级重要负荷的全部用电需要。

城市轨道交通供电系统一般包括高压供电源系统、牵引供电系统和动力照明供电系统，如图 3.1 所示。

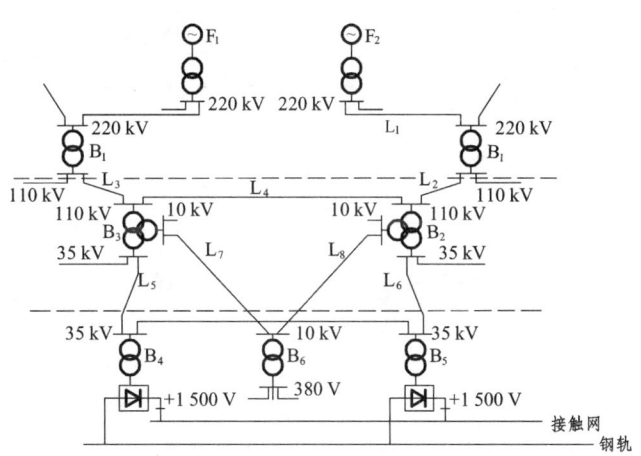

图 3.1　供电系统

F_1、F_2—城市电网发电厂；$L_1 \sim L_9$—传输线；$B_1 \sim B_3$—主变电所；
B_4、B_5—牵引变电所；B_6—降压变电所

一、高压供电源系统

高压供电源系统是城市电网对轨道交通系统内部变电所的供电方式，有集中、分散和混合三种供电方式。采用何种方式的高压供电源一般视各城市的情况而定。

（一）集中式供电

沿城市轨道交通线路，根据用电容量和线路的长短，设置专用主变电所。主变电所有两路独立的 110 kV 电源，由主变电所变压为内部供电系统所需的电压级，一般为 10 kV 或 35 kV。主变电所主接线如图 3.2 所示。

我国上海、广州及香港地铁即为此种供电方式。

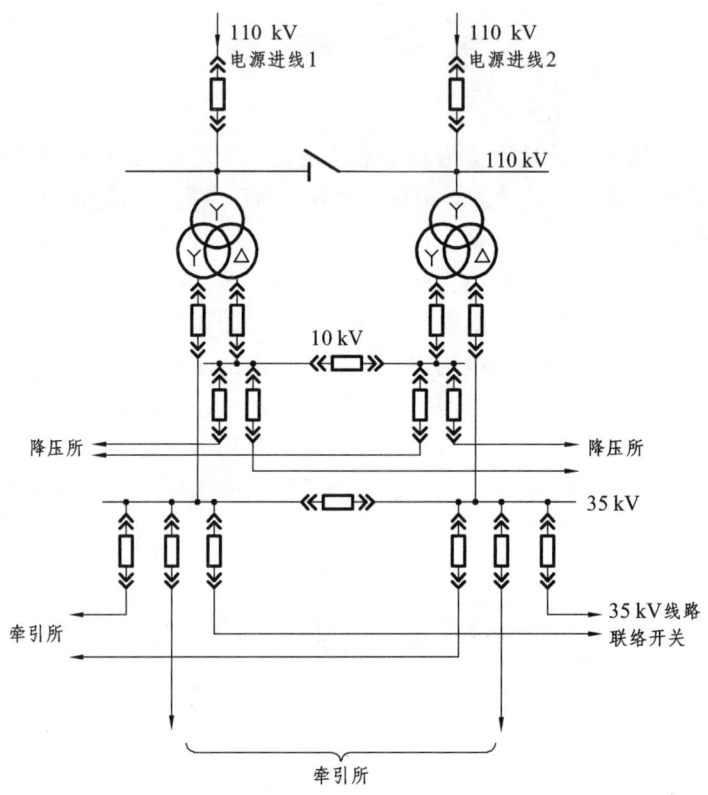

图 3.2　主变电所的主接线（内桥接线类型）

（二）分散式供电

在城市轨道交通线路沿线直接由城市电网引入多路电源，电源电压等级一般为 10 kV，供给各牵引变电所。分散式供电应保证每座牵引变电所和降压变电所皆能获得双路电源。

（三）混合式供电

集中式和分散式两种供电方式的结合，以集中式供电为主，个别地段引入城市电网电源作为集中式供电的补充，使供电系统更加完善和可靠。

北京地铁 1 号线和环线即为此种供电方式。

二、牵引供电系统

牵引供电系统供给城市轨道交通电动车辆运行所需的电能,该系统的组成及相关内容在本章第二节中将作详细介绍。

三、动力照明供电系统

动力照明供电系统由降压变电所及动力照明配电所(室)组成。

(一)降压变电所

降压变电所将三相电源进线电压降为三相 380 V 交流电。一般每个车站均应设降压变电所;地下车站负荷较大,一般设于站台两端;负荷较小时可以几个车站合设一个。可以将降压变电所附设在某个牵引变电所之中,构成牵引与降压混合变电所(例如地下车站一端的降压变电所)。

(二)动力照明供电

降压变电所通过配电所(室)将三相 380 V 和单相 220 V 交流电分别供给动力照明设备,各配电所(室)对本车站及其两侧区间动力和照明等设备供电。

动力负荷有以下三大类。

1. 一类负荷

事故风机、消防泵、主排水站、售检票机、防灾报警、通信信号和事故照明。

2. 二类负荷

自动扶梯、普通风机、排污泵和工作照明。

3. 三类负荷

空调、冷冻机、广告照明和维修电源。

对于一、二类负荷,一般由两路电源供电,当一台变压器故障解列时,另一台变压器可承担全部一、二类负荷。三类负荷由一路电源供电,当变压器故障解列时,可根据运营需要自动切除。

照明电源采用 380/220 V 系统配电。正常时,工作、事故照明均由交流电源供电;当交流电源失去时,事故照明自动切换为蓄电池供电,确保事故期间必要的紧急照明。

第二节 牵引供电系统

牵引供电系统由牵引变电所和牵引网组成。牵引网是接触网、馈电线、轨道和回流线的总称，接触网又分为架空线式和接触轨式。图3.3以架空线式地铁为例，介绍了牵引供电系统的基本组成。

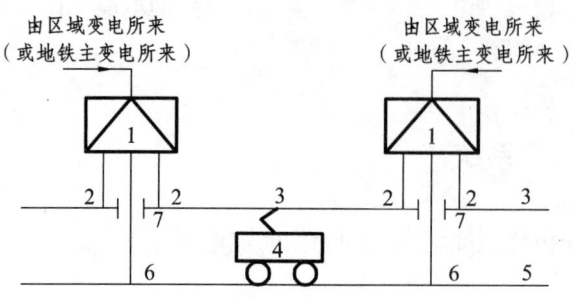

图3.3 地铁牵引供电系统示意图

1—牵引变电所；2—馈电线；3—接触网；4—电动列车；5—钢轨；6—回流线；7—电分段

一、牵引变电所

由于城市轨道交通列车（车辆）是以一定的速度沿区间运行的，供给一定区段内牵引电能的变电所称为牵引变电所。

牵引变电所从城市轨道交通供电系统中的主变电所获得电能，经过降压和整流变成车辆所需要的直流电。牵引变电所的位置和容量，应根据运行高峰小时的车流密度、车辆编组及车辆形式通过牵引供电计算，经多方案比较后确定。牵引变电所应尽可能的设在地面，这样投资小，运营费用低，运行管理方便。但城市轨道交通多在人口周密，商业繁华的地区通过，城市用地十分紧张；因此，常将地下线路的牵引变电所和降压变电所合建于地下车站的站台端，形成牵引降压混合变电所。相邻两牵引变电所的距离一般为 2~4 km。

牵引变电所内应留有大型设备的进出口和运输通道，应考虑满足通风、散热、防火、防雷电的要求。

（一）牵引变电所的主接线

牵引变电所的主接线如图3.4所示。

牵引变电所从主变电所（或区域变电所）获得电能，两路 35 kV 进线接入牵引变压器。牵引变压器一般采用三线圈变压器，两个二次线圈和整流器组成多相整流，可以获得比较平滑的直流电，并可降低交流正弦波形畸变和谐波干扰的问题。整流器输出的直流电正极（+）经直流高速空气开关接到直流侧的正母线上（图3.4中的+1 500 V），负极（-）经开关接到负母线上。接在正母线上的馈线经直流高速开关将电送到隔离开关后再送到接触网（轨）上。负母线经开关与回流线和走行钢轨接通。城市轨道交通电动列车（车辆）的受流器与接触网（轨）接触滑行时，即获得直流电。

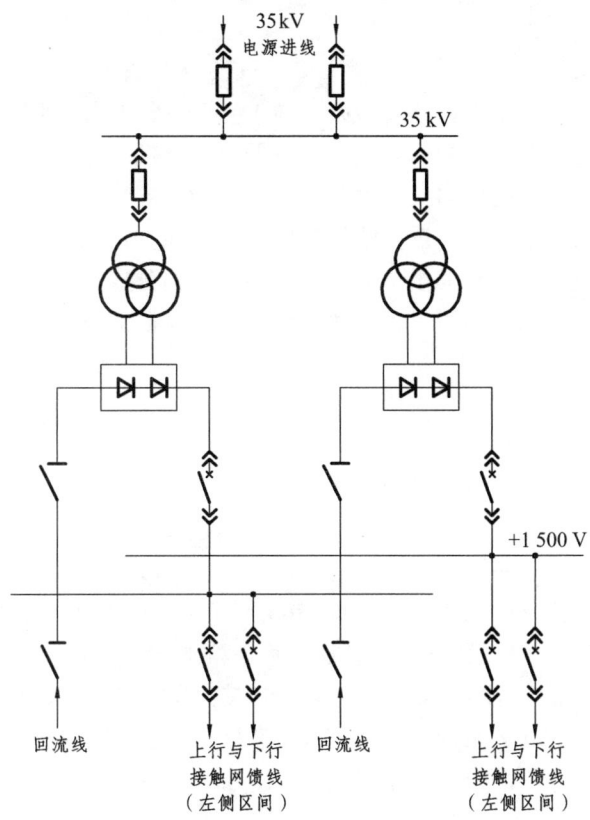

图 3.4 牵引变电所的主接线

（二）牵引变电所的保护

1. 交流电源侧保护

交流电源侧应具有定时限和过流速断保护。

2. 整流机组保护

整流机组通常由一次侧交流断路器作全电流保护，该保护由瞬时过电流、定时限过电流和反比延时过负荷等阶段保护。此外，还有整流变压器瓦斯保护、正母线接地短路保护、及操作过电压保护等。

3. 直流侧保护

直流侧保护采用快速空气开关保护，开关的跳闸信号采用电流变化率，即在最大值出现之前，根据电流量增加的速率提前给出跳闸信号，这种过电流保护方法称为电流增加（ΔI）保护。

二、牵引网

牵引网是牵引供电系统的重要组成部分，它是城市轨道交通供电系统中向电动列车（车辆）供电的直接环节。

(一)牵引网的组成

牵引网包括了接触网、钢轨回路(包括大地)、馈电线和回流线。如图 3.3 所示。
(1)接触网:经过电动列车的受电弓(受流器)向电动列车供给电能的导电网。
(2)馈电线:从牵引变电所向接触网输送牵引电能的导线。
(3)回流线:用以供牵引电流返回牵引变电所的导线。
(4)电分段:为便于检修和缩小事故范围,将接触网分成若干段每一段称为电分段。
(5)钢轨:在牵引网中,利用走行钢轨作为牵引电流回流电路的一部分。

(二)接触网

接触网有接触轨式和架空线式两种形式。

1. 接触轨式

接触轨是沿着走行轨道一侧平行铺设的附加第三轨,故又称第三轨式接触网。早期的城市地铁都采用低电压的直流第三轨受流,如 1863 年开通的伦敦地铁(DC 630 V)、1904 年开通的纽约地铁(DC 625 V)以及 1935 年开通的莫斯科地铁(DC 825 V)。后来第三轨式接触网的电压多采用 IEC 标准,为 DC 600 V、DC 750 V,少数采用 DC 1 500 V。我国的标准电压为 DC 750 V 和 DC 1 500 V 两种。国内大部分第三轨式接触网电压为 DC 750 V,广州地铁 4 号线采用 DC 1 500 V 第三轨式接触网,这种高压第三轨受流,作为一种新技术,发展前途很大。

采用第三轨式接触网的优点是电动车辆受电靴与第三轨接触面较大且对其磨损极小,故维护简单;另外修建地下线可降低净空,减小开挖土方。

第三轨式接触网是一种传统的刚性接触网,采用电导率较高的钢轨制成。但若采用 DC 750 V 电压,输电距离有限,为弥补这一缺陷,目前世界上已有 60 多个城市采用钢铝复合接触轨代替低碳钢接触轨。这种钢铝复合轨是由不锈钢带通过机械方法与铝合金型材料结合而成的。

钢铝复合接触轨具有以下技术优势:一是电导率高,电压降及牵引能耗成比例下降,供电距离可增加 1.4 倍,适当减少了牵引变电所的数量;二是接触面光滑、耐腐蚀、耐磨耗,延长接触轨与受流器的寿命;三是重量轻,便于施工安装。武汉市轨道交通 1 号线一期工程在国内首次采用国际上最为先进的钢铝复合接触轨下部受流方式,其重量轻、电阻小、稳定性高的优点,能充分保证整条线路的能源供应。广州地铁 4 号线(DC 1 500 V)、北京地铁 5 号线、天津地铁 1 号线也采用钢铝复合轨。今后,新上的轨道交通项目采用钢铝复合轨已成为趋势。

第三轨式接触网,其接触方式有上接触式、下接触式和侧面接触式三种,上接触式和下接触式如图 3.5 所示。

上接触式亦称为上部受流。受流器滑靴从上压向接触轨轨头,接触轨顶面受流。受流器的接触力是由向下作用的弹簧的压力进行调节的,受流平稳。上接触式施工作业简便,可以在轨头上部通过支架安装不同类型的防护板。但该接触方式的接触轨表面容易附着杂物、粉尘、冰雪等,对列车取流会产生一定的影响;另外,该方式只能从顶部和线路外侧对接触轨进行防护,故防护不严密,安全性稍差。

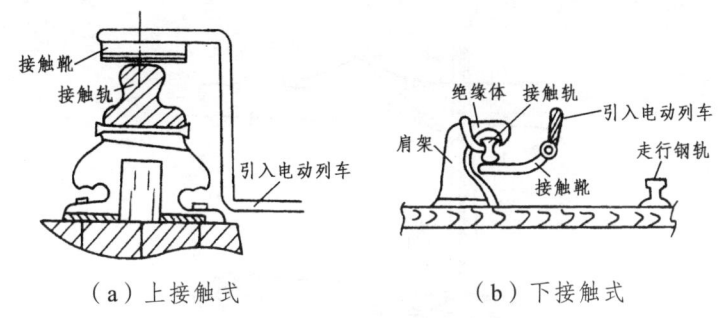

(a) 上接触式　　　　　　(b) 下接触式

图 3.5　接触轨集电布置图

下接触式亦称下部受流。下接触式的第三轨的轨头朝下，通过绝缘肩架、橡胶垫、扣板收紧螺栓、支架等安装在底座上。下接触式的优点是防护罩从上部通过橡胶垫直接固定在接触轨周围，安全性能好。此外，由于下部受流方式中列车受流器的上抬力与接触轨的挠度方向相反，因而有助于提高受流质量，并可以在挠度允许范围内增大接触轨支架的间距，减少其数量，从而弥补其安装结构复杂、费用较高的不足。显然，若采取接触轨方式，下接触式当为首选。

侧面接触式亦称侧面受流。侧面接触式就是将接触轨的轨头端面朝向走行轨，集电靴从侧面受流。侧面受流亦存在防护不够严密、安全性稍差的问题。

跨座式单轨交通车辆采用侧面接触式受流，其受流器装在转向架下部，接触轨装在轨道梁上。需要说明的是，重庆轻轨 2 号、3 号线属侧面受流的跨座式独轨交通，采用的是侧面受流刚性接触网，亦称刚性接触轨系统，其结构与悬挂方式均为国内首创（与其他地铁系统采用的直流 750V、1 500V 接触轨有所不同）。接触轨式系统包括接触轨、绝缘支架（或绝缘瓷瓶）及其底座、防护罩、隔离开关、回流电缆等组成部件，其中接触轨、绝缘支架及其底座、防护罩是该系统中各起送电、支撑、防护作用的三大重要部件。

接触轨受流方式在道岔区段及需要设置电分段的地方，接触轨需要断开（即断轨）。正是由于接触轨的不连续性，决定了跨座式单轨交通车辆的运行速度有限。

2. 架空线式

由于接触轨式接触网的第三轨与地面距离较近，绝缘和安全难度大，限制了电压的提高，在城市轨道交通的发展过程中接触网转而向架空线式发展。1955 年开通的罗马地铁率先采用了 DC 1 500 V 架空线式接触网。20 世纪 90 年代以来，我国新建地铁的城市，如上海、广州、深圳等采用的都是 DC 1 500 V 架空线式接触网。

架空线式（架空式）接触网是架设在走行轨道的上部的接触网。由电动列车（车辆）顶部伸出的受电弓与之接触取得电能。按线路形式可分为地面架空式和隧道架空式；按悬挂方式又可分为柔性（悬挂）接触网和刚性（悬挂）接触网。现分述如下。

（1）地面架空式。地面架空式接触网如图 3.6 所示，它由以下几部分组成。

① 接触悬挂：包括承力索、吊弦和接触线。接触悬挂方式很多，图 3.6 为弹性链形悬挂。

② 支持装置：包括腕臂、拉杆和绝缘子。其作用是用以支持接触悬挂，将其负荷传给支柱或其他建筑物的结构。

③ 定位装置：包括定位器和定位管。其作用是保证接触线与受电弓的相对位置在规定范围内。

④ 支柱与基础：用以支承接触悬挂和支持装置，并将接触悬挂固定在规定高度。

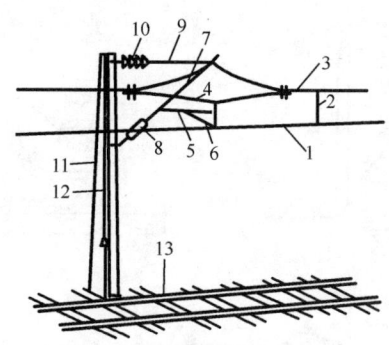

图3.6 地面架空式接触网

1—接触线；2—吊弦；3—承力索；4—弹性吊弦；5—定位管；6—定位器；7—腕臂；
8—棒式绝缘子；9—拉杆；10—悬式绝缘子；11—支柱；
12—接地线；13—钢轨

地面架空式接触网属于柔性接触悬挂，其特点是弹性好。根据接触悬挂结构的不同，又分为无承力索的简单悬挂和有承力索的链型悬挂两种。其悬挂的接触线采用专门制造的、具有高导电率的铜或铜银合金硬线。由于城轨交通线路的最高运行速度一般为 80 km/h，因此在选用柔性接触网的形式时，一般采用带补偿的弹性简单悬挂和全补偿简单链型悬挂两种形式。

（2）隧道架空式。隧道架空式接触网如图3.7所示。安装在绝缘子上的馈电线通过连接线与接触线连接，使接触网受电。接触线由调节臂固定，调节臂带棒式绝缘子，一端固定安装在隧道洞顶一侧的弹性支架上。调节臂可用来调整接触线与轨面之间的高度，弹性支架通过调节臂使接触线与受电弓之间保持足够的弹性，以保证它们之间的良好接触受流。

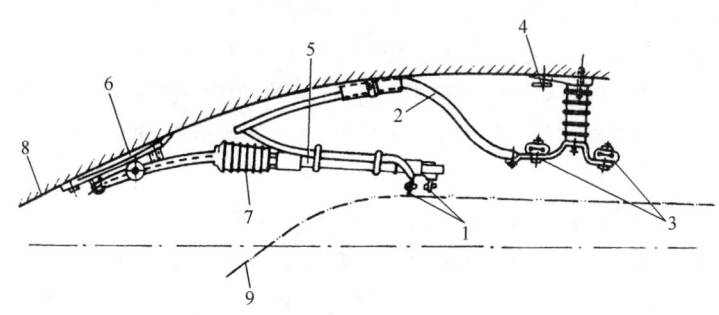

图3.7 隧道架空式接触网示意图

1—接触线；2—连接线；3—馈电线；4—接地线；5—调节臂；
6—弹性支架；7—绝缘子；8—隧道洞顶；9—受电弓

隧道架空式接触网有些属柔性悬挂接触。它虽然具有弹性好的优点，但该悬挂接触方式有如下缺点：使地铁隧道横断面增加，土建费增多；采用冷拉电解铜接触线易磨损；接触网检测维护比较复杂，需专用的接触网检测车，且维修周期短，费用高。

（3）刚性悬挂。刚性悬挂又称架空刚性接触网，是一种区别于传统柔性接触网的供电方式。

刚性接触网是采用绝缘子来悬挂刚体导线，如同把第三轨架到了隧道顶部，降低了车辆上方的空间。图3.8是刚性悬挂的示意图。这种悬挂结构简单，由汇流排、支撑装置、绝缘子、接触线（单根）及架空地线等组成。根据汇流排形式的不同，架空刚性的接触网可分为"T"型和"Π"型刚性悬挂两种。

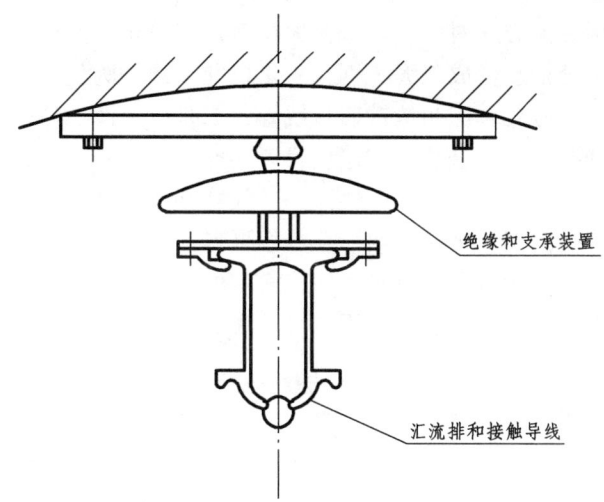

图 3.8 刚性悬挂示意图

架空刚性接触网利用汇流排的弹性将接触线固定在汇流排底部，列车受电弓通过与接触线滑行接触取电，接触线与汇流排均采用无张力架设。

接触线是铜或铜银合金线，汇流排则以铝合金为原料制造，他们均用于负载电流。为了防止接触线与汇流排之间产生铜铝异金属的电腐蚀，需在接触线安装到汇流排之前，涂覆一层导电脂，或在接触线制造时在其上热镀一层锡。

由于刚性悬挂接触网只能用于隧道内，故在露天地段仍需采用柔性接触网，为此要在隧道口设置一个刚性与柔性接触网的过渡段。

刚性悬挂所需要的隧道净空小，投资小，而且导电铜线无张力架设，不必设置下锚装置，也不会发生断线事故，零部件少、载流量大、安全可靠且维护量小，大大降低了维护成本，其优越性是柔性悬挂难以比拟的。1962年日本东京营团地铁日比谷线首次采用刚性悬挂技术，到20世纪80年代逐渐在日本、韩国、法国、西班牙等国推广开来。我国第一条刚性接触网试验示范段是1999年6月开始运行的广州地铁一号线。作为一种成熟可靠的接触网悬挂方式，刚性悬挂在我国城市轨道交通领域有着良好的应用前景。

城市轨道交通接触网的基本特征见表3.1。

表 3.1 城市轨道交通接触网的基本特征

接触网类型	结构组成	技术特征	发展趋势
架空柔性悬挂	受流导线+支持结构	悬挂结构较为复杂，适应速度高、安全性好，供电间距较大	传统模式，改进悬挂方式，使之更加紧凑
架空刚性悬挂	汇流排+接触线+支持结构	悬挂结构简单，可维护性高，适应速度较高，供电间距大	技术优势明显，发展空间大
接触轨（第三轨）	导电轨+支持体	"面面"受流，稳定性好，维护性好，适应速度有限，供电间距较小	采用钢铝复合导电轨技术
接触轨（正负极轨）	汇流排+接触线+支持结构	"面面"受流，稳定性好，维护性好，适应速度有限，防迷流效果好	采用钢铝复合导电轨技术
侧面受流刚性接触网		结构简单，安装空间小，可维护性好	在独轨交通和磁悬浮线路上有应用前景

选择和确定接触网受流方式对城市轨道交通接触网建设至关重要。目前，我国内地城市城轨交通接触网的应用已初步形成三大类别：一是以北京地铁为代表的接触轨模式，相同的有武汉轻轨、天津地铁一号线和广州地铁四号线等；二是以上海、广州为代表的架空接触网模式，采用架空柔性悬挂和刚性悬挂，在建项目以架空刚性悬挂为主，如南京地铁、深圳地铁、天津津滨线、杭州地铁一号线、沈阳地铁一号线和苏州地铁一号线等；三是以重庆独轨交通为代表的侧面刚性受流正负极接触网模式。根据目前运营情况和建设规模，三种类型的接触网中，架空接触网、接触轨和正负极刚性接触网的比例约为5:3:1。

我国内地主要城市轨道交通接触网应用情况见表3.2。

表3.2 我国内地主要城市轨道交通接触网应用情况

线路名称	供电制式	接触网形式
北京地铁1、2、4、5、10号线，北京城轨13号线	DC 750 V	接触轨（第三轨）正极供电 走行轨回流
天津地铁1号线	DC 750 V	接触轨（第三轨）正极供电 走行轨回流
天津地铁2、3号线，津滨线	DC 1 00 V	架空接触网正极供电 走行轨回流
上海城轨交通1~10号线	DC 1 500 V	架空接触网正极供电 走行轨回流
上海磁悬浮示范线	DC 400 V	接触轨正极供电 接触轨负极回流
广州地铁1~3号线	DC 1 500 V	架空接触网正极供电 走行轨回流
广州地铁4号线	DC 1 500 V	接触轨正极供电
深圳地铁1~2号线	DC 1 500 V	架空接触网正极供电 走行轨回流
南京地铁1~2号线	DC 1 500 V	架空接触网正极供电 走行轨回流
武汉轻轨1~2号线	DC 750 V	接触轨（第三轨）正极供电 走行轨回流
重庆轻轨（独轨）2号线	DC 1 500 V	正极刚性接触网供电 负极刚性接触网回流
杭州地铁1号线	DC 1 500 V	正极刚性接触网供电 负极刚性接触网回流

三、牵引供电制式

城市轨道牵引供电制式主要是指电流制、电压等级和受流（馈电）方式等几方面。在世界范围内，城市轨道交通牵引供电均采用直流制，且正极为供电方（接触轨或接触网），负极为回流方（走行轨或回流轨），但采用的电压等级却是五花八门，在 DC 600～3 000 V 范围内就不下 10 种。我国 GB50157—2003《地铁设计规范》14.1.14 条和 GB10411—89《地铁直流牵引供电系统》4.3 条均规定了"直流牵引供电系统的电压分为 DC 750 V 和 DC 1 500 V 两个电压等级"。选择哪一种电压等级则需根据车辆、线路结构、电器设备水平等来确定。从经济角度来看，选用 DC 1 500 V 电压等级可延长牵引供电距离、减少牵引变电所数量、减少电能损失、节约投资和运行费用。

此外，在列车采用再生制动的情况下，对 DC 1 500 V 系统而言，因其供电臂长，供电区段内的列车数量相对较多，再生能量被相邻列车吸收的效果要好一些。这样，既改善了网压、又减少了牵引损耗。

需要强调的是，随着科学技术特别是材料制造技术及加工工艺的长足进步，不仅架空接触网可以采用 DC 1 500 V 供电，接触轨也可以采用这一电压等级供电（如广州地铁 4 号线）。

第三节 远动监控及地下迷流

一、远动监控

（一）远动监控的基本任务

为保证城市轨道交通列车安全运行，必须对供电系统的主变电所、牵引变电所、降压变电所的供电设备的运行状态进行监视、控制及数据采集。为此，需要设置电力监控系统。

随着科学技术的发展，远动技术越来越成为一种必要的生产手段，在电力、铁道、城市轨道交通等领域得到广泛应用。

城市轨道交通运行的管理和调度是在控制中心实现的，其中的电力调度是供电系统运行的管理和调度部门。而城市轨道交通供电系统的各类变电所及其他主要设备是沿线路分散设置的。要保证系统运行的安全、可靠及经济性，就必须由电力调度人员对系统进行集中管理和调度，实现系统运行状态的监视和运行方式的控制。早期的集中调度是通过调度电话来实施的，通过值班人员对系统运行方式进行监视和控制，属于一种效率低、可靠性差的间接监控方式。随着远动技术的发展，目前，现代化的集中调度已由电力调度人员通过远动监控设备对各类变电所进行直接的集中监视与控制。

远动监控就是调度所与各被控端之间实现遥控、遥测、遥信、遥调和遥视技术的总和，它的主要任务就是集中监视和集中控制。

（二）远动监控的组成

远动监控设备是调度端与各被控制端之间实现遥信、遥测、遥控、遥调和遥视功能的设备，这些设备所组成的远动监控系统由三部分组成，即设在控制中心的主机、各变电所的远程控制终端以及连接终端与中心的通信网络。

城市轨道交通供电系统远动监控系统的示意图如图 3.9 所示。

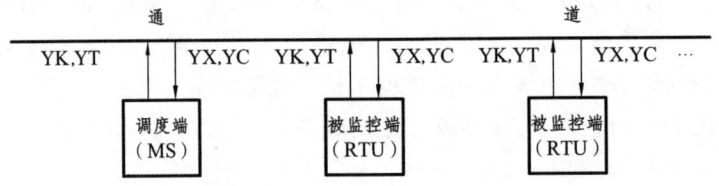

图 3.9　远动监控系统示意图

YK—遥控；YX—遥信；YT—遥调；YC—遥测

（1）遥控（YK）：是从调度所发出的命令以实现远方操作和切换。通常只有两种状态指令，如开关的"分""合"，电机的"启动""停止"，闸门的"开启""关闭"等指令。

（2）遥信（YX）：是指将被控端设备的状态，如断路器的位置信号、报警信号等，传输给调度端。

（3）遥调（YT）：是调度所直接对被控端某些设备的工作状态和参数的调度，如调节变电所的母线电压值。

（4）遥测（YC）：是指将被控端的运行参数如功率、电压、电流、电度和温度等参数，传输给调度端。

（5）遥视（YS）：是指能对供电设备的关键部位进行视频监视。

调度端装置设置在控制中心内，一般称为主站（MS）；被监控端设置在变电所内，一般称为分站或远方数据终端（RTU）。调度端与被监控端之间通过通信通道传送遥控、遥信、遥调、遥测和遥视信息。

（三）远动监控的优点

对供电系统的远动监控有以下优点：

（1）集中监控可提高系统运行的安全可靠和经济性。正常时，实现合理的系统运行方式；事故时，可直接显示和及时记录事故发生时间和内容，有利于加快事故处理。

（2）集中控制使调度人员直接控制运行方式改变，运行操作效率及其可靠性高，值班人员在变电所内仅需对电气设备进行监护，劳动条件得到改善。

（3）有利于变电所实现无人值班化，可节省变电所基建和运行费用。

目前，国外城市轨道交通供电系统均采用计算机远动监控设备来实现集中监视与控制。在我国，城市轨道交通牵引供电系统已被规定应优先采用计算机远动监控设备。

二、地下迷流

（一）地下迷流及其影响

1. 地下迷流

在直流牵引供电系统中，牵引电流并非全部经由走行钢轨流回牵引变电所，部分电流会由钢轨流入大地，再由大地流回钢轨或牵引变电所，这种地下杂散电流称为地下迷流。钢轨中回流的牵引电流越大，钢轨对大地绝缘程度越差，地下迷流越大。

2. 地下迷流的影响

地下迷流从钢轨流向大地，再杂散流回牵引变电所过程中，如果走行钢轨附近埋有地下金属管道、电缆或其他金属结构件时，相当一部分地下迷流将从这些导电体上流过。此时，在电动车组所在处附近，地下杂散电流从钢轨流向金属导电体对地电位形成阴极区。在变电所附近，地下杂散电流从金属体流回钢轨和变电所，从而形成阳极区。在阳极区，杂散电流从金属导体流出处将出现电解现象，从而会导致金属导体被腐蚀。因此，埋设在地下的钢轨及其金属配件，附近的金属管道、地下电缆及其他金属物件等，在长期的电解腐蚀下，将受到严重损害。此外，地下杂散电流流入电气设备接地装置，又将引起过高的接地电位，使这些电气设备无法正常工作，如图 3.10、图 3.11、图 3.12 所示。

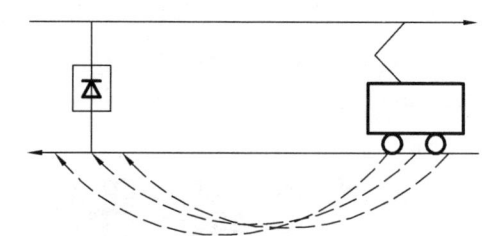

图 3.10　直流牵引供电地下迷流形成示意图

图 3.11　走行轨对大地电位分布图

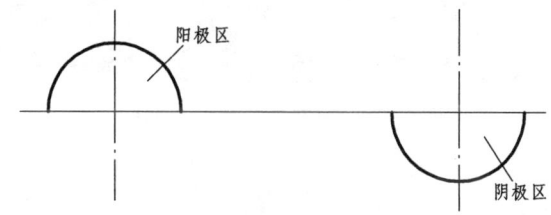

图 3.12　地下金属体对大地电位分布图

（二）地下迷流的防护

可采取以下措施减少地下迷流：

（1）选择比较高的牵引供电额定电压，减少地下迷流。

（2）采用地下迷流较少的双边供电电压。

（3）尽量减小钢轨间的接触电阻，增设附加回流线。

（4）提高钢轨与地面间的绝缘程度。

（5）尽可能远离或避免与回流钢轨平行设置地下金属管道、电缆等，并采用适当的防腐措施。

（6）定期检查轨道绝缘、钢轨接触电阻，进行地下迷流监测。

可采用极性排流、阴极保护等排除地下迷流的措施，以解决地下迷流的影响。

阅读知识

高速铁路接触网

高速铁路接触网，是沿铁路线上空架设的向电力机车供电的输电线路，高铁列车运行所依赖的电流就是通过机车上端的接触网来输送的。接触网一旦停电，或列车电弓与接触网接触不良，便对列车的供电产生影响。

高速铁路接触网（如图3.13和图3.14所示）是沿铁路线上空架设的向电力机车供电的特殊形式的输电线路，由接触悬挂、支持装置、定位装置、支柱与基础几部分组成。接触悬挂包括接触线、吊弦、承力索以及连接零件。接触悬挂通过支持装置架设在支柱上，其功用是将从牵引变电所获得的电能输送给电力机车。支持装置用以支持接触悬挂，并将其负荷传给支柱或其他建筑物。

图3.13　铺架高速铁路接触网

图3.14　高速铁路接触网

1. 电压等级

工频单相交流制：25 kV。

因电阻因素，实际电压为 27.5 kV。

2. 供电方式

接触网供电方式有单边、双边供电和越区供电。单边和双边供电为正常的供电方式。

越区供电是指当某一牵引变电所因故障不能正常供电时，故障变电所担负的供电臂经开关设备与分区亭同相邻的供电臂接通，由相邻牵引变电所进行临时供电。

分区亭位于两相邻变电所的中部，出口附近接触网设有电分相。正常供电情况下，分区亭用于实现上下行接触网并联运行；越区供电情况下，分区亭用于实现其左右供电臂的串联运行。

位于两变电所之间的分区亭可将两个供电臂连接进来，实行越区供电。越区供电是在非正常状态下采用的，因供电距离过长，难以保证末端的电压质量，所以只是一种临时应急措施。并且在实行越区供电时，应校核供电末端的电压水平是否符合要求。

3. 悬挂类型

接触网的分类大多以接触悬挂的类型来区分。人们所讲的接触悬挂的分类是对接触网的每个锚段而言的。接触悬挂的种类较多，一般根据其结构的不同分成简单接触悬挂和链形接触悬挂两大类。

简单接触悬挂（以下简称简单悬挂）系由一根接触线直接固定在支柱支持装置上的悬挂形式。国内外对简单悬挂做了不少研究和改进。我国现采用的带补偿装置的弹性简单悬挂在接触线下锚处装设了张力补偿装置，以调节张力和弛度的变化。

链形悬挂的接触线是通过吊弦悬挂在承力索上。承力索悬挂于支柱的支持装置上，使接触线在不增加支柱的情况下增加悬挂点，利用调整吊弦长度，使接触线在整个跨距内对轨面的距离保持一致。链形悬挂减小了接触线在跨距中间的弛度，改善了弹性，增加了悬挂质量，提高了稳定性，可以满足电力机车高速运行取流的要求。

4. 特点及要求

接触网担负着把从牵引变电所获得的电能直接输送给电力机车使用的重要任务。因此接触网的质量和工作状态将直接影响电气化铁道的运输能力。由于接触网是露天设置，没有备用，线路上的负荷又是随着电力机车的运行而沿接触线移动和变化的，故对接触网提出以下要求：

（1）在高速运行状态和恶劣的气候条件下，能保证电力机车正常取流，要求接触网在机械结构上具有稳定性和足够的弹性。

（2）接触网设备及零件要有互换性，应具有足够的耐磨性和抗腐蚀能力，并尽量延长设备的使用年限。

（3）要求接触网对地绝缘好，安全可靠。

（4）设备结构尽量简单，便于施工，有利于运营及维修。在事故情况下，便于抢修和迅速恢复送电。

（5）尽可能地降低成本，特别要注意金属及钢材的节省。

总的来说，要求接触网无论在任何条件下，都能保证良好地供给电力机车电能，保证电力机车在线路上安全、高速运行，并在符合上述要求的情况下，尽可能地节省投资、结构合理、维修简便、便于新技术的应用。

复习思考题

一、填空题：

1. 高压供电源系统的供电方式，有_____、_____、_____三种。
2. 牵引变电所的作用是_____、_____。
3. 降压变电所的作用是将三相 10 kV 电压降为_____。
4. 供电系统根据其重要性规定为_____级负荷，它由_____路独立的电源供电。
5. 售检票机、防灾报警属于_____类负荷。

二、简答题：

1. 简述城市轨道交通供电系统的组成。
2. 叙述牵引变电所的主接线。
3. 牵引网中的接触网有几种形式？其电压等级一般为多少？
4. 说明城市轨道交通牵引供电系统的新技术动态。
5. 远动监控是什么意思？
6. 如何防护地下迷流？

第四章 城市轨道交通线路与车站

第一节 城市轨道交通线路

线路是机车车辆和列车运行的基础。必须加强线路设备的检查、维修与保养，确保线路设备始终保持良好状态，才能保证列车按规定速度，安全、平稳、不间断地运行，圆满完成运营任务。

一、城市轨道交通线路分类

（一）按用途分类

城市轨道交通线路按其在运营中的作用分为正线、辅助线（含折返线、联络线、渡线、停车线、试车线、安全线及车辆段出入库线等）和车场线。

正线由于行车速度高、密度大，对线路标准要求较高，要求用 60 kg/m 以上类型钢轨铺设。

辅助线是为保证正线运营而配置的不载客列车运行的线路，如车辆段试车线、区间折返线等。

车场线是车辆段内厂区作业与停放列车的线路（如停车列检线，检修线等）。

此外，为满足城市轨道交通建设、运营和战略需要，城市轨道交通线路还应设置与国家铁路相衔接的专用线。

现将各线路的主要用途分述如下。

1. 正　线

是指连接车站并贯穿或直股伸入车站的线路，连接车站的部分为区间正线；贯穿或直股伸入车站的部分为车站正线。

城市轨道交通系统的正线均采用上、下行分行，一般实施右侧行车惯例，以便与城市地面交通的行车规则相吻合（世界上除了英联邦国家、日本等部分国家外，绝大部分国家城市道路交通均实行右侧行车规则）。

2. 折返线

在线路两端终点站（对于环线，也需要设两个"终点站"）或者准备开行折返列车的区间站设置的专供列车折返调头的线路。提供列车从一条线路股道转至另一条股道，或临时存车的功能。

折返线视不同的折返方法可分以下几种类型：

（1）环形折返线（俗称灯泡线），如图 4.1 所示。

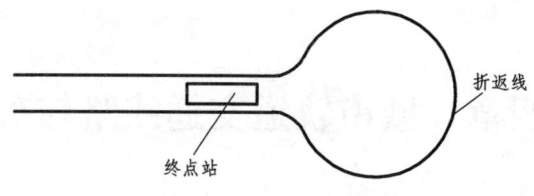

图 4.1　环形折返线

环形折返线是将端点折返作业转化为沿一个环形单线区段运行的作业，实质上取消了折返过程，变为区间运行，有利于列车运行速度发挥，消除了因折返作业而形成的线路通过能力限制条件，是一种对提高运营效率有利的折返方法。而环线折返的问题在于：环线占地面积较大，尤其是在地下修建难度更大，投资较高；环线折返丧失了一段停车维护保养检查的机动线路，对车辆技术要求，运行组织要求更高。线路机动性下降，线路延伸可能性甚微。故环线折返一般只适用于线路较短，线路延伸可能较小且该端点站又往往在地面的情况。

（2）尽端折返线，可分为单线折返、双线折返与多线折返等不同布置办法，如图 4.2 所示。利用尽端线折返的办法，弥补了环线折返的不足，使端点站既可有效组织折返（如双折返线可明显降低折返时间），又可备有停车线供故障停车、检修、夜间停车等作业使用。对于线路延伸也十分方便，比较适合于地下结构的端点站，以及线路较长或有延伸可能，土地不宜多占用的情况。

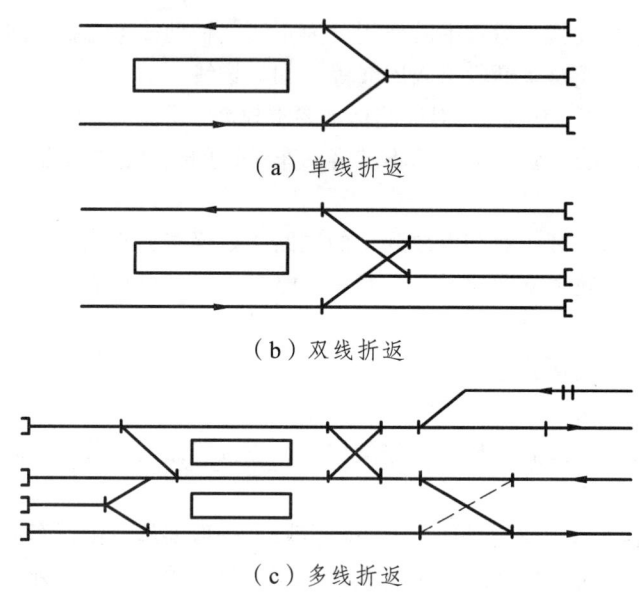

图 4.2　折返线示意图

（3）利用渡线折返，在车站前或站后设置渡线，用以完成折返作业，如图 4.3 所示。

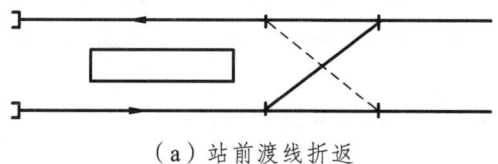

（a）站前渡线折返

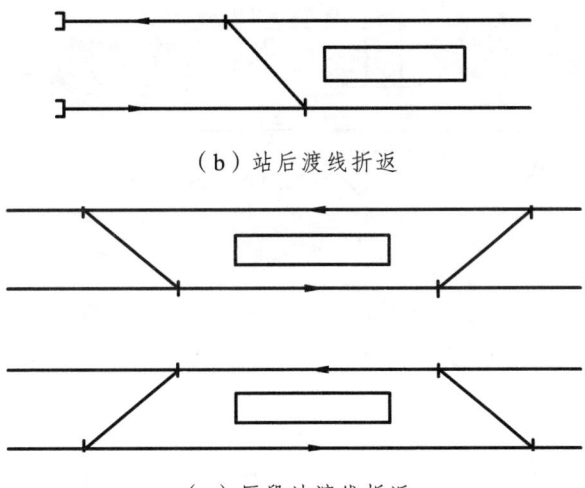

(b) 站后渡线折返

(c) 区段站渡线折返

图 4.3　渡线折返示意图

很明显,利用渡线折返需要修建的线路最少,投资下降。然而,列车进出车站与折返作业有严重的干扰。尤其是在区间站利用渡线进行区间列车折返,需占用正线进行作业,故对运营管理要求十分严格。且列车运行间隔时间受其制约需放大,导致线路通行能力下降,安全可靠性存在隐患。所以,在列车运行速度较高,运行间隔时间较短(即发车频率较高),运量较大的线路不宜采用此类办法。

(4) 单轨线路折返与上述双轨线路不同,必须采用专门的转线设备来完成,如图 4.4 所示。

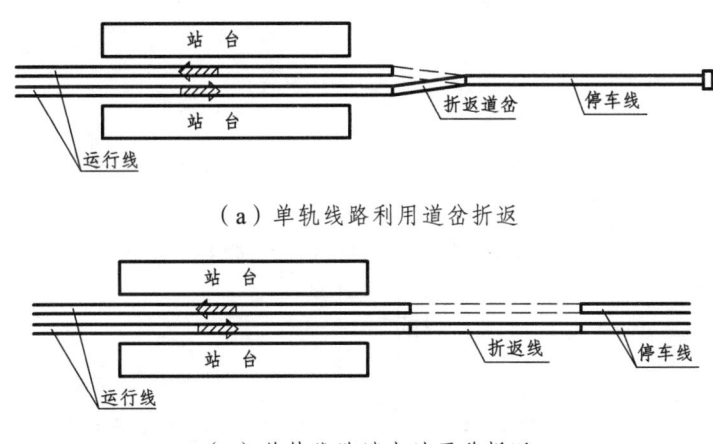

(a) 单轨线路利用道岔折返

(b) 单轨线路端点站平移折返

图 4.4　线路折返示意图

单轨交通折返设备因其需承载线路、列车做转动或平移,故建造与投资均有一定的难度,也是制约单轨交通发展的一个因素(包括单轨交通线路间的分岔连接均需上述转动承载台状的道岔)。

联络线是轨道交通线路之间为调动列车等作业方便而设置的连接线路,如图 4.5 所示。

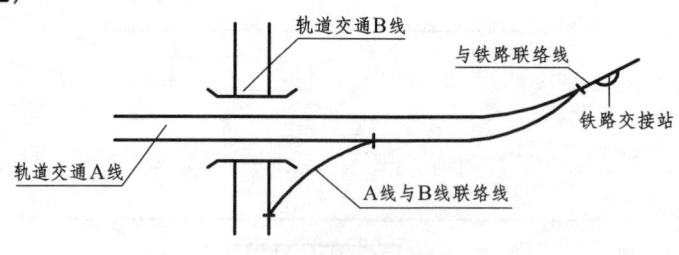

图 4.5 联络线示意图

联络线因连接的轨道交通线往往不在一个平面上,因此,有较大的坡道与较小的曲线半径,列车运行速度不可能很高。如果在地下建设,施工难度较大,投资也随之加大。

3. 渡线

在上下行正线之间(或其他平行线路之间)设置的连接线,通过一组联动道岔达到转线的目的。如前述的站前、后折返用渡线以及车库内线路之间的渡线。

4. 停车线

一般设置在端点站,专门用于停车,进行少量检修作业的尽端线。在车辆基地,则拥有众多的专用停车线,提供夜间停止运营后列车的停放。需要进行检修作业的停车线设有地沟。

5. 检修线

设在车辆基地检修库内,专门用于检修轨道交通车辆的作业线,设有地沟,配有架车设备和检修设备(如行车等)。

6. 试验线(试车线)

设在车辆基地,用于对检修完毕的轨道交通车辆进行运行状态检测的线路。为达到必要的运行速度,试验线需有一定长度标准和平纵断面特点。

7. 安全线

安全线为进路隔开措施之一,是防止列车或机车车辆进入另一列车或机车车辆进路而发生冲突的一种尽头式线路,其有效长度一般不少于 50 m。

8. 出入库线

车辆基地与正线车站的联系线路,专供列车进出车辆基地。一般分为入库线和出库线。

城市轨道交通系统线路的整体布置基本模式如下:

(1)两条线路立体交叉的车站线路布置,如图 4.6 所示。

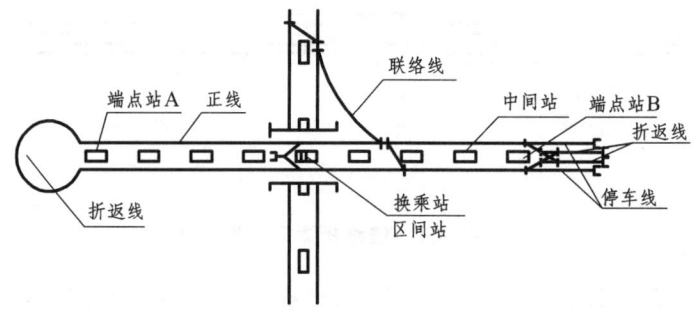

图 4.6 立体交叉的车站线路布置图

(2)车辆基地与正线车站的联系线路布置可以分为尽头式车辆基地和通过式车辆基地两种不同方式,如图 4.7 所示。

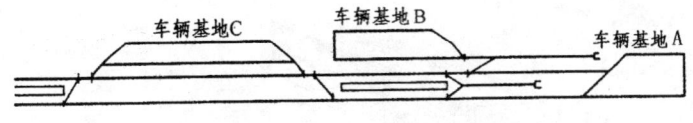

图 4.7　车辆基地线路布置图

注：A 和 B 为尽头式车辆基地布置方案，C 为通过式车辆基地布置方案。

（二）按空间位置分类

城市轨道交通线路在城市中心地区宜设在地下，在其他地区条件许可时可设在高架桥或地面上。

1. 地下线路

常用于地下铁道系统，线路置于地下隧道中。其优点是与地面交通完全分离，且不占城市地面与空间，基本不受气候影响；其不足之处在于需要较大投资，较高的施工技术，较先进的管理，完善的环控、防灾措施与设备。建设过程仍会影响地面交通，运营成本较高，改造调整与线路维护均较困难。

2. 地面线路

一般采用独立路基的方式，减少与地面道路交通的互相干扰。其优点是造价最低，施工简便，运营成本低，线路调整与维护较易；其不足是运营速度难以提高（有部分信号控制的平面交叉点），占地面积较多，破坏城市道路路面，使城市道路交叉口复杂化，容易受气候影响（如雨水、雾、台风等），乘车环境难改善，有一定的污染负效应（如噪声、景观等）。

3. 高架线路

线路设在高架工程结构物上，与地面交通无干扰，造价介于地下与地面之间。施工、维护、管理、环控及防灾等方面都较地下线路方便和容易，但要占用一定的城市用地并有光照、景观、噪声等负效应，也受气候变化的影响。

在同一条轨道交通路线上，可采用上述三种不同的空间布置方式，较为理想的是在市中心人口、建筑密集、土地价值较高的区域，采用地下隧道的方式设置轨道交通线路，也可适当布置为高架方式；而在城市边缘区或郊区，则宜采用地面独立路基或一般路面路基。如要提高轨道交通的效率与安全可靠性，则宜采用高架或半高架、高路堤的方式。

三种方式建设费用的大致比例为：地下∶高架∶地面（独立路基）＝10∶5∶3。

二、城市轨道交通线路的主要组成

（一）传统铁路方式

由路基、道床、钢轨、轨枕、连接零件、防爬设备等组成，如图 4.8 所示。

路基：路堤式路基采用取土填筑办法，按规定断面尺寸夯实形成。一般适用于地下铁道、轻轨等轨道交通系统，并采用独立路基施工的方式进行施工。

道床：采用碎石道床，具有良好的弹性、排水性能，造价低，维护简单易行。

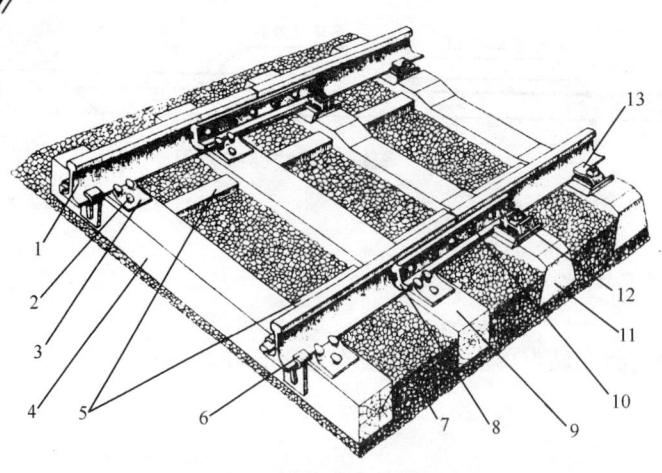

图 4.8 传统铁路轨道组成

1—钢轨；2—普通道钉；3—垫板；4，9—木枕；5—防爬撑；6—防爬器；7—道床；8—鱼尾板；
10—螺栓；11—钢筋混凝土轨枕；12—扣板式中间连接零件；13—弹片式中间连接零件
注：图中画出了多种类型的扣件是为示图之用，并非现场线路中的实际使用情况。

钢轨：采用"工"字形宽底座断面，由轨头、轨腰、轨底组成。由于钢轨要承受列车传来的巨大的压力，以及车轮与钢轨之间不可避免地要产生磨耗，所以要求钢轨具有足够的强度、稳定性和耐磨性。钢轨的类型是以每米长度的重量来表示的，如 50 kg/m、60 kg/m 等。

轨枕：有木枕和预应力钢筋混凝土轨枕两种形式，其主要作用是支撑钢轨并保持轨距。

连接零件：主要指钢轨与轨枕之间的中间连接零件。采用扣板式、弹片式、螺旋式等弹性扣件作为中间连接零件。

防爬设备：列车运行时由于纵向力的作用，钢轨可能会产生纵向移动，有时还会带动轨枕一起移动，这种现象叫"轨道爬行"。轨道爬行往往引起轨缝不匀、轨枕歪斜等线路病害，对轨道的破坏性极大，严重时还会危及行车安全。通常靠设置防爬设备可以有效地防止轨道爬行。常见的防爬设备有防爬器和防爬撑两种。

（二）整体道床结构（无碴道床）

整体道床结构有两种形式：一种是无枕式整体道床，将道床、路基、轨枕组合成混凝土整体道床，在其上直接安装扣件、弹性垫层和钢轨；另一种是轨枕式整体道床，道床内可预埋木枕、钢筋混凝土枕。

整体道床的特点是整体性好、坚固、稳定、耐久，轨道的建筑高度小，减少了隧道净空高度，轨道维修量小，适应地铁和轻轨交通运营时间长、维修时间短的特点。但其弹性差，造价高，施工时间长。

（三）单轨交通线路结构

单轨交通分为跨座式（骑跨式）和悬挂式（悬吊式）两类，其线路结构如图 4.9、图 4.10 所示。

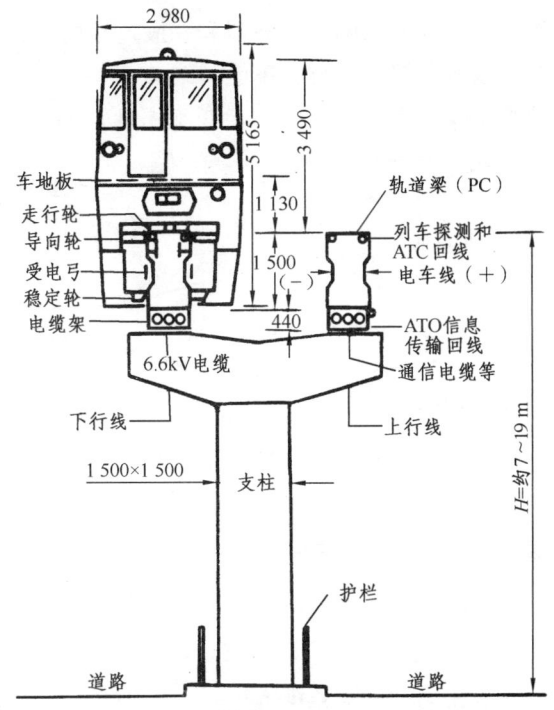

图 4.9 跨座式单轨交通线路结构

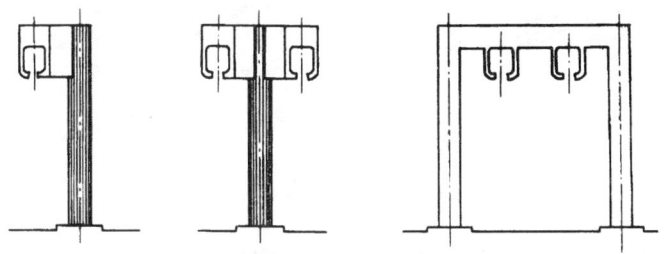

图 4.10 悬挂式单轨交通线路结构

单轨交通线路结构比较简单,由轨道梁、支柱、基础组成。由于单轨交通车辆一般采用橡胶走行轮、导向轮(稳定轮)来构成走行部,因此,其轨道梁结构中主要包括承重面、导向侧面及附属设施(如供电、自动控制、通信等设备)等。

(四)道 岔

道岔是轨道交通线路上供列车安全转线的设备。

1. 道岔常见的四种类型

(1)单开道岔:将一条线路分岔成两条线路,一条直线(主线),一条曲线(侧线)。

(2)双开道岔:将一条线路分岔成两条不同方向的曲线线路。

(3)三开道岔:沿一股直线钢轨(主线)对称分支,同时衔接的有三条线路,一股直线钢轨、两股曲线钢轨。

(4)复式交分道岔:两条线路平面交叉,引渡列车由一条线路跨越至另一条线路的设备称为交叉。在菱形交叉的两侧，各增添两副转辙器和一股连接曲线，就是复式交分道岔。车辆通过交叉设备时，只能沿原线路继续运行，不能转线。

为简明起见，道岔种类用线路中心线来表示，如图 4.11 所示。

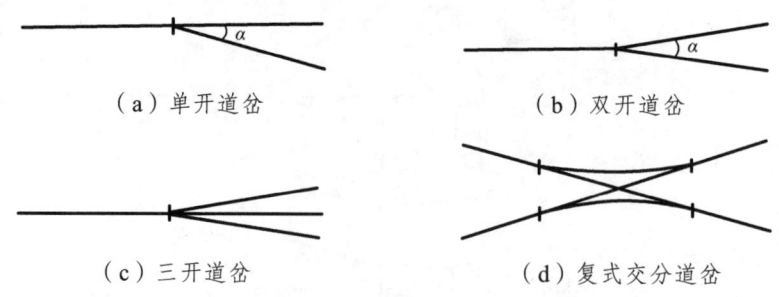

图 4.11　道岔种类

2. 普通单开道岔

普通单开道岔是各种类型的道岔中用量最多的一种。如图 4.12 所示，通过尖轨位置的改变，形成不同的开通方向，实现列车安全转线的目的。普通单开道岔由转辙器、连接部分、辙叉及护轨等组成。

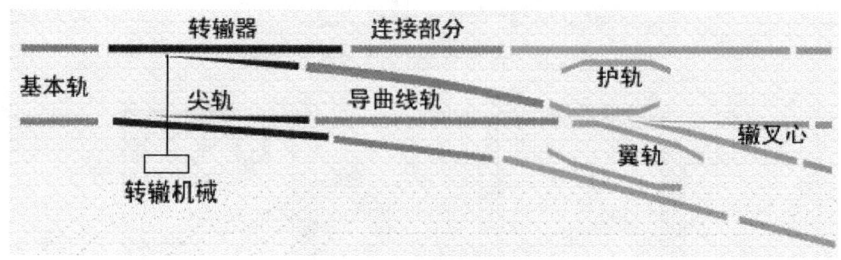

图 4.12　普通单开道岔

转辙器由两根尖轨、两根基本轨及转辙机械等组成。尖轨是转辙器的主要部件，通过连接杆与转辙机械相连，操纵转辙机械可以改变尖轨的位置，以确定道岔的开通方向。

连接部分由直线轨、曲线轨连接而成。

辙叉及护轨包括辙叉心、翼轨及护轮轨、基本轨等，其作用是保证车轮安全通过两条钢轨的相互交叉处。

普通单开道岔在辙叉心部分存在有害空间（即辙叉心实际尖端与翼轨间最小距离处存在着轨线中断不连续的情况），当列车通过时，会造成车轮与辙叉实际尖端互相冲击。一般采取限制通过道岔速度来降低不利影响，减少乘客不适的感觉。也可以选用活动心轨道岔来消除辙叉心部分有害空间的影响，如图 4.13 所示。

3. 单轨交通道岔

跨座式单轨交通的道岔有单开、双开、三开及五开等几种，依据行车组织的要求，组合成单渡线、交叉渡线等多种不同的形式。图 4.14 为具有代表性的几种跨座式单轨道岔。

（1）单渡线道岔：如图 4.14（a）所示。可移动道岔为两组，供上、下行线间设单渡线使用。道岔区长度为 40 m。

（2）交叉渡线道岔：有两种形式，如图 4.14（b）、（c）所示。

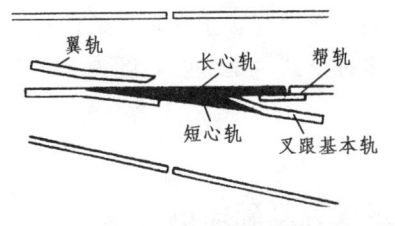

图 4.13 活动心轨道岔

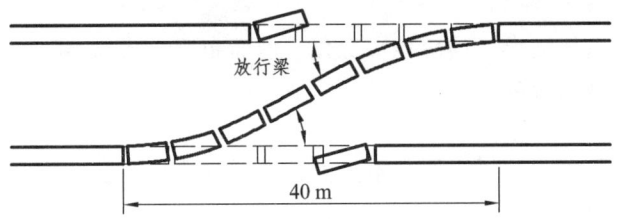

(a) 单渡线道岔

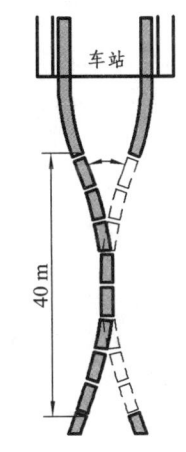

(b) 交叉渡线(长 40 m)

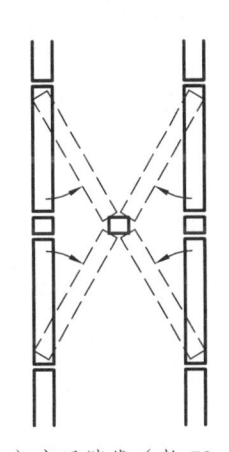

(c) 交叉渡线(长 72 m)

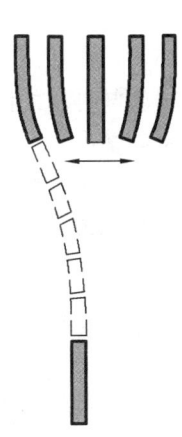

(d) 五开道岔

图 4.14 跨座式单轨道岔

图 4.14(b)用于上下行交叉渡线处,中间两节短道岔梁为固定式;另有两组活动道岔梁,通过不同组合连接,可构成 4 条通路。道岔区长为 40 m,列车通过速度为 25 km/h。

图 4.14(c)用于上下行交叉渡线处,在上下行线及线间中部为固定梁,另有 4 组活动道岔,通过不同组合连接,可构成 4 条通路。道岔区长为 72 m,列车通过速度为 35 km/h。

（3）多开道岔：用于车场内行车线与多条存车线的连接。根据连接线的多少，道岔可分为单开、双开、三开及五开等多种形式，道岔区长度为 20~30 m。图 4.14（d）为五开道岔示意图。

三、城市轨道交通线路设计基础知识

城市轨道交通线路设计主要包括平面设计、纵断面设计等。

（一）线路平面设计

1. 线路平面

轨道交通线路中心线在水平面上的投影。线路中心线：两根钢轨间距离的中点连线（单轨交通为轨道梁的中心线）。

2. 线路平面组成要素

直线：线路走向的主要部分。

曲线：为了满足线路选线要求，适应地形变化（地面布置方式），避让障碍物（地面、地下、高架方式）而必然出现的部分。

3. 曲线阻力

列车在通过曲线段时，除了克服基本阻力（即直线段也存在的阻力）外，还需克服由于曲线而产生的附加阻力。

基本阻力（W_0）：列车运行过程中需要克服的轮轨阻力，空气阻力等。

曲线附加阻力（W_r）：由于曲线而产生的附加阻力。

曲线阻力产生原因：因离心力的作用，使得外侧车轮轮缘挤压外轨，摩擦增加，同时由于曲线段内轨与外轨之间距离不相等，列车在通过曲线段时，会发生外侧车轮滚动，内侧车轮相对滑动的情况。

4. 曲线阻力计算

单位曲线阻力为

$$w_r = K/R$$

式中，K 为计算常数，可通过检测得出。单位曲线阻力 w_r 与 R 成反比，即 R 越大，w_r 越小，对运行有利；但曲线半径 R 越小，线路适应地形、避让障碍物的能力越强。

5. 曲线最小半径 R_{min}

城市轨道交通系统应根据其运行特征及车辆性能等要素，选择一个统一适合的 R_{min} 值，便于设计与施工。

地下铁道：正线 R_{min} 常用 300 m，困难地段不小于 250 m。

联络线 R_{min} 常用 150 m，车辆基地根据作业情况及布局需要，R_{min} 还可适当取较小的值（最小的 R 值仅有 100 m 左右）。

单轨交通：① 正线：R_{min} = 60 m（跨座式），R_{min} = 30 m（悬挂式）；② 其他，R_{min} = 30 m（跨座式，悬挂式）。

6. 缓和曲线

离心力与车辆运行速度的平方成正比，与曲线半径成反比，即 $f = k \cdot m \cdot V_{\max}^2 / R$。将直线段视为 $R = \infty$ 的状况，则直线段与曲线段之间离心力有一个突变过程，即从 0 突变为相当大的值（因为 R 较小，V 较大）。为保证行车安全和乘客舒适，需在直线与圆曲线之间加入一段缓和曲线。缓和曲线常选择高次幂曲线、等速螺旋线等具有从直线过渡到圆曲线特征的曲线。如地下铁道常采用 $L = 0.07V^3 / R$ 规格的曲线，单轨交通选用 $L = V^3 / 14R$ 规格的曲线等。

（二）线路纵断面设计

1. 线路纵断面

线路纵断面是轨道交通线路中心线在垂直平面上的投影，单轨线路以轨道梁中心线为准。

2. 线路纵断面的组成要素

平道：线路纵断面的基本部分；

坡道：由于选线和避让障碍物需要及适应运行需要而设置的特殊路段。

3. 坡道阻力（W_i）

列车通过坡道时，因坡度存在而产生的附加阻力。

$$i(‰) = \tan \alpha = h / L$$

式中，α 为坡道夹角；h 为坡道高差（m）；L 为坡道水平距离（m）。

坡道阻力产生的原因：车辆在坡道上运行，重力分解为对轨道的正压力 N 与沿坡道的下滑力 W_i 两个分力，如图 4.15 所示，W_i 即为坡道阻力。上坡时，W_i 为正值；下坡时，W_i 为负值。

4. 坡道阻力计算

$$W_i = Q \cdot \sin \alpha$$

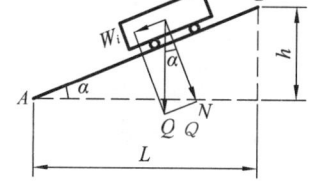

图 4.15 坡道阻力产生原因示意图

当 α 很小时，有 $\sin \alpha = \tan \alpha$，并取 $1\,\text{kg} \approx 10\,\text{N}$，因此

$$W_i = Q \cdot \tan \alpha = Q \cdot i \ (\text{kg}) \approx 10 i \cdot Q \ (\text{N})$$

单位坡道阻力

$$w_i = W_i / Q = 10 i \cdot Q / Q = 10 i \ (\text{N/t})$$

由此可见，W_i 与 i 成正比，即 i 越大，W_i 越大，对列车运行速度制约越大。

5. 最大坡度 $i_{\max}$

地下铁道及轻轨：正线一般选择 30‰，困难地段 $i_{\max} \leq 35‰$，辅助线路 $i_{\max} \leq 40‰$。

单轨交通：正线，跨座式：$i_{\max} \leq 60‰$；悬挂式：$i_{\max} \leq 60‰$。其他线路，跨座式：$i_{\max} \leq 100‰$；悬挂式：$i_{\max} \leq 120‰$。

6. 竖曲线

纵断面上的圆曲线。在两个相邻坡道或平道与坡道之间,由于坡度差异较大,会导致列车运行不顺。为此,在变坡点设置竖曲线。

地下铁道及轻轨竖曲线半径:区间 $R = 5\ 000\ \text{m}$,车站端部 $R = 3\ 000\ \text{m}$,辅助线 $R = 2\ 060\ \text{m}$。

单轨交通竖曲线半径:$R \geqslant 1\ 000\ \text{m}$ 的圆曲线。

7. 合理纵断面

地下铁道由于部分线路埋设在地下隧道或设置在高架结构上,又因车站与区间的埋深或高差不尽一样,在设计地下铁道线路纵断面时,须注意保持合理纵断面。

合理纵断面:既满足有利于列车运行提高效率降低消耗安全可靠的要求,又能满足兼顾降低施工量,减少施工难度,提高施工进度的需要。

如图 4.16 所示,由于区间隧道轨道面标高低于车站轨道面标高,因此,列车在运行过程中处于出站下坡与进站上坡的有利状态,有利于列车启动加速与进站减速制动,即与列车运行牵引要求一致。合理纵断面使列车运行的电耗量下降,附加制动力减少,从而降低了运行成本及设备损耗。

如图 4.17 所示纵断面往往会出现在地下铁道且采用明挖法施工建设的系统,由于片面强调减少施工挖掘土方,而未预先明确列车运行特征及运营后的成本费用问题,以及受地质条件,地下结构等原因的影响导致不合理纵断面的出现,且因地下铁道线路无法改造调整只能成为永久性遗憾。

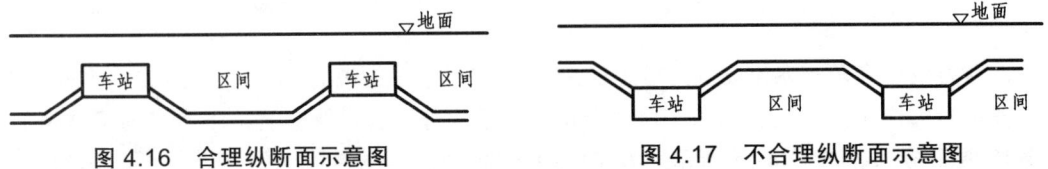

图 4.16 合理纵断面示意图　　图 4.17 不合理纵断面示意图

地下盾构等施工方式比较容易解决线路走向选择,且无施工量多少的问题,理论上不会出现上述不合理纵断面。

同样,高架结构线路车站也应选择合理纵断面位置。

8. 地下铁道埋深

(1)浅埋式:轨面到地面的高差小于 20 m,一般采用明挖式施工。

(2)深埋式:轨面到地面的高差大于 20 m,采用暗挖式施工。

不同埋深方式具有互补的优缺点。浅埋式具有以下优点:施工方便,造价低,运营费用低,乘客出入方便。深埋式则具有以下优点:地下管线影响小,施工期对地面交通影响小,避让地下建筑障碍及地质困难地段较有利,受气候影响小,具有较强的军事功能。

(三)两根钢轨之间的相互位置

对于地下铁道、轻轨来说,线路上两根钢轨之间的相互位置能否保持运营所需的良好状况十分重要。

1. 水　平

两根钢轨轨面之间相互的标高差。

直线段：两股钢轨的顶面应保持在同一水平面上，其容许误差：正线水平误差不得大于 4 mm，站场及其他线路误差不得大于 6 mm。

曲线段：为克服列车通过小半径曲线而产生的离心力，保障列车运行安全，采用外轨超高产生一定的向心力，来抵消离心力影响，如图 4.18 所示。

外轨超高计算公式为

$$h = 11.8 V_c^2 / R$$

式中，h 为外轨超高值（mm）；V_c 为列车通过曲线平均速度（km/h）；11.8 为换算系数。

一般采用内轨压低 $h/2$，外轨抬高 $h/2$ 方式具体布置。

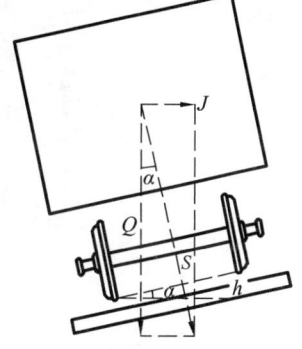

图 4.18 外轨超高原理图

2. 轨　距

指两根钢轨轨头顶面向下 16 mm 范围内两钢轨作用边之间的最小距离。

$$l = l_0 + \delta$$

式中，l_0 为轮对两车轮轮缘内侧距离；δ 为活动余量。

直线段 $l = 1\,435$ mm，曲线段由于轨道交通车辆（主要指地铁、轻轨车辆）转向架多采用两轴转向架，在通过小半径曲线时，因为固定轴距（只能保持平行移动，不能相对运动的最外侧两车轴之间的距离，也称死轴距）的存在，导致前轴外侧车轮挤压外轨，后轴内侧车轮挤压内轨，容易卡死，甚至脱轨颠覆。为此，在小半径曲线段，采用轨距加宽的办法缓解上述影响。当 $R < 200$ m，一般选择轨距加宽 15 mm 以下（视列车运行速度而定）。为保证城市轨道交通列车运行的速度和安全可靠性，故在正线一般不采用 $R < 200$ m 的曲线，而在车场（厂）和辅助线则有可能采用。

（四）城市轨道交通线路标志与限界

1. 线路标志

为了保证列车运行的安全及司机等工作人员的需要，城市轨道交通线路沿线设有各种标志，其主要种类有：公里标、半公里标、百米标、曲线标、圆曲线与缓和曲线始终点标、坡度标、桥梁标、涵洞标等。设置位置如下：

（1）公里标、半公里标、百米标：分别设于一条线路自起点计算每一整公里、半公里及每百米处。

（2）曲线标：设于曲线中点处，其面向线路的侧面标明曲线的中心里程、半径大小、曲线和缓和曲线长度以及曲线超高和加宽值。

（3）圆曲线与缓和曲线始终点标：设于直缓、圆缓、缓圆各处。

（4）坡度标：设于变坡点处，标有两相邻坡道的坡度大小、坡段长度和变坡点的位置。

（5）桥梁标：一般设于桥头，标明桥梁编号和中心里程。

常见标志图示如下。

2. 限 界

限界是指列车沿固定轨道安全运行时所需要的空间尺寸。城市轨道交通的限界包括车辆限界、设备限界、建筑限界等。

(1) 车辆限界：它是指车辆在正常运行状态下形成的最大动态包络线，应根据车辆主要尺寸等有关参数，并考虑在静态和动态情况下所达到的横向和竖向偏移量及偏转角度，按可能产生的最不利的情况进行组合计算确定。

(2) 设备限界：它是用以控制线路结构、通信、信号、供电、给排水等设备安装的控制线。直线地段设备限界是在直线段车辆限界外扩大一定安全间隙后形成的；曲线地段设备限界应在直线地段设备限界基础上，按平面曲线不同半径、过超高或欠超高引起的横向和竖向偏移量，以及车辆、轨道参数等因素计算确定的。

接触网限界属于设备限界的辅助限界。架空线式接触网限界是指为了保证受电弓的位置而留出来的空间；接触轨限界设在设备限界以内，用来控制接触轨的固定结构和防护罩的安装，同时还要保证容纳受流器在安全工作状态下所需要的净空，应根据受流器的偏移、倾斜和磨耗、接触轨安装误差、轨道偏差、电间隙等因素来确定。

(3) 建筑限界：区间直线地段各种类型的桥梁、隧道建筑限界与设备限界之间的间距，应能满足各种设备安装的要求。其他类型与施工的桥梁、隧道建筑限界,应按照《地铁设计规范》规定的要求进行加宽与超高。

上述限界中,起控制作用的主要是设备限界与建筑限界。

(五)地下铁道区间隧道的断面形式

(1)浅埋式地下铁道一般采用矩形断面,如图 4.19、图 4.20 所示。

(2)深埋式地下铁道根据施工方式不同,可以设计为矩形断面(如地下连续墙施工方法),也可以采用圆形断面(如地下盾构掘进施工方法),也有采用椭圆形断面的圆形断面如图 4.21 所示。

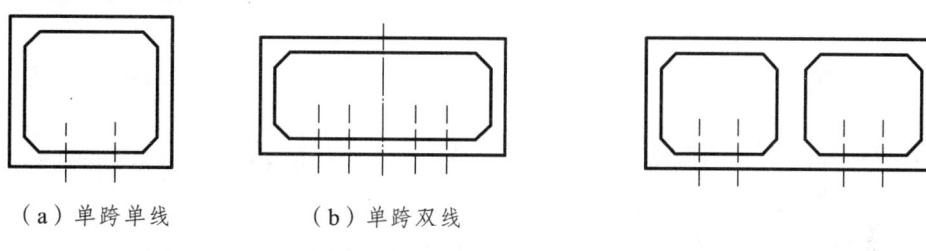

图 4.19 单跨单线和单跨双线示意图　　图 4.20 双跨双线示意图

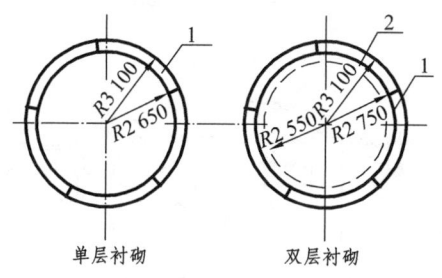

图 4.21 地下铁道隧道圆形断面图

1—外层装配式衬砌;2—内衬

四、轨道交通线路建设施工方法简介

(一)地下隧道施工

1. 明挖法

明挖法是指挖开地面,由上而下开挖土石方至设计标高后,自基底由下而上顺作施工,完成隧道主体结构,最后回填基坑或恢复地面的施工方法。

明挖法是各国地下铁道施工的首选方法,在地面交通和环境允许的地方通常采用明挖法施工。浅埋地铁车站和区间隧道经常采用明挖法,明挖法施工属于深基坑工程技术。由于地铁工程一般位于建筑物密集的城区,因此深基坑工程的主要技术难点在于对基坑周围原状的保护,防止地表沉降,减少对既有建筑物的影响。明挖法的优点是施工技术简单、快速、经济,常被作为首选方案。但其缺点也是明显的,如阻断交通时间较长,噪声与震动等对环境有影响。

（1）放坡大开挖法：根据地下铁道区间隧道的埋设位置全面开挖施工的办法。其步骤为：

① 放坡挖去土方，运走渣土；

② 轧钢筋，浇捣混凝土结构；

③ 复土。

放坡大开挖法的优点是：施工人员、设备投入方便，施工难度下降，费用低；其缺点也十分明显：施工影响面广，条件限制大（市区不宜），埋深有限制（深埋式不可能），地质条件要求高，气候影响施工等。

放坡大开挖施工法较适用于地质条件好的市区边缘地带，尤以车站施工较佳，如图4.22所示。

（2）地下连续墙施工法：

① 挖墙体沟；

② 浇注地下连续墙；

③ 挖开后浇注地下隧道顶棚；

④ 覆土后地下施工。

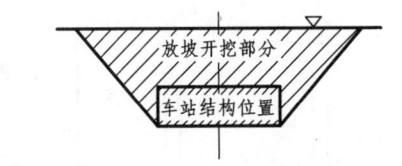

图4.22　放坡大开挖施工法示意图

地下连续墙施工法对地面影响较小，地质条件限制放宽，技术要求提高，需要专门施工机械，较适合于城市中心区施工，包括车站、区间隧道均可采用。图4.23为车站地下连续墙施工示意图。

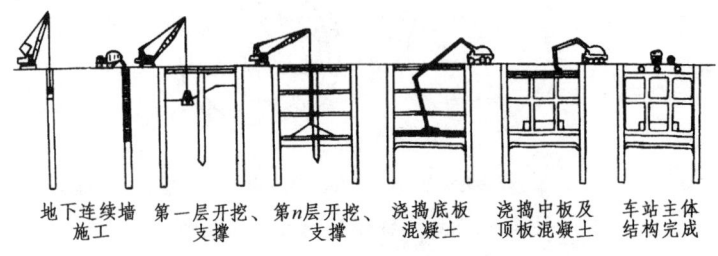

图4.23　车站地下连续墙施工顺序示意图

2. 暗挖法

暗挖法是在特定条件下，不挖开地面，全部在地下进行开挖和修筑衬砌结构的隧道施工方法。常见的暗挖法有：盾构掘进施工法、矿山施工法、新奥法等。

盾构掘进施工法的主要优点是除竖井施工外，施工作业均在地下进行，既不影响地面交通，又可减少噪声和振动对附近居民的影响；盾构推进、出土、拼装衬砌等主要工序循环进行，施工易于管理，施工人员也比较少；土方量少；穿越河道时不影响航运；施工不受风雨等气候条件的影响；在地质条件差、地下水位高的地方建设埋深较大的隧道，盾构法有较高的技术和经济优越性。

（1）盾构掘进施工法：

① 挖掘工作竖井；

② 安装盾构掘进设备；

③ 盾构掘进，安装内衬砌（由4块或6块预制衬砌块在地下拼装而成圆形断面洞体）；

④ 灌注防水填充材料，保持隧道稳定坚固。

盾构掘进法较适用于软土层地质条件，在城市中心区施工，基本上对地面无影响，但该施工方法技术要求高，工程投资较大（包括设备购置），一般常用于城市中心区地下铁道区间隧道施工。

（2）矿山施工法：

① 挖掘工作竖井；

② 安装掘进机；

③ 掘进隧道；

④ 安装衬砌。

矿山施工法较适用于岩石层地质条件。

（3）新奥法：

① 确定线路位置；

② 在隧道预定位置外围钻进灌浆管；

③ 灌浆凝固；

④ 挖工作竖井，横向掘进。

新奥法较适用于砾石、沙质地质条件。

图 4.24 为隧道预定位置外围钻进灌浆管。

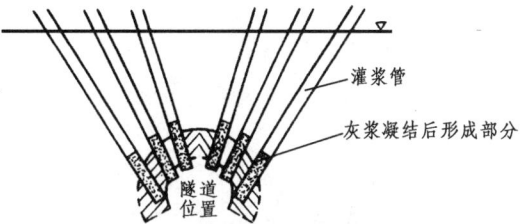

图 4.24　隧道预定位置外围钻进灌浆管

（二）高架结构施工

（1）打桩与浇注桩基。

（2）浇注承台与支柱。

（3）安装或现场浇注轨道梁。

（三）独立路基施工

（1）堆筑路基。

（2）压实成形。

（3）铺设道床。

独立路基施工一般采用路堤式路基。

第二节　城市轨道交通车站

车站是城市轨道交通线的重要组成部分，又是客流集散的场所，它必须具有供旅客乘降、换乘的功能，某些车站还必须提供折返、停车检修、临时待避功能。因此，车站的功能是要能安全、迅速、方便地组织乘客进出，能全面、可靠、机动地满足运营要求。

一、城市轨道交通车站的分类

（一）按功能分

1. 终点站

指线路两端端点的车站。

功能：乘降（乘客上下车），服务，列车折返，少量检修作业。

2. 中间站

线路中数量最多的基本站型。

功能：乘降，服务。

3. 换乘站

指两条或两条以上轨道交通线交叉点设置的车站。

功能：乘降，服务，换乘。

4. 区间站

区间站或称折返站、区域站，设在线路中间可供列车折返、开行区间列车的车站。

功能：乘降，服务，部分列车折返。

5. 通勤停靠站

乘降点，设在车站与车辆基地的联系线路上，供内部职工上下班通勤乘降用。

（二）按等级分

可分为特等、一等、二等、三等。

（三）按位置分

可分为地面车站，地下车站，高架车站。

各种车站在线路上的位置示意图参见图 4.6。

二、城市轨道交通车站设计原则

（1）能最大限度吸引客流。要求设置位置合适、设备完善、服务水平高。

（2）按远期运量需求设计。远期运量需求一般指通车后 10～15 年的高峰小时客流量，以此作设计客运需求量。个别车站（如体育场馆、火车站、广场等可能产生阵发性密集到发客流交通集散点附近）可按极限运量需求来设计。

（3）留适当的能力余地，满足高峰时段密集到达（出发）需要，即超高峰时段的需要，并能应付远期运量波动的需要。

（4）占用地面面积最少，尽可能降低投资费用，满足施工条件限制（如能放在地面，则不设在地下。车站设施以实用高效为主，装饰功能为辅等）。

（5）需多方案比选后，确定较优方案。

三、车站规模的确定

车站规模主要根据远期高峰客流量来确定。远期高峰客流量选用全线通车交付运营后 25 年各站的高峰客流量，为考虑高峰小时进出站客流量的不均匀性需乘以 1.2～1.4 的系数。

高峰小时客流量，一般指早、晚高峰小时客流量。对于所处位置特殊的车站如大型文体场所、火车站等也可选用其他高峰小时客流量。

车站的规模还应结合车站所在位置的重要性及该地区发展规划等因素综合考虑，寻求最佳方案。

四、车站的组成

（一）地下车站

1. 地铁车站的平面布置

车站平面布置应贯彻紧凑、合理、适用的原则，能置于地面的辅助用房和设备，尽量不放入地下，以有利于人员的健康和节约投资。车站平面布置一般由地面出入口、站厅、站台及生产用房四大部分组成。图 4.25 地铁车站平面设计框图。

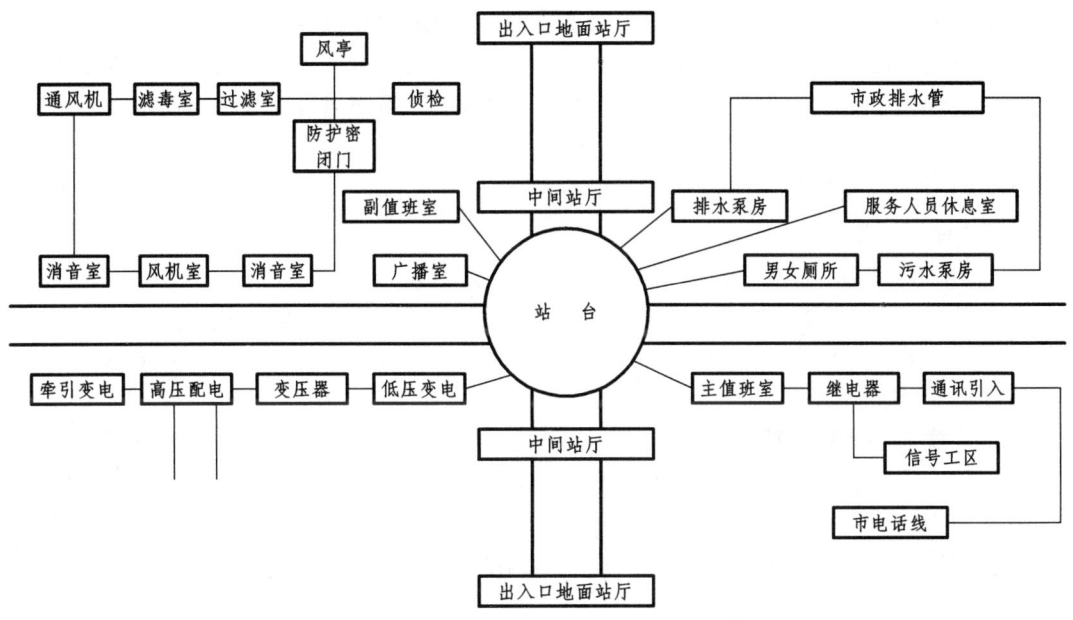

图 4.25 地铁车站平面设计框图

2. 地面出入口

（1）地面出入口位置的选择。地面出入口是乘客由地面进入车站或由车站上到地面的通道。其位置应满足城市规划及交通的要求，选择人流集中的地点出入口应尽量与城市过街地道相结合，与地下商场、公共建筑楼群相连通，以方便乘客和过街行人。

（2）地面出入口的布置形式。地面出入口的形式应根据当地的气候、所处位置的特点等做成独建式（敞口、带顶棚、全封闭等）或台建式。一般采用三种形式："L"形、"T"形及"一"形。如图4.26所示，其中图（a）在对角线位置各设一"T"形出入口，此时，每个出入口的宽度可减小，这种设在人行道上的出入口一个车站不能小于4个。图（b）是车站偏离地面交叉口的情况，可利用地铁车站出入口兼行人过街地道作用，有时出入口还可伸入地面建筑物内。

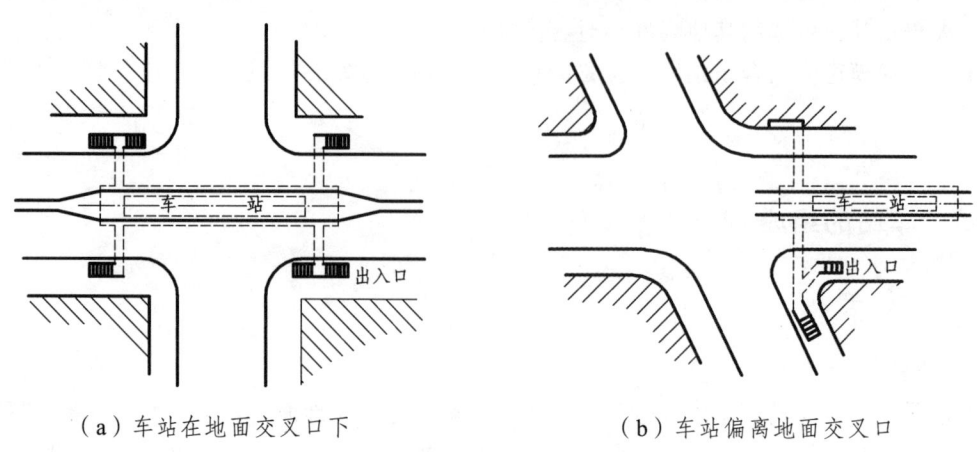

（a）车站在地面交叉口下　　　　　（b）车站偏离地面交叉口

图4.26　地面出入口的布置形式

（3）出入口通道的数目及宽度。地面出入口的通道的数目视客运量与地面条件而定。但应使出入口通过能力总和大于该站远期高峰流量。一般情况每一车站出入口不宜少于4处，分期修建及规模小的车站不能少于2处。站厅与站台的联络通道也要视情况而定，不得少于2处（岛式站台每端各1处，侧式站台每侧各1处）。

出入口及通道的宽度，由所需通过的客流量计算确定。单个通道或出入口宽度不小于2 m，通道净空高度在2.5 m左右。

3. 站　厅

上海地铁1号线除地面站外还有可经出入口进入的站厅，站厅的主要功能是集散客流兼客运服务等，如站厅中部为公用厅，两侧为客运管理区、机电设备区。此外，根据不同地段还安排了商业开发。

站厅规模大小、建筑特征既要根据城市规划与交通的要求并与地面建筑相协调，又要各具特色，具有简洁、明快、开朗、流畅、富有时代感的特点。

站厅面积根据高峰小时最大客流量及客流集散时间的要求计算确定。上海地铁1号线车站站厅公用厅满足高峰时15 min内容纳全部乘客的要求，站厅净高达3 m。

4. 站　台

站台主要作用为：供乘客上、下车，集散客流，作短暂的停留候车。

（1）站台形式。地铁站台分为岛式站台、侧式站台、混合式站台三种，如图4.27所示。

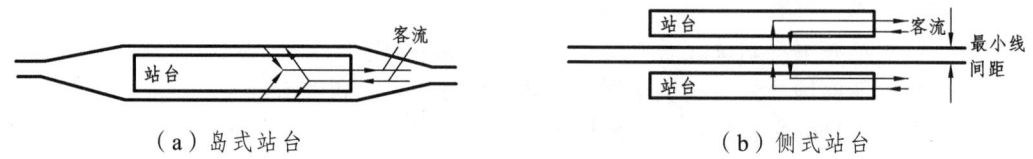

（a）岛式站台　　　　　　　　　　（b）侧式站台

(c)混合式站台

图 4.27　站台分布形式

（2）站台长度。由车辆编组的计算长度决定。考虑到停车位置的不准确性和车站值班员、司机确定信号的需要，一般需预留 4 m 左右。

计算如下：

$$L = n \cdot l + 4$$

式中，L 为站台长度（m）；l 为车辆长度，包括车钩长度（m）；n 为车辆的编组数。

（3）站台宽度。站台有效宽度应考虑下列因素经计算决定：站台形式、楼梯位置、高峰小时最大乘降人数、列车运行间隔时分等。其主要依据是高峰小时的客流量。

（4）站台高度。站台高度指站台到轨顶面的高度，与车型有关。站台与车厢地板面同高，称为高站台；站台比车厢地板面低一、二个台阶，称低站台。我国生产的轻轨样车，车厢地板面到轨顶面的高度为 950 mm，站台高度 900 mm 为高站台，650 mm 或 400 mm 为低站台。采用高站台时，考虑到由于车辆弹簧的挠度，在最大乘车效率时，车厢地板下沉的高度在 100 mm 以内，故高站台高度低于车厢地板面 50～100 mm 为宜。

（5）轨道中心到站台边缘距离。从轨道中心到站台边缘的距离由车辆的建筑限界决定，还应考虑站台的施工误差，一般施工误差为 100 mm。针对样车，车体宽为 2.6 m，把轨道中心到站台边缘的距离定为 1.4 m。当车站设在曲线上时，应适当加宽。

5. 车站辅助用房

（1）运营用房：值班室、广播室、售票室和车站控制室等。

（2）服务用房：工作人员休息室、厕所、盥洗室、茶炉室和储存室等。

（3）电力用房：降压变电所、牵引变电所、照明配电室等。

（4）技术用房：通信、信号设备用房，环控与通风机房，蓄电池室，化学灭火间，消防水泵房，废水及污水泵房和防灾控制室等。

各种车站用房按其功能需要合理配置。

（二）高架车站

1. 设置方案

（1）地面出入口，高架站厅，高架站台。

（2）地面出入口，地面站厅，高架站台。

选择主要依据：地面占地可能性条件、高架结构设置条件、投资条件和施工条件。

2. 设置位置

（1）设在道路两侧。可设在人行道上空，沿街建筑物内，一般采用上下行分线设置的办法。该方案容易与沿街建筑融合，方便乘客出入。但上下行分列布置的建设投资和占地面积均较大。

（2）设在道路中部上空，上下行并线采用两侧式站台布置。该方案设备集中，管理集中，乘客上下车、过街比较方便。但对街道景观影响较大，且占用道路面积。

3. 高架车站示意图（见图4.28、图4.29）

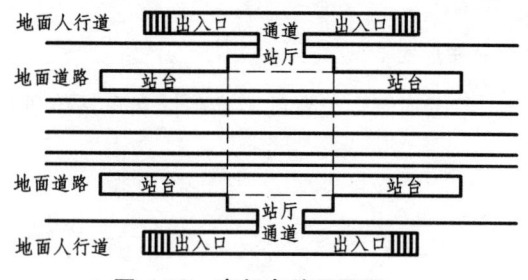

图4.28 高架车站平面图

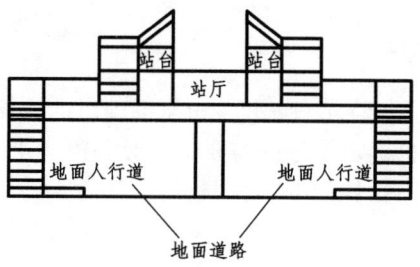

图4.29 高架车站横断面图

4. 高架车站设计原则

（1）站台、站厅部分必须全封闭，可用新型轻质材料构筑，以减轻结构重量，改善车站外观形象。

（2）尽量采用自动扶梯组织乘客乘降。

（3）保证足够的站厅面积，便于控制站台候车人数。

5. 车站辅助用房

（1）运营用房：值班室，站长室，广播室，售票室。

（2）服务用房：员工休息室，厕所，盥洗室，茶炉房。

（3）技术用房：通信、信号工作室，继电器室。

（4）供电用房：降压室，牵引变电室，高压变电室，照明配电室，蓄电池室等。

（5）环控用房：机电室，空调机房，通风机房，消防器材用房，泵房等。

阅读知识

一、线路的主要技术标准

线路的技术标准主要取决于建设条件、客运量、采用的车辆类型和行车速度，如表4.1所示。

表4.1 线路的主要技术标准

线路要素		A型车	B型车	D型车
最小曲线半径（m）	正线	300~350	250~300	50~100
	辅助线	250	150~200	25~80
	车场线	150	80~110	25~80
最大坡度（‰）	正线	30~35	30~35	50
	辅助线	40	40	60
	车场线	1.5	1.5	1.5

续表

线路要素		A型车	B型车	D型车
竖曲线半径（m）	正　线	3 000～5 000	2 500～5 000	1 000
	辅助线	2 000	2 000	1 000
钢轨（kg/m）	正　线	≥60	60	60
	辅助线	≥50	≥50	≥50
道岔（N/R①）	正　线	9/200	9/200 或 7/150	待定
	车　场	7/150	6/110	待定

注：① N 代表岔号数，R 代表线路半径。

二、道岔号数计算

道岔号数又称辙叉号数，用来表示辙叉角大小。辙叉角即辙叉心轨两个工作边的夹角。

因辙叉角是以度、分、秒来表示的，运用起来不方便，故在实际工作中常以道岔号数（辙叉号数）N 表示。

我国铁道部规定（城市轨道交通也执行此规定），道岔号数（辙叉号数）N 是用辙叉角的余切表示，如图 4.30 所示。

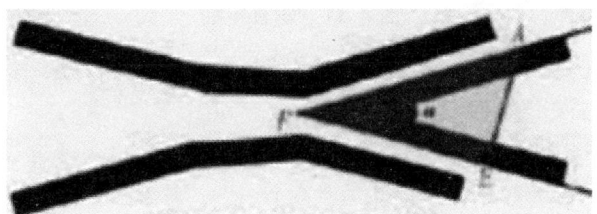

图 4.30　道岔号数计算图

计算方法为

$$N = \cot\alpha = FE/AE$$

式中　N——辙叉号数；
　　　FA——辙叉心理论尖端（F）至叉心作用边任意一点（A）的距离；
　　　AE——叉心作用边任意一点（A）至叉心另一作用边（E）的垂直距离（AE 垂直于 FE）；
　　　α——辙叉角。

现场鉴别道岔号数的方法很多，可采用以下较简便的两种方法进行测量：

（1）在心轨上找出顶面宽为 100 mm 及 200 mm 的两处，并分别画上两条线，然后再测量两条线间的距离，这个距离是 100 mm 的几倍，就是几号道岔。

（2）先在辙叉心轨顶面上找出一脚长的宽度处，再由该处向前量至辙叉心轨理论尖端处，实量几步就是几号道岔。

目前，我国铁路的主要线路上通常使用的单开道岔有 8 号、9 号、12 号、18 号、30 号、38 号几种道岔，对称道岔有 6 号、9 号，三开道岔有 7 号，交分道岔有 12 号、9 号。地铁正线一般铺设9号道岔,车场线一般铺设7号道岔。地铁道岔的号码较小,是由于地铁的行车速度不高,车场作业区速度较低,同时可以占地较少,节约投资。

三、电 梯

电梯包括垂直电梯、倾斜方向运行的自动扶梯、倾斜或水平方向运行的自动人行道等。地铁电梯系统设计应符合一定的标准。

(1)垂直电梯:车站垂直电梯设置在出入口、站厅层和站台层,一般是给有需要的人士使用,如伤残人士、携带大件行李的乘客和有其他特殊情况的人员(如图4.31所示)。

图4.31 垂直电梯

平台须离路面150~450 cm,为方便轮椅使用者,应设置斜坡,采用玻璃外墙增加站内透明度,各层电梯门宜安排在相反方向。

(2)自动扶梯(如图4.32所示):每座车站至少有一个出入通道设置自动扶梯。当通道提升超过7.2 m时,宜设上行扶梯;提升高度超过10 m时,宜设上下行扶梯;站厅层与站台层之间宜设上下行扶梯。客流量不大且高差小于5 m,可用楼梯代替下行扶梯。自动扶梯需沿整个车站平均分布。

图4.32 自动扶梯

车站出入口若不受提升高度的限制,应均设置上、下行自动扶梯。站厅层与站台层之间,一般宜设上、下行自动扶梯。在客流量不大的车站(且高差小于5 m时),可用楼梯代替下行自动扶梯。当发生火灾时,车站的自动扶梯须停止运行,作为固定楼梯来疏散乘客。

按照《城市快速轨道交通工程项目建设标准》，自动扶梯和步行梯的设置标准如表 4.2 所示。

表 4.2 自动扶梯和步行梯的设置标准

提升高度 H（m）	上 行	下 行	备 用
$H \leq 6$	步行梯△	步行梯	
$6 < H \leq 12$	自动扶梯	步行梯△	
$12 < H \leq 19$	自动扶梯	自动扶梯	步行梯△
$H > 19$	自动扶梯	自动扶梯	自动扶梯

注：① H 分别指站台至站厅，或站厅至地面高度。无站厅时，指站台至地面的高度。
② "△"表示在重要车站或主要楼梯口，也可设自动扶梯。

复习思考题

一、填空题：

1. 出入库线是专供列车进出_____用的。
2. 单轨列车折返时，必须采用_____来完成。
3. 传统的铁路线路道床大多采用_____材料。
4. 单轨交通有跨座式和_____两种。
5. 道床、路基、轨枕组合成一整体的轨下基础称_____。
6. 钢轨的断面形式是_____。
7. 我国地铁正线常采用_____kg/m 的钢轨。
8. 单开道岔所分成的曲线股道有_____条。
9. 单轨交通线路中心线以_____中心线为准。
10. 竖曲线指_____。
11. 竖曲线设于_____。
12. 浅埋式一般采用_____施工。
13. 曲线半径越小，则列车所受的曲线阻力_____。
14. 深埋式一般采用_____施工。
15. 设置外轨超高是为了抵消_____。
16. 设置线路标志是为了保证列车运行安全及_____的需要。
17. 明挖法施工有放坡大开挖法和_____两种形式。
18. 车站规模大小主要根据_____来确定。

二、简答题：

1. 何谓城市轨道交通的正线和折返线？
2. 城市轨道交通线路按用途不同分哪几种类型？
3. 城市轨道交通线路的空间设置位置有哪几种形式？各有什么优缺点？
4. 普通单开道岔由哪几部分组成？各组成部分的作用是什么？

5. 什么叫轨道交通线路的平面和纵断面？它们的组成要素分别是什么？
6. 缓和曲线设置在什么地方？有何作用？
7. 什么叫轨距？我国轨道交通线路直线段的轨距是多少？曲线地段为什么要加宽？
8. 什么叫城市轨道交通的限界？地铁和轻轨限界包括哪几种类型？
9. 轨道交通线路的施工方法主要有哪几种类型？
10. 城市轨道交通车站如何分类？
11. 城市轨道交通车站的设计原则是什么？
12. 地铁车站一般由哪几部分组成？地面出入口的形式主要有哪几种？
13. 地铁车站的站台形式有哪几种？分别用图表示。

第五章　城市轨道交通信号与通信系统

信号系统是城市轨道交通的重要基础设施之一，它对于确保列车的运行安全和提高行车效率起到必不可少的作用。从 20 世纪中、后期开始，随着计算机技术和微电子技术的飞速发展，信号系统因为数字技术和自动化技术的介入，发生了本质上的变化，技术上日趋成熟。

国外许多先进国家的轨道交通建设，从 20 世纪 80 年代开始广泛采用先进的数字化信号系统，以确保列车运行达到最大的安全和效率目标。

国内的城市轨道交通建设，从 20 世纪 90 年代起，建造或改造的北京、上海、广州和天津的地铁开始引进国外先进的地铁信号系统设备。北京地铁 1 号线引进英国 WESTING HOUSE 公司设备，上海地铁 1 号线引进美国 GRS 公司设备，广州地铁 1 号线引进德国 SIEMENS 公司设备，上海地铁 2 号线引进美国 US＆S 公司设备，上海明珠线一期引进法国 ALSTON 公司的设备，莘闵线引进德国 SIEMENS 公司的设备。近年来，国产微机联锁设备和微机监测设备已日渐成熟，并逐步得到广泛应用。

第一节　城市轨道交通信号

城市轨道交通信号系统包括轨道交通信号设备、联锁设备、闭塞设备三部分。信号是轨道交通列车运行指挥命令；联锁设备保证轨道交通车站（包括车辆基地）列车运行的安全；闭塞设备则是保证区间内列车运行安全的专门装置。

一、信号色及其表示意义

（一）基本色

1. 红　色

停车，禁止越过信号机，即信号处于关闭状态（信号熄灭或显示不明的情况，也视为停车信号）。

2. 绿　色

可按规定速度通过，即信号处于正常开放状态。

3. 黄　色

注意减速运行，即信号处于有条件的开放状态。

（二）辅助色

1. 月白色

若作为调车信号，则表示允许越过调车信号机调车；若作为引导信号，应加上红色信号显示，准许列车越过红灯，以不超过 20 km/h 的速度进站，并随时做好停车准备。

2. 蓝色

调车信号，表示禁止越过调车信号机调车。调车信号常设于折返站、区间站等有折返调车作业的车站，以及车辆基地等常有转线、取送、解编等调车作业的地方。

信号机是供城市轨道交通车辆段和正线区间作为进站、出站、进路、防护、调车、通过及引导地面灯光信号之用（在移动闭塞系统中，信号机只在后备或降级模式下起作用），一个灯位为一个独立单元和一种颜色，每架信号机可以显示绿、红、黄、月白、蓝等色，使用时根据需要进行组合。现以广州轨道交通 1 号线正线及车辆段信号机显示的含义为例进行介绍。

（1）正线：采用三灯位四显示信号机，只在尽头型线路采用两灯位两显示，具体显示意义如下：

红灯——禁止通过。

绿灯——进路空闲，进路中道岔开通直股。

黄灯——进路空闲，进路中道岔开通侧向。

黄灯+红灯——引导信号，限速 25 km/h 通过。

（2）车辆段：各种信号机具体的显示意义如下：

红灯——禁止通过。

黄灯——允许进/出车辆段。

月白灯——允许调车。

蓝色灯——禁止调车越过。

（三）信号种类

1. 视觉信号和听觉信号

视觉信号：以信号灯的颜色或信号装置的位置变化来显示信号意义，如色灯信号机、信号旗、信号牌等。

听觉信号：以声音的多少、长短等方式来表示信号意义，如口哨、响墩等。

一般以视觉信号为主要信号，听觉信号为辅助信号。

2. 固定信号和移动信号

固定信号：固定设置在规定位置的信号装置所显示的信号，如地面信号机等。

移动信号：根据需要可以临时设置的信号装置所显示的信号，如信号牌、手提信号灯、信号旗等。

一般以固定信号为主要信号，移动信号为辅助信号。

3. 地面信号和车载信号

地面信号：设置在线路附近供司机辨识的信号。

车载信号：通过传输设备，将地面信号或其他方式传输的信号直接引入车辆，并能显示的信号。

城市轨道交通系统一般运用地面信号与车载信号结合的方式。

（四）信号机的设置及其功能

城市轨道交通系统的信号机，一般指的是设置在线路、车站、车辆基地等处，用于传递运行指挥命令的信号机，是一种昼夜均以信号灯的颜色显示信号意义的色灯信号机。

常用的色灯信号机有以下几种：

1. 进站信号机

设置在车站入口（站界）外方适当距离处，用来保护车站内作业的安全，指示列车能否由区间进入车站的信号机。

进站信号机信号显示有两种：

一个红色灯光——不准列车越过进站信号机（不准进站）。

一个绿色灯光——允许列车按规定速度越过该进站信号机（允许进站）。

2. 出站信号机

设置在车站的出口，即列车由车站向区间发车处的前方，用来保护区间列车运行安全，指示列车能否由车站进入区间。

出站信号机信号显示有两种：

一个红色灯光——不准列车越过该出站信号机（不准出站）。

一个绿色灯光——允许列车越过该出站信号机，出发进入区间（站外区间有足够的制动距离保证列车按限定速度安全运行）。

3. 调车信号机

调车是指列车（或车列）在线路上有目的的移动过程。

调车信号机根据调车作业的需要设置，一般设在停车场或有联锁设备的车站内，设置在调车作业的进路始端，用来防护调车进路的安全可靠、指示列车能否进入调车进路进行调车作业。

调车信号机有两种信号显示：

一个白色灯光——允许越过该调车信号机（调车进路空闲）。

一个蓝色（或红色灯光）——不准越过该调车信号机（调车进路未排列完毕或该调车进路无空闲）。

4. 防护信号机

设置在道岔处或进路的始端处，对通过道岔的列车显示信号，防护道岔开通的线路或进路的安全。如折返线的出入口处。

防护信号机有五种显示信号

一个绿色灯光——表示该信号机所防护进路的道岔开通直股，准许列车按规定速度越过该防护信号机进入区间。

一个黄色灯光——表示该信号机所防护进路的道岔开通侧股，注意减速慢行，准许列车按规定速度越过该防护信号机进入相应的线路。

一个白色灯光——表示所防护的道岔开通折返线，准许列车按规定速度越过该信号机，运行至折返点。

一个红色灯光——不准越过该信号机（该道岔开通的进路无空闲）。

一个白色灯光加一个红色闪光——表示所防护的区间要求列车以不超过 20 km/h 的速度越过该信号机，有条件的进入区间。

5. 出站信号机的复示信号机

当出站信号机因地形地物影响而观察不清时，需在出站信号机的内方，设置复示信号机，复示出站信号机的显示信号。

6. 阻挡信号机

一般设在尽头线的终端，表示列车停车位置。

阻挡信号机的信号显示：

一个红色灯光——列车或车辆不准越过该信号机。

7. 引导信号机

当主体信号机因故障等原因不能正确显示信号时，通过人工办理手续，显示一个白色灯光加一个红色灯光（闪光）。其显示意义为：准许列车低速（不超过 20 km/h）越过该信号机进站，并随时做好停车准备。

此外，城市轨道交通车辆司机室操纵台上在便于司机确认的合适位置，还设有列车速度信号（速度表）。它是一种双指针数字速度计，其中红指针所指表示最大允许速度（带警示功能），黄指针所指表示为列车即时实际运行速度。

（五）城市轨道交通信号显示距离

信号显示距离一般由列车制动距离等综合因素确定。例如，某城市轨道交通列车制动的距离为 200 m，则该系统地面信号机的设置距离不得小于 200 m。地面信号装置根据列车运行准则来决定，如果是右侧行车，则设在线路列车运行方向的右侧或线路中心线上方。

（六）信号表示器

反映信号设备位置的装置，自身并没有信号意义。图 5.1 所示为警冲标、道岔表示器、进路表示器。

（1）警冲标：是警惕造成冲突事故的一种标志，用来指示列车停车位置，不准向道岔方向或线路交叉点方向越过，以防止停留在该线路的列车与临线列车发生侧面冲突，一般设于两会合线路线间距为 4 m 的中间。

（2）进路表示器：表示股道上进路开通的方向。

（3）道岔表示器：表示道岔的位置及其开通的方向。

（4）发车表示器：设置在车站站台上列车发车始端位置，向司机表示能否关车门及发车的时间。平时不亮灯，列车停靠后其灯光显示如下：白色闪光表示离发车还有 5 s，提示司机关车门；白灯光表示可以发车；无显示表示不能关车门、发车。

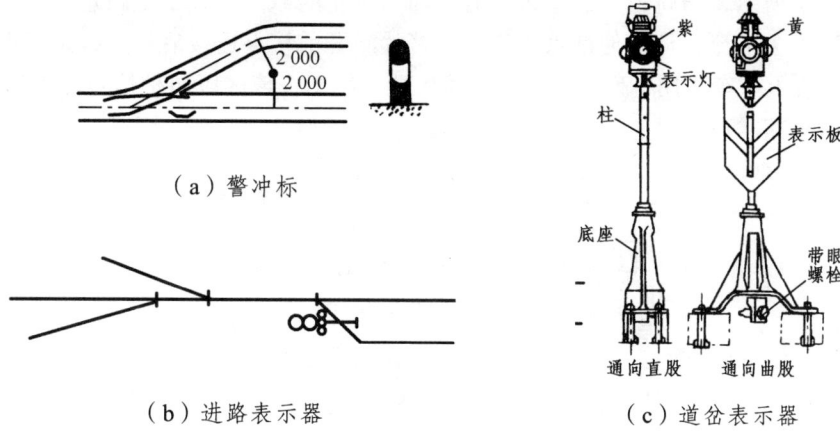

图 5.1 警冲标、进路表示器、道岔表示器

二、继电器

继电器是利用不同触点的组合，完成不同电路连通与开断的电器开关，由线圈、铁芯、衔铁、推杆、中簧片、前接点、后接点等组成。

继电器的工作原理如图 5.2 所示。

当继电器励磁线圈通电时，衔铁被吸住，推杆升起，中簧片连接前接点，该组触点连接电路接通。

当继电器励磁线圈断电时，衔铁由于重力作用落下，推杆下落，中簧片连接后接点，连接该组触点电路，同时断开前组触点电路。

三、轨道电路

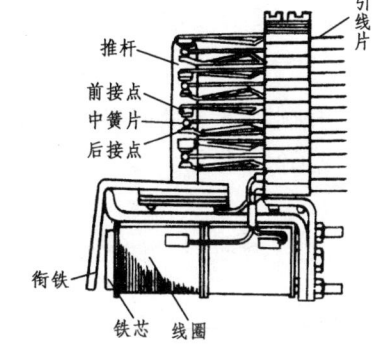

图 5.2 继电器工作原理图

为使行进中的列车直接获取传输信号，从而达到固定的地面信号向车载信号传输显示的目的，利用两根钢轨作为导线，一端送电，另一端受电所构成的电气回路，称为轨道电路。相邻轨道电路段之间用绝缘节进行隔离。

（一）轨道电路的组成与工作原理

轨道电路由送电端、接受（受电）端、传输线、电源、轨道继电器等组成。图 5.3 所示是一段直流闭路式轨道电路及其工作原理图。

如图 5.3（a）所示，当轨道上无车占用时，且钢轨完好无损，电路形成通路，轨道电路继电器励磁线圈有电通过，衔铁吸起，中簧片连接前接点，绿灯或黄灯亮，表示该段轨道上无车占用，列车可进入该区段运行，这时轨道电路称为"调整状态"。

如图 5.3（b）所示，当轨道上有车占用时，因为车轮的原因形成了电路短路，使得轨道继电器励磁线圈失去电流，从而使衔铁落下，中簧片断开前接点连接后接点，绿灯灭，红灯亮，表示该轨道段上有车占用，列车不准进入该区段（停车在该区段防护信号外）。此时，称轨道电路处于"分路状态"。

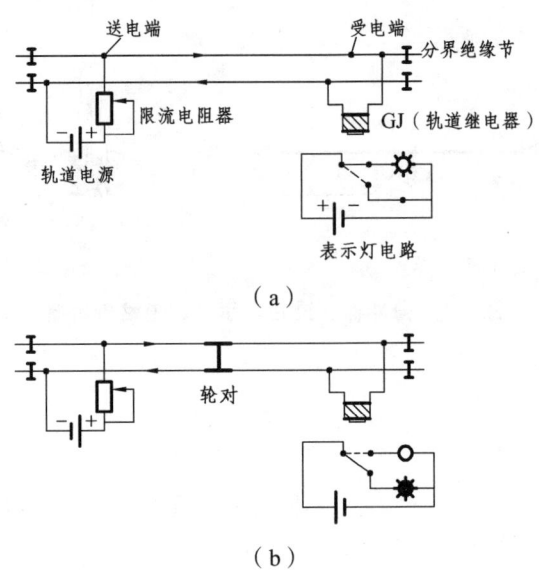

图 5.3 直流闭路式轨道电路及其工作原理图

当轨道发生钢轨断裂时，轨道电路形成断路，轨道继电器同样失去电流导致红灯亮，从而形成了保护作用。

（二）轨道电路的种类

轨道电路可分为有绝缘轨道电路和无绝缘轨道电路。

1. 有绝缘轨道电路

有绝缘轨道电路可分为直流轨道电路和交流轨道电路。交流轨道电路采用交流电源，在向轨道送电时需先降压，同时轨道电路继电器也需采用交流继电器。

直流轨道电路按照传输电流的形式可分为直流连续式和直流脉冲式。直流脉冲式包括极性脉冲、极频脉冲、不对称脉冲等制式。

交流轨道电流分为交流连续式和交流电码式。交流连续式常用工频 50 Hz，也可用低频 25 Hz、音频调制等方式。交流轨道电路如图 5.4 所示。

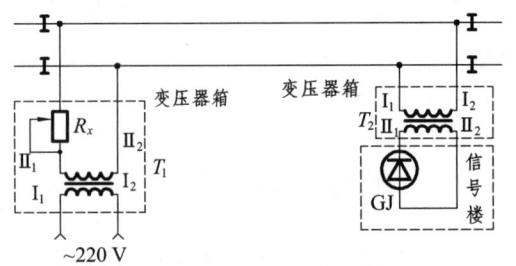

图 5.4 直线段交流轨道电路示意图

2. 无绝缘轨道电路

对于有绝缘轨道电路而言，由于绝缘节容易破损，从而造成轨道电路故障频繁。同时，在长钢轨（无缝线路）线路区段，因设置绝缘节而增加了钢轨的分割点，从而对高速运行的轨道交通列车的安全、行驶平稳等形成不利影响。绝缘节的存在，还对牵引电流的回流输送带来一定的难度。况且，大量使用绝缘节本身也是一笔相当大的投资（包括运营后的维修工作费用）。因此，众多国家均在研究使用无绝缘轨道电路。

在无绝缘轨道电路区段，轨道电路的分段由调谐阻抗连接变压器来完成，如图5.5所示。

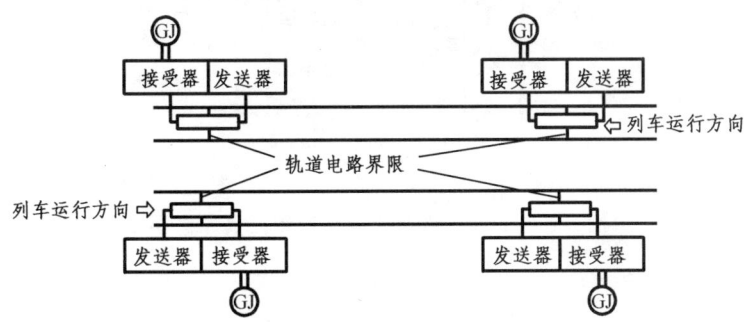

图 5.5　音频轨道电路示意图

如图 5.5 所示，轨道电路发送器设置在列车运行方向离去一端，用一台相当于轨道耦合变压器的阻抗连接变压器把已调制好的音频信号送入钢轨。在列车运行方向的接入一端设置接收器，也通过一台阻抗连接变压器接入轨道。如果发送器送出的检测频率载波信号未被阻断（能收到），轨道继电器呈吸起状态，表明轨道上无车占用，列车可以进入。如果有列车占用轨道电路区段，发送器送出的信号在中途被列车车辆短路（或因钢轨断裂被断路），将使接收器收到的信号电平降到低于预置值，从而使轨道继电器接点呈落下状态，轨道短路处于"分路状态"，同样可起到防护区段安全的作用。

对于无绝缘轨道电路而言，阻抗连接器就是轨道电路的分界点（无形的绝缘节），每个阻抗连接器既是前一段轨道电路的发送耦合变压器，又是后一段轨道电路的接收耦合变压器。因此，相邻轨道电路段采用不同的载波频率，同一个载波频率相隔4个轨道电路段才能重复出现，以保证轨道电路对信号的自然衰耗的识别，从而使轨道继电器不致发生错误动作。

（三）单轨线路的轨道电路

单轨线路一般采用橡胶轮胎车辆，所以无法实现由运行中的车辆的车轮来短路一段轨道电路，从而达到传输信息命令的目的。单轨线路只能利用安装在轨道梁两侧的 2 条负电车线形成的导电环路，构成频率制轨道电路。然后利用运行中的车辆转向架的两个负侧集电装置（回流受电弓），使上述轨道电路短路，进行列车检测与信息传递，设备安装位置如图 5.6 所示。

由于侧面负电车线集电装置在列车高速运行时，接触压力较小，难以保证在列车运行时不间断接触，从而无法保证完全使轨道电路短路，容易造成轨道电路检测不准确。因此，将车辆两个负侧集电线路并联，设法形成 4 个轨道电路来短路，减少误测可能性。单轨线路轨道电路装置设在轨道梁内侧，所以轨面污染较少，电流常数受影响较小。

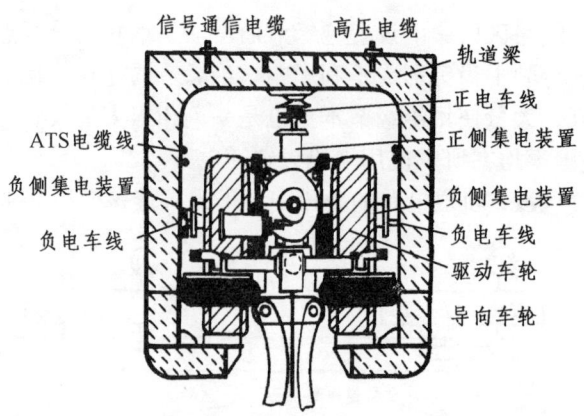

图 5.6　单轨线路轨道电路设置位置示意图

第二节　联锁设备

城市轨道交通车站大多数仅有列车到达、停靠、上下乘客、出发等作业，没有调车作业。因而，在车站线路设置方面也较简单，仅需两条运行线，无需配备其他线路。但在部分需要折返作业的车站（如终点站，区间站等），或需进行其他调车作业的车站（如配置出入车辆基地线路的车站，联络线出岔处车站，设有渡线可供转线的车站等），以及在车辆基地、材料厂等需要调车作业的部门需要设有较多的线路。为了保证调车作业的安全，避免冲撞、追尾等发生的可能，轨道交通系统采用联锁的办法来防护保障。

调车作业是列车在车站内有目的地移动位置的作业过程，即转线作业过程。轨道交通各条线路之间由道岔来连接，因此，道岔是列车进入哪一段线路作业的决定因素。至于列车线能否进入那一段线路安全调车，则需要根据整个车站其他相关线路开通的情况决定，从而需要设置信号机来防护和指挥。联锁设备解决了上述相关问题。

一、联锁基本概念

（一）联　锁

为了保障行车安全，进路要由信号机防护。道岔位置不正确，或者进路上有车，防护这条进路的信号机就不能开放。信号机不开放，就是禁止列车开到进路里去，以保证列车运行安全。上述道岔、进路和信号机三者之间相互联系、相互制约的关系叫联锁，实现这三者之间联锁关系的设备，称为车站联锁设备，简称车站联锁。

联锁存在于两个对象之间，一般情况下是互锁的：如道岔不在规定位置，信号机锁在关闭状态；一旦信号机开放，信号机又把道岔锁在规定位置。

（二）进　路

进路是指列车（或车列）在线路上运行的路径。
进路的划分原则：
① 进路的始端一般是信号机。
② 进路包括信号机所防护的轨道区段和道岔。
③ 一架信号机可作为几条进路的始端。
④ 进路的终端可以是信号机、站界标及警冲标、股道终端。

列车进路是指列车在车站到达、出发、通过的作业进路；调车进路是指列车调车作业通过的进路；敌对进路是指两条或两条以上有一部分重叠或交叉，有可能产生冲突的进路。

（三）联锁的要求

（1）开通进路的道岔位置未确定到位之前，防护该进路的信号机不能开放。
（2）进路的道岔开通之后，即进入锁闭状态不能再转换，防护该进路的信号机能开放，敌对进路信号机不能开放。
（3）在主体信号未开放之前，预告信号、复示信号均不能开放。

（四）联锁的种类

（1）电气集中联锁：通过继电器、轨道电路将道岔、信号机用电气回路进行集中控制与监督。
（2）微机联锁：由计算机控制系统来集中控制和监督道岔与信号机的动作状态。

二、电气集中联锁

（一）6502型电气集中联锁设备

该设备也称为大站继电电气集中联锁设备，其主要设备分为室内设备和室外设备。
1. 室内设备
（1）控制台和显示屏：采用模块拼装式显示屏，进路按钮式控制台。主要用于集中控制和监督各条作业进路的道岔转换，信号开放与关闭，进路排列开通与锁闭。控制台与显示屏所在地往往就是车站（车辆基地）的控制中心。
（2）区段人工解锁按钮盘：在道岔区段因发生故障导致进路无法解锁，或关闭信号的设备发生故障时，可以采用区段人工解锁按钮盘上的相关按钮来解锁进路、关闭信号。
（3）继电器组合和组合架：由于6502型电气集中联锁设备中继电器数量较多，为组装及测试检修方便可靠，将相关的继电器集中安置组成继电器组合，并安装在不同的继电器组合架上。

（4）电源屏：为不间断地提供电气集中联锁所需的各种交流电源和直流电源，而专门设置的电源供应设备。

（5）分线盘：作为室内与室外电缆连接的专门设备。

2．室外设备

（1）色灯信号机：设置在各进路规定位置的固定信号机，如进站、出站、调车、复示等信号机。

（2）电动或气动道岔：配置电动转辙机的电动道岔或配置有气动装置的气动道岔，均可实现远程集中操纵、监督、控制。电动转辙机是通过电动机转动转换为齿条平移，从而带动道岔尖轨（可动轨道岔还包括辙叉心）平移，形成道岔开通不同股道的功能，如单开道岔就有定位与反位两种位置。

气动装置是通过电空阀控制高压空气通路不同的状态带动传动装置，达到道岔尖轨平移，转换道岔开通不同股道的目的。

（3）轨道电路：用于监督进路是否空闲，传输相关信息。如当进路空闲时，显示屏上该进路的表示光带无灯光显示；当进路有车占用时，显示屏上该进路的表示光带亮红色。防护该进路的信号机也会因轨道电路呈"分路状态"而关闭。

（4）室外导线：分为信号电缆、道岔电缆、轨道电缆，均采用地下电缆布置的方式布置。如图5.7所示，信号电缆用虚线表示，道岔电缆用实线表示，轨道电缆用点画线表示。

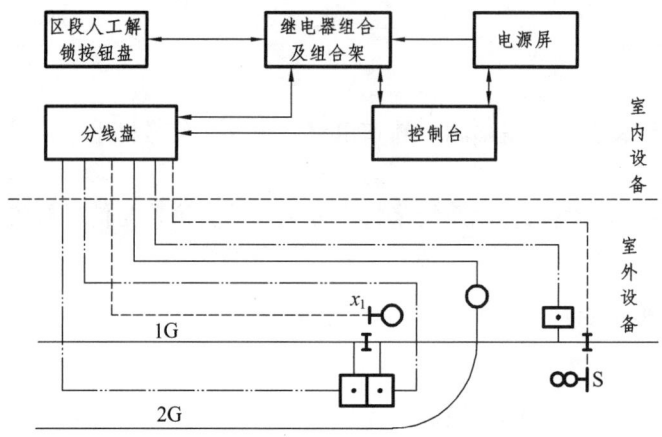

图 5.7　6502 型电气集中联锁设备组成示意图

（二）6502 型电气集中联锁设备特点

（1）操作简便，可以满足联锁要求。

① 排列进路：按压进路始端与终端按钮，该进路相关道岔自动转换到位，并锁闭；防护该进路信号机自动开放；敌对进路信号机关闭，并锁闭。

② 进路解锁：当列车占用进路后，形成轨道电路分路，防护该进路信号机自动关闭；当列车出清该进路后，进路自动解锁。

（2）显示清晰直观。

① 道岔位置表示灯：显示定位与反位。

② 信号机表示灯：显示信号机信号色。
③ 进路表示灯：采用逐段表示光带与股道占用情况表示灯结合的方式。

当股道无车占用时，股道表示灯不亮；

当股道上进路已排通时，股道上显示白色光带；

当股道上进路已有列车占用时，逐段显示红色光带；

当轨道上列车全部占用时，股道表示灯亮红灯（锁闭）；

当股道上列车出清时，所有表示灯熄灭（解锁）。

（3）可以逐段解锁，可以排列迂回进路，可以排列中途折返进路。

6502型电气集中因应用年代较久，已逐步被国产计算机联锁设备取代。目前，我国城市轨道交通车辆段的作业方式主要是列车的进、出段和段内的调车作业，与国家铁路区段站作业方式几乎完全相同，采用国产计算机联锁设备和微机监测设备完全能够满足运营和接口要求。

三、微机联锁

微机联锁是一种新型的车站自动控制系统，要求在保证安全检查的情况下，以最经济、合理的技术措施提高运输效率，改善劳动条件。

微机联锁与电气集中联锁的区别在于：微机联锁保留了电气集中联锁的室外设备；室内保留了电源屏、分线盘。而道岔启动电路、信号灯电路、轨道电路、联锁网络、选岔网络均由微机联锁取代。逻辑联锁完全由计算机完成，只在执行环节保留了部分继电器。全电子化的微机联锁完全取消继电器的使用，由故障-安全的电子电路直接控制室外的信号机和转辙机。操作上走控制台小型化、智能化的道路线。对操作有丰富的汉字提示，操作方法也多样化。

微机联锁与继电联锁相比优越性有以下几点：

（1）体积小、可靠性高、可实现无维修，为信号技术结构的改革创造了条件。

（2）微机联锁系统功能更加完善，继电联锁受站场的电路网络层次和结构、继电器数量以及网络线的多寡等限制，在功能及功能扩展方面均受到限制。对上述限制，微机联锁系统通过少量硬件和软件开发即可解决。

（3）微机联锁系统的信息量大为丰富，利用当前的各种网络手段可与其他行车调度指挥系统、列车控制系统联网，提供及交换各种信息，以使工作协调。

（4）微机联锁系统易于实现系统的自身化管理，利用自诊断、自检测功能及远距离联网，实现远距离诊断。

（5）随着大规模集成电路的发展，微机联锁的投资将越来越低，与继电联锁相比将更具优势。

（6）微机联锁是双机热备系统，任何一点故障均不会影响行车。维修更加方便，出现故障后，将故障的一系脱离系统，再将故障的电路板进行更换，就可排除故障。

目前，微机联锁在广州等地铁公司已得到了应用，且效果良好。

第三节 闭塞设备

一、闭塞的基本概念

(一)闭塞的定义

为保证列车运行的安全,在组织列车运行时,通过设备或人工控制,使连续发出的列车保持一定间隔安全行车的办法称为行车闭塞法。

(二)闭塞的方式

1. 时间间隔法

时间间隔法即按规定的时间间隔向区间发车,以时间间隔作为闭塞条件的闭塞方法。不能保障在同一时间同一区间内只有一个列车占用的安全条件的成立。可适用于道路汽车交通的运行组织。

由于按时间间隔法行车,难以严格保持前后行列车间的安全间隔,如果进路办理疏忽或司机操纵不当,容易发生追尾事故。因此,正常情况下,轨道交通不宜采用此法行车。只有在特殊情况下,如一切电话中断时才准许采用时间间隔法,并且要有安全保障措施。

2. 空间间隔法

空间间隔法即在同一时间、同一区间内只有一个列车占用,即前行列车与续行列车始终保持一定的空间间隔,且以空间间隔作为闭塞条件的闭塞方法适用于轨道交通。

按空间间隔法行车时,行车闭塞法有基本闭塞法和代用闭塞法两类。基本闭塞法是指使用基本闭塞设备时采用的行车闭塞法。在自动闭塞设备线路上,基本闭塞法是将连续发出的列车以闭塞分区、轨道电路区段,或者以列车制动距离加上安全防护距离作为安全间隔运行的方法。在非自动闭塞设备线路上,基本闭塞法是将连续发出的列车以站间区间作为安全间隔运行的方法。代用闭塞法是指基本闭塞设备因故不能使用时临时采用的行车闭塞法,电话闭塞法是常用的代用闭塞法。

(三)轨道交通常见的闭塞制式

1. 半自动闭塞

采用车站出站信号机的允许显示信号作为列车占用站外区间的行车凭证,区间两端的值班员通过专门的闭塞机来办理闭塞手续,即由发车站值班员请求占用区间,由接车站值班员认可接车,发车站才能开放发车信号。当列车进入区间时,发车信号关闭,区间处于闭锁状态。只有当接车站值班员确认列车到达之后,才能使闭塞机处于解锁状态,才能办理第二次列车占用区间的闭塞手续。其中,办理手续由值班员人工完成,信号显示的转换则是由运行中的列车自动完成的,故称为半自动闭塞。由于半自动闭塞制度保障了两个车站之间区间仅有一个列车运行,因此,区间运行安全得到了保障。但线路通行能力较低,适用于单线轨道交通。

2. 自动闭塞

将站间区间划分为若干小区间（称为闭塞分区），并设置通过信号机进行防护。由车站出站信号机和区间内通过信号机的显示共同作为列车占用区间的行车凭证。而且，出站信号机的关闭与通过信号机的信号显示变化，均由行进中的列车自动完成（除了出站信号机的开放仍由车站值班员在排列列车进路时完成，已包含在联锁环节中），故称之为自动闭塞。自动闭塞使站间区间可有多个列车同时占用（只要能保持安全间隔），同时还能对区间内是否有列车占用的信息进行检查监督，是列车运行自动化控制的基础。

轨道交通采用的基本闭塞设备主要是自动闭塞设备。按区间线路是否划分固定的闭塞分区或轨道电路区段，分成自动闭塞信号系统有固定闭塞和移动闭塞两种；按信号显示制式分，自动闭塞信号系统有三显示带防护区段和四显示两种。

（1）固定闭塞：固定闭塞将区间线路划分为若干个闭塞分区或轨道电路区段，列车间隔为若干个闭塞分区或轨道电路区段，列车制动的起点和终点总是在分界点位置，最小列车间隔时间约为 120 s。它基于多信息移频轨道电路，采用台阶式速度控制模式，属于 20 世纪 80 年代技术水平。西屋公司、GRS 公司分别用于北京地铁、上海地铁一号线的 ATP、ATO 系统属于此种类型。

（2）移动闭塞：移动闭塞没有固定划分的闭塞分区或轨道电路区段，列车间隔按后行列车制动距离加上安全防护距离控制，列车间隔是动态的，随着前行列车移动而移动，列车制动的起点和终点均无分界点位置限制，最小列车间隔时间约为 80 s。由于列车间的最小运行间隔距离由列车在线路上实际运行位置和运行状态确定，闭塞分区随着列车的行驶，不断向前移动和调整，这种自动调整列车运行间隔的闭塞系统称为移动闭塞。

移动闭塞取消了传统的轨道电路，线路上的列车连续不断地把运行的信息，如列车速度、位置、牵引重量等通过通信系统向控制中心传送，让控制中心连续不断地掌握先行列车和后续列车的间隔距离，当追踪列车和后续列车的间隔等于后车的常用制动距离加安全距离时，控制中心向追踪列车发出惰行或制动的命令，使后续列车与先行列车的间隔距离加大，从而确保列车运行安全。列车的间隔距离不是固定的，而是与列车运行的速度有关，当速度高时，两列车的间隔距离就加大，反之就缩短。这种闭塞方式能够在确保行车安全的条件下，最大限度地增大行车密度，提高运输能力。目前它已成为城市轨道交通信号系统的发展方向。

轨道交通采用移动闭塞系统的优点如下：

① 能轻松达到 90 s 的行车间隔要求，且当需求增长而需要调整运营间隔时，无需改变或增加硬件。

② 可取消区间的信号机、轨道电路等地面设备，降低系统的安装维护费用。利用其精确的控制能力，可以有效地通过在折返区域调整速度曲线来减少在尽端折返线的行走防护距离，从而减少折返站的土建费用。

③ 车上—地面可靠传输的信息量大，便于实现全程无人自动驾驶。全程无人自动驾驶方式是列车上没有任何驾驶员或工作人员的全自动方式。站停、发车、运行、折返、入库等过程由操作控制中心直接管理。主控中心可以更精确地控制列车按运行图运行，减少了列车在区间不必要的加速、制动，可节省能源，增加旅客舒适度。同时这种方式具有非常高的灵活性，对突然增长的能力需求和不可预见的事件具备敏捷的反应能力。

④ 易于实现列车双向运行。当轨道交通系统因线路、车辆等故障造成运行中断时，可

通过组织临时反向载客运行来保持轨道交通系统的不间断运作。

在北京奥运会开幕前夕，北京地铁10号线（奥运支线）已正式开通运营，这是世界上第一条开通即采用无线移动闭塞信号系统（CBTC）的城市轨道交通线路。

地铁的信号系统相当于人的神经中枢，可以对每辆地铁列车的位置进行追踪确定，并下达运营命令。以前的地铁线路均采用站间闭塞信号系统，这种系统信号装置放在站台或地铁轨道上，只能大体确定列车的位置。而北京地铁10号线（奥运支线）则采用世界上最先进的无线移动闭塞方式，将信号装置放在了每列列车上，这好比是将固定电话变为了移动电话，指挥中心可以时刻精确掌握列车的位置，也将更为准确地下达命令，可大大缩短运营间隔时间。北京地铁10号线总长约24 km，拥有22座车站，其中6座为换乘站，线路连接城市的西北和东南地区，是唯一一条与奥运支线和机场线相连的地铁线。据介绍，根据人工录入的拟运营车辆数目、站台多少及各站停留时间等数据，列车自动控制系统能自动生成256种列车时刻表。正常运行时，各趟列车将会根据时间和车距自动调整速度；如果前后两辆列车距离小于安全距离，后面的列车将自动刹车；如果时间充足、车距合适，列车还可自动滑行节约能源。北京地铁10号线（奥运支线）是目前地铁中科技含量最高、技术最先进的地铁线路，两条线路的列车全部采用自动驾驶系统，自动停车位置的误差在25 mm以内，列车的最小行车间隔可达到90 s。

据了解，西安地铁二号线一期工程信号系统也将采用基于无线通信技术的移动闭塞列车控制系统，为地铁列车的安全、准确运行提供可靠保障。

二、自动闭塞的显示制度

根据通过信号机显示灯光颜色及其意义，自动闭塞的显示可分为以下三种。

1. 二显示自动闭塞

红色灯光：前方闭塞分区有车占用，停车，不准越过该信号机；

绿色灯光：前方闭塞分区无车占用，按规定速度运行。

二显示自动闭塞在绿色灯光条件下，有可能仅有一个空闲区间可供列车占用，因此，列车在很多情况下是在红灯下运行的，随时准备减速或停车制动。二显示自动闭塞只适合用于运行密度低、速度低的轨道交通系统。

2. 三显示自动闭塞

红色灯光：前方闭塞分区有车占用，停车，不准越过该信号机；

黄色灯光：前方仅有一个闭塞分区空闲，减速通过；

绿色灯光：前方至少有两个闭塞分区空闲，按规定速度通过。

三显示自动闭塞在绿色灯光条件下，至少有两个闭塞分区空闲可供列车占用。因此，列车基本上是在绿色灯光或黄色灯光下运行。可以保持较高速度运行或只需要短暂减速运行。适合于客货列车混行的铁路系统。

3. 四显示自动闭塞

红色灯光：前方闭塞分区有车占用，停车，不准越过该信号机；

黄色灯光：前方仅有一个闭塞分区空闲，低速列车减速通过；

黄绿色灯光：前方有两个闭塞分区空闲，高速列车减速通过；

绿色灯光：前方至少有三个闭塞分区空闲，按规定速度通过。

四显示自动闭塞保证列车在绿色灯光下运行，可以充分保证列车的运行速度，比较适合较高速度的铁路区段或城市轨道交通系统使用。

根据自动闭塞控制信息的电流特征，自动闭塞的显示可以分为极性、数码、频率和极性频率等几种，可以采用单一电流特征，也可根据信息量的多少及传输控制的要求，采用多种方式组合使用的方法。

各种显示制度如图 5.8 所示。

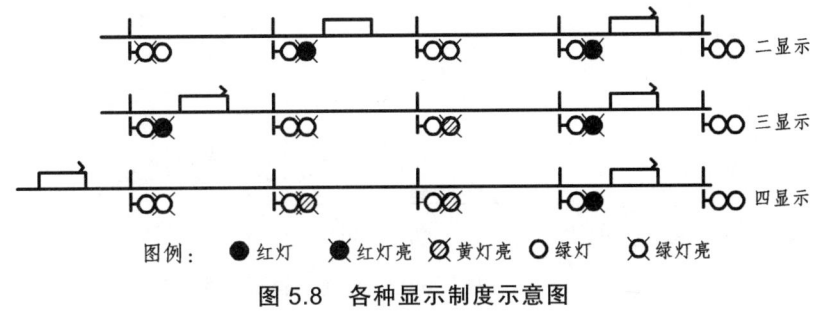

图 5.8　各种显示制度示意图

三、自动闭塞区间列车运行间距

前后列车在区间内运行间距越大，通行能力越差，但运行安全程度越高，列车的运行速度也可发挥到最佳。同样，在自动闭塞区段，车站向区间按一定的间隔时间连续发车，发车间隔时间越长，线路通过能力就越低，但安全可靠性提高；发车间隔时间越短，则线路通过能力越大，但必须保证续行列车与前行列车有安全的间隔距离，这个安全距离可以由自动闭塞的制式来决定。

由于自动闭塞的每个闭塞分区均装有轨道电路，因此，可以比较准确地表示前方列车的位置，继而向续行列车传输比较明确的速度指令，从而保证两个列车之间既有可靠的安全制动距离，又能保持最短的空间间距，达到最大的通过能力。

图 5.9 表示某轨道交通系统速度命令控制线。

如图所示，虚线表示列车占用该分区，1T～9T 表示各个分区，速度为图中所示的 0、20 km/h、30 km/h、45 km/h、55 km/h、65 km/h、80 km/h 等。

当续行列车 A 进入 1T 时，如果前行列车 B 出清 2T 进入 3T，对列车 A 而言，前方仅有一个 2T 分区空闲，此间距不满足最低速度（图例是 20 km/h）的制动距离要求，此时 1T 的轨道电路发送器不发码（即指示 0 速度），列车 A 应停车；当 B 列车出清 3T 分区，对 A 列车而言，已有 2T、3T 两个分区空闲，间距已满足最低速（20 km/h）的制动距离要求。因此，1T 发送器向列车 A 发出 20 km/h 的速度命令，依此类推。当前行列车 B 已出清 8T，进入 9T 时，续行列车 A 若在 1T 分区，则应收到 1T 发送器发送的速度命令，当中有 7 个分区空间的间距，满足最高速度（80 km/h）安全制动距离要求。

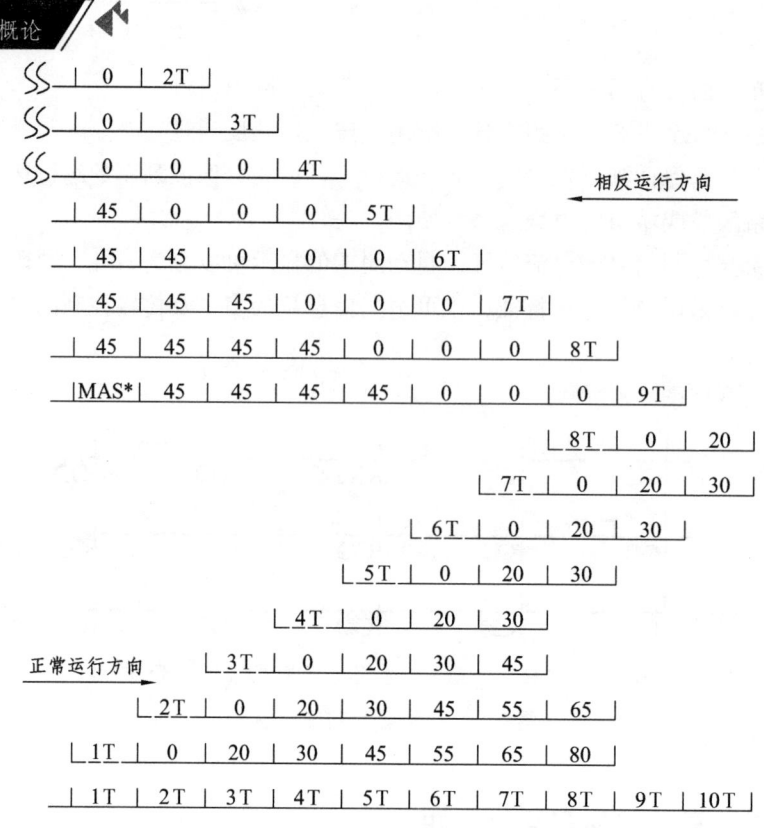

图 5.9 某轨道交通系统速度命令控制线

MAS*—最大允许速度

控制线上所标明的速度是由安全制动距离所决定的，即应满足列车在最差运行条件下的制动距离。从图中可看出列车的间隔可根据速度命令来判断。线路也允许在特殊情况下的反向运行，其速度控制与正向运行有很大不同，至少要三个区间空闲才允许以最大 45 km/h 的速度运行。

当然，不同的交通系统其轨道长度不同，列车性能不同，制动距离也不同，所以速度控制线也不尽相同。

四、调度集中

在自动闭塞区段，列车在区间运行的安全间隔由通过信号机的显示来保障（如三显示能保证两个或两个以上闭塞分区空闲的安全行车条件）。列车到达车站和从车站出发（包括从车站通过），仍然需要车站工作人员通过排列进路来实现。

城市轨道交通系统的大多数车站是无联锁车站（即无道岔无调车作业车站）。因此，车站的作业主要就是列车到达与出发。为了提高运行调度的效率，减轻工作人员的工作强度，加强运营管理，往往采用调度集中的方式，将整个路线的列车运行指挥调度集中在线路的控制中心来完成。

（一）调度集中的意义

利用遥信设备收集汇总线路上各车站的道岔和信号设备的工作状态和列车运行情况，利用遥控设备直接操纵控制线路上所有车站的道岔、信号，达到集中控制的目的。

调度集中是一种自动化、遥控化的远动系统。其功能是让调度控制中心的工作人员可以直观清晰地了解每个列车的运行情况，可以直接对个别车站的调车作业（如折返、转线、出入段作业）安排进路，可以同步跟踪记录列车运行情况，完成实绩运行图的绘制及相应的技术统计工作。

（二）调度集中的设备概况

1. 调度控制中心

调度集中总机：汇总处理各车站道岔、信号机工作状态信息及列车运行状况信息，向各车站调度集中分机发布命令，是译码和控制命令编制发送的设备，是整个调度集中系统的核心。

调度集中控制台：调度控制中心工作人员直接操纵控制的设备，用来直接对各车站信号、道岔设备实施远程控制。

表示盘：各车站信号、道岔、股道的情况与工作状态，各个列车的运行位置的集中表示设备。表示盘上还设有车次窗口，可以直接表示列车车次号码。

运行图记录仪：将列车运行的信息汇总后，自动描绘出实绩运行图。

2. 车　站

调度集中分机：是对调度集中总机发来的控制命令接受、译码的终端设备，又是车站信息的编制发送设备。与调度集中总机共同完成信息的双向变换、检出工作。

车站电气集中设备：在有联锁的车站，车站电气集中联锁设备是接受调度集中命令，完成进路排列的现场操作设备。包括电动道岔、色灯信号机、轨道电路、继电器等。

3. 传输线路

调度集中控制中心与各车站之间由传输线连接，距离较远时设置中继器。

调度集中控制系统的构成如图 5.10 所示。

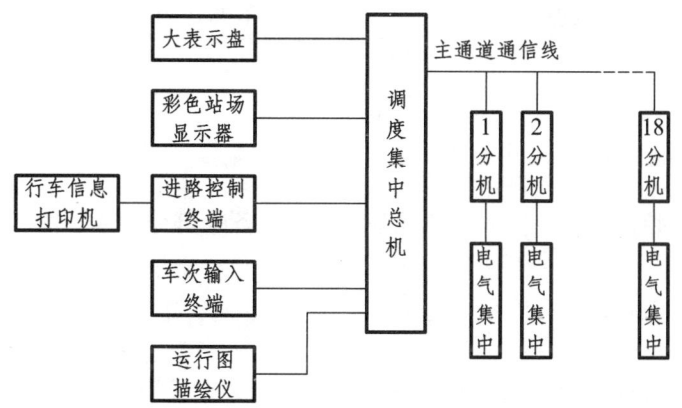

图 5.10　调度集中系统构成示意图

五、列车自动控制系统

列车自动控制系统（Automatic Train Control System，ATC 系统）主要包括：列车自动监控系统（Automatic Train Supervision，ATS）、列车自动保护系统（Automatic Train Protection，ATP）、列车自动运行系统（Automatic Train Operation，ATO）3 个子系统。它是一套完整的控制、监督、管理系统，位于管理级的 ATS 模块较多地采用软件方法实施联网、通信及指挥列车安全运行；发送和接收各种行车命令的 ATP 系统确保列车的安全运行；车载 ATP 设备接收轨旁 ATP 设备传递的信号指令，经校验后送至 ATO 完成部分运行的操作功能。3 个子系统既相互独立又相互联系，完整的 ATC 系统能确保列车安全、快速、短间隔地有序运行。ATC 系统设备分布于控制中心（Central Control）、轨旁（Wayside）及车上（Vehicle），其系统框图如图 5.11 所示。

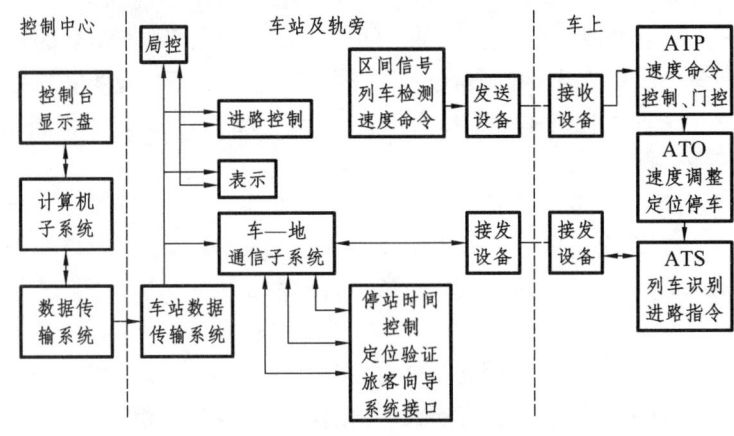

图 5.11 ATC 系统框图

在控制中心内，计算机系统、中心数据传输系统、控制台及 CRT 显示、信息管理系统及调度表示盘等，其控制及表示信息通过数据传输系统与车站及轨旁的信号设备相连接；轨旁设备通过车站数据传输系统与车站 ATC 系统相连，车站的 ATC 系统通过 ATP 子系统发出列车检测命令检查有无列车，并向车上送出 ATP 限速命令、门控指令及定位停车的位置指令；车上 ATC 系统根据 ATP 命令的数据和译码，控制列车的运行和制动，完成定位停车。ATC 系统的系统功能如图 5.12 所示。

（一）ATS 子系统

ATS 子系统由控制中心设备、车站设备及车载设备 3 部分组成，图 5.13 为 ATS 系统示意图。

1. ATS 的重要设备

（1）控制中心设备。

① 数据传输计算机系统。用于控制中心与车站、列车控制设备室之间的双向数据交换，列车控制微机及通信组成一个局部网。

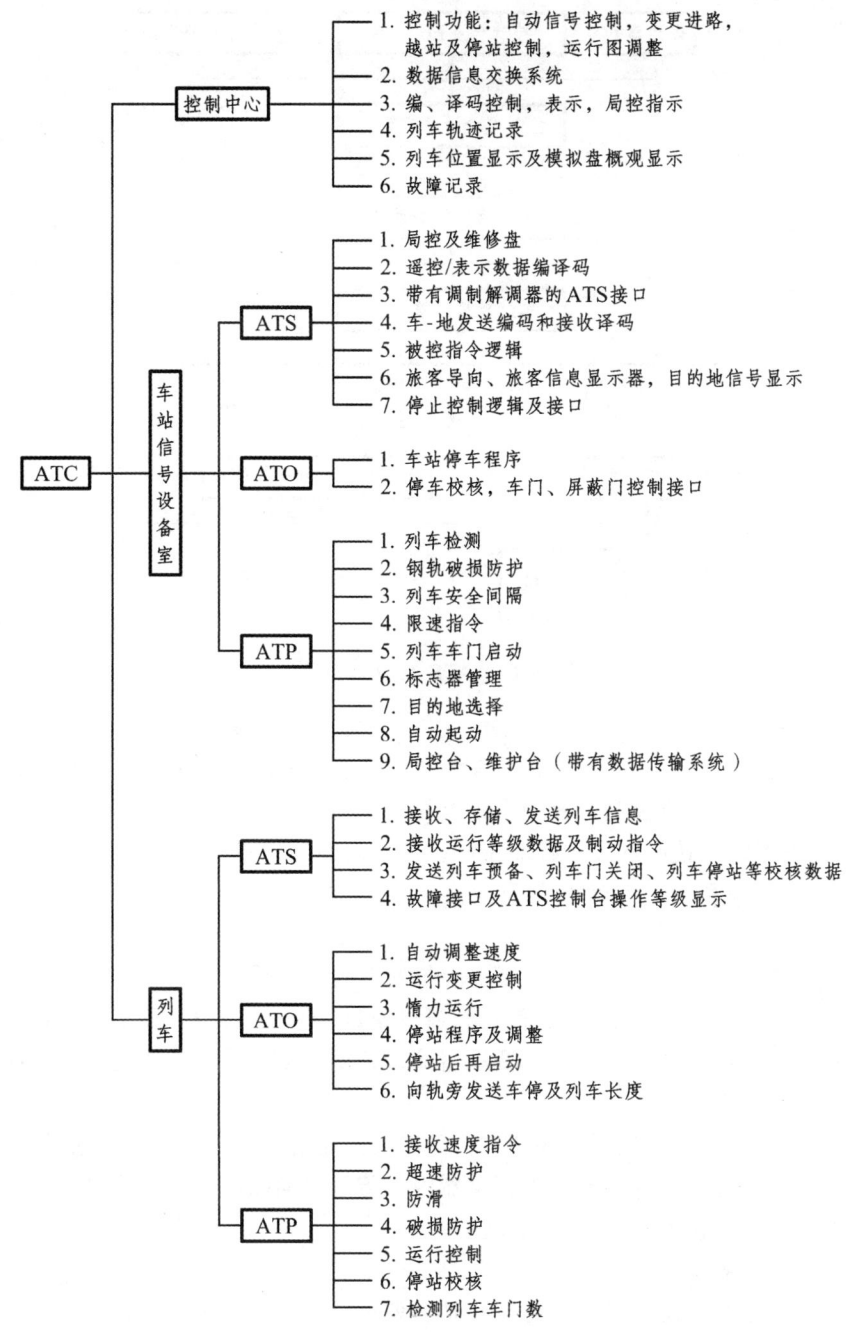

图 5.12 ATC 系统功能说明

② 调度表示盘。用于显示被控制的所有线路的状态和所排进路的状态，显示列车运行的实时状态等。

③ 控制台设备。通过功能键盘输入数据及命令，CRT 详细显示车站动态线路图、车次跟踪及时刻表数据。

④ 绘图仪及行式打印机。绘制列车运行图，包括计划运行图和实际运行图，并打印各种列车运行的报告和数据。

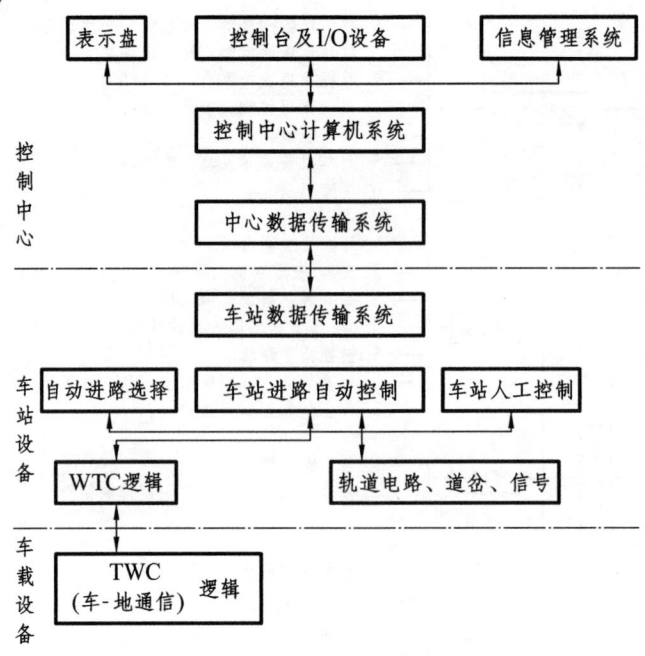

图 5.13 ATS 系统示意图

（2）车站设备。

① 车站人工控制盘。它设于车站控制室内，通过控制盘对联锁、停站时间、临时限速命令及紧急停车命令等进行控制，盘面上附有显示装置。

② 数据传输系统。接收和发送控制中心及列车之间的信息。

③ 自动进路选择系统。当车-地信息交换系统（TWC）收到列车发来的列车目的地等信息时，通过该系统自动排列进路。

④ 车-地信息交换系统。为实现控制中心与列车间的联系，在每个车站都设有车—地双向信息交换系统（TWC），地面 TWC 信息先通过 ATP 模块的功放，然后像传送速度命令及列车检测命令那样，通过站内阻抗连接变压器输入到钢轨中，并接收由列车向地面发来的信息，送至 TWC 接收器。

（3）车载设备。TWC 发送天线安装在头部车的前轮上的两中心线上，通过它发送 TWC 列车信息。列车目的地信息存储于车上存储器内，传至地面以便自动排列进路。车号及目的地信息可以由司机手动输入到车载存储器。

2. ATS 的基本功能

（1）收集列车运行信息，如车次号、到站、列车位置等。上述信息由中央行车控制计算机进行跟踪并绘制列车实绩运行图。并将上述信息内容显示在线路表示盘（CRT）上，供行车调度员监视。

（2）根据列车运行计划和列车实绩运行图的比较及现时客流情况，指挥列车运行。包括办理列车进路、控制列车发车时间、改变区间运行模式等。在运行图紊乱时，可发布控制命令调整列车运行秩序。

总的来说，它起着负责监视和控制列车的运行的作用。ATS 依靠 ATP 来阻止故障的误操作给行车安全带来的影响。

（二）ATP 子系统

1. ATP 子系统的设备概况

（1）轨旁 ATP 设备框图如图 5.14 所示，由轨道电路、速度选择逻辑电路、GO 逻辑电路、列车控制盘等组成。

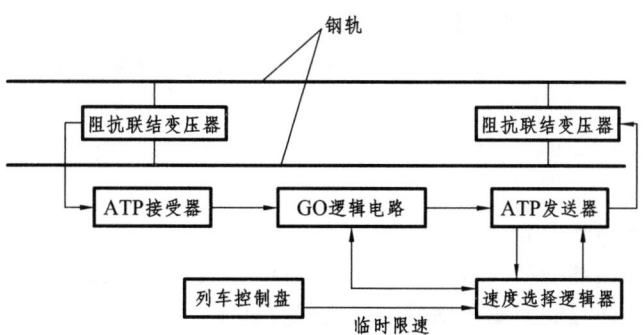

图 5.14 轨旁 ATP 设备框图

① 轨道电路 ATP 发送器：产生列车检测信号和列车速度命令。
② 轨道电路 ATP 接受器：接收钢轨传来的列车检测信号，激励轨道继电器。
③ 速度选择逻辑电路：根据列车运行前方的轨道区段数量选择适用的电码速率。
④ GO 逻辑电路：检查列车运行前方区段是否空闲，道岔位置是否准确，在符合要求的情况下，允许发送速度命令。
⑤ 列车控制盘：安装在列车控制室内，对临时限速、紧急关闭、停站时间进行控制。
⑥ 阻抗联结变压器：轨道电路的边界装置，用来把信号耦合送进或传出钢轨。

（2）车载 ATP 设备（见图 5.15）由 ATP 命令接收器、译码器和速度比较器等组成。其功能主要是接收和鉴别列车速度命令、超速保护、施加制动、列车车门控制及不慎溜车保护等。

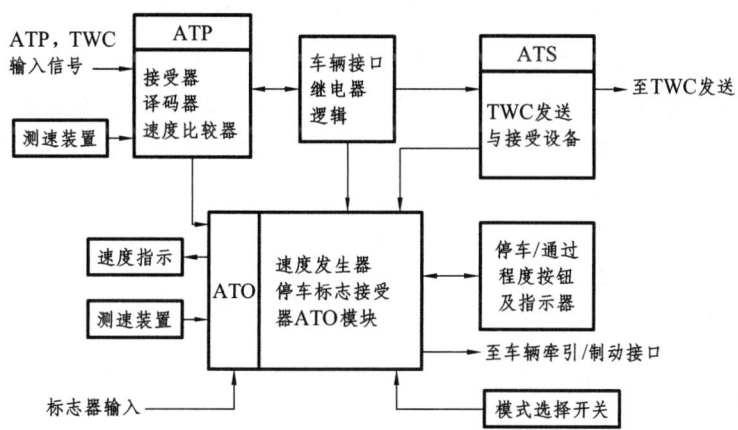

图 5.15 车载 ATP 设备

① ATP 命令接收器及译码器：接收沿线轨道电路（轨旁 ATP 设备等）送来的速度命令，安全译码并显示。
② ATP 速度比较器：将接收到的 ATP 速度命令与列车实际运行速度作比较，保证列车运行

速度低于 ATP 允许速度。当检测显示列车超速时，实施相应的制动，直到低于 ATP 的限速。

车载 ATP 在收到开门信号时，将其译码，沟通开门条件和相应的广播信号。

2. ATP 子系统功能

① 监督列车运行速度，检查列车位置。

② 监督车门与屏蔽门的开关顺序是否正确。

③ 在道岔区段，对进路进行安全检查。

总的来说，它直接保证列车的安全，将列车的行驶速度限制在规定的速度之内。

（三）ATO 子系统

1. ATO 子系统的设备概况

当列车上的主控制器的模式选择开关处于 ATC 方式时，车载 ATO 子系统才工作，其作用在于像一个司机那样驾驶列车，即模拟司机驾驶列车。

如图 5.16 所示，ATO 子系统由轨旁设备及车上设备组成。

   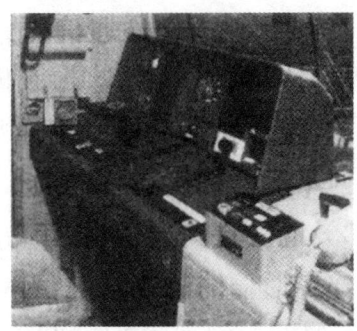

（a）轨旁 ATO 设备（地面标志线圈）　　　（b）司机室内 ATC 设备

图 5.16　ATO 地面设备之一及司机室内的 ATC 设备

车载 ATO 设备由 ATO 模块（一台数字式微机）速度发生器、停车标示接收器等组成。

ATO 设备接收 ATP，ATS 及地面停车标示器传来的信息，通过列车牵引制动运行曲线来驾驶列车，将列车速度维持在一个参数速度上。该速度取 ATP 速度指令、ATS 运行等级及定点停车速度指令三者中最小的速度值。

轨旁 ATC 设备由地面标志线圈及站台定位天线组成。

ATO 子系统完成功能的方式：

（1）启动。当停站时，计时器显示"时间到"信息，车门关，列车启动。

（2）区间调速。ATP 输入的速率码信息，使 ATO 速度发生器产生基准速度值，与测速装置实测速度比较后，控制列车实现加速、惰行或制动。也可以接受控制中心 ATS 指令，实现列车调速。

（3）车站定位停车。地面设置 4 个停车标志器，第一个标志器 A_1 启动车上 ATO 停车曲线命令，即根据停车距离、线路状况、制动特性等参数产生与列车实际速度相比较的停车曲线，操纵列车追随停车曲线运行。A_2，A_3，A_4 则用于修正停车曲线参数和减速系数，使列车停车误差大于小于 0.25 m。

ATO 子系统采用闭环控制系统技术以达到调速目的，将 ATO 参考速度与实际车速比较，两者之差就是自动调速的控制量，利用其进行不断修正。

2. ATO 子系统的功能

ATO 子系统对列车进行实时控制。当列车接近车站时，ATO 地面停车位置标示器向车上 ATO 发送指令，完成定点停车。

ATO 车上设备在 ATP 监护下，完成开关车门的操作。

总的来说，ATO 子系统负责列车自动驾驶，可在 ATP 的保护下，在 ATO 故障或误操作时保证列车运行安全。

信号系统一般由正线和车辆段两大部分组成，其中正线系统称为 ATC 自动列车控制系统，主要由 ATP 自动列车保护子系统、ATO 自动列车驾驶子系统、ATS 自动列车监督子系统及计算机联锁四个子系统构成。

以广州地铁为例，正线的信号设备采用西门子公司的 ATC 自动列车控制系统，主要包括 SICAS 微机联锁子系统、LZB700 连续列车自动控制子系统、ATS 子系统等先进设备，车辆段采用国际领先的铁道科学研究院研制的 TYJL-Ⅱ型微机联锁系统。

西门子公司的 ATC 信号联锁设备主要由 SICAS 子系统、ATP 子系统，ATO 子系统、具备集中和本地操作能力上的 ATS 子系统等组成，室外设备主要采用了西门子公司的 S700K 型电动转辙机和 FTGS（遥控音频无绝缘）轨道电路等先进设备。

车辆段采用成熟的 6502 电气集中联锁系统（1 号线）和 TYJL-Ⅱ型微机联锁系统（2 号线），室外设备采用技术成熟的国产 ZD6-D 型电动转辙机、50HZ 相敏轨道电路。

第四节　城市轨道交通通信系统

一、概　述

城市轨道交通通信系统是应用于轨道交通中为实现各种信息交互功能的通信系统的总称。它是为确保提供传输服务、给旅客提供信息、并且保证对车站及车上旅客进行高度控制而建立的一个视听链路网。通信系统为运营、管理及维修人员或其他系统的设备通过传输（诸如语音、数据、图像等）电信号在一定的距离内进行通信，通信的服务范围包括运营控制中心、车站、车辆段、站内及沿线。

通信系统是多个独立的子系统的组合。这些子系统在设计上能协调工作，在不同的运营环境下正确地相互作用。各子系统应能对各自子系统内的故障进行检测和报警，从而确保整个通信系统的可靠性。

城市轨道交通系统对通信的要求如下：

（1）对于运行组织而言，要保证将各站的客流情况、工作状况、线路上各个列车运行状况等信息准确迅速地传输到调度控制中心。同时，将调度控制中心发布的调度指挥控制命令与信号及时可靠地传送至各个车站及运行中的列车。

（2）系统的组织管理方面，要保证各部门之间和上下级之间保持畅通、有效、可靠的信息交流与联系。

（3）要保证本系统与外部系统的联系便捷畅通。

二、城市轨道交通通信的分类

（1）城市轨道交通专用通信。它是系统内部运行组织的通信网络，用于列车运行调度指挥的通信联系，是最主要的业务通信网。

（2）地区自动通信。它是城市轨道交通系统内部的公务通信网，以及与外界通信网的连通通信网，是主要的公务通信网。

（3）有线广播通信。它是城市轨道交通系统运行组织的辅助通信网，主要布置在车站、车辆基地。

（4）闭路电视系统。它是城市轨道交通系统现代化管理的现场监控系统，主要布置在车站、车辆基地及业务管理系统。

（5）无线通信。相对上述有线通信而言，它更适用于位置不固定的相关业务工作人员间的联络，作为固定设置的有线通信网的强有力的补充。

（6）其他通信。字母钟报时系统，使整个系统在统一的时间概念下运转；会议系统，提供高效的远程集中会议通信，如电话会议、可视电话会议等；传真及计算机通信系统，提供现代化高技术的通信手段。

三、城市轨道交通通信系统的组成

城市轨道交通通信系统主要包括传输系统、公务电话系统、专用电话系统、广播系统、闭路电视监控系统、乘客导乘系统、无线集群通信系统、时钟系统等子系统。传输系统、时钟系统除了为各通信子系统提供服务外，还要为其他系统提供传输服务。现将其主要作用分述如下。

（一）传输系统

传输系统是城市通信网的基础，要求具有高可行性和丰富的业务接口，能提供各种接口业务，如电话、广播、票务、视频等。城市轨道交通传输网分为城市轨道交通专用传输网、城市轨道交通办公自动化传输网和公众移动通信传输网，这三个网是完全隔离开的。

（二）公务电话系统

公务电话系统相当于企业内部的电话系统，普遍采用通用的程控数字交换机组网，并通过中继线路接入当地市话网。

（三）专用电话系统

专用电话系统包括：调度、站内、站间和区间电话子系统。

1. 调度电话子系统

调度电话子系统主要包括调度总机、调度台和调度分机三部分，并通过专用的传输系统或通信电缆相连接。在调度中心安装有调度机或交换/调度机作为调度总机，为调度人员提供专用直达服务。

一般在城市轨道交通中设有行车调度、电力调度、环控调度等调度台。调度台具有选呼、组呼、群呼、会议等特定功能。调度分机安装在控制中心、停车场以及各车站。

2. 站内电话子系统

站内电话子系统由车站公务电话交换机、站内值班台（主机）和电话分机组成。站内的公务电话交换机具有热线功能，在提供公务电话业务的同时，亦可提供站内、站间和区间（轨旁）电话业务。

3. 站间电话子系统

站间电话子系统为车站值班员与相邻车站值班员提供直达通信服务。

4. 区间电话子系统

区间电话子系统通过站内电话子系统连接邻站的站内值班台或接入公务电话网，为隧道内的维修人员提供通信服务。

（四）广播系统

广播系统为乘客及工作人员提供语音信息播报服务，它是城轨交通运营行车组织的必要手段，主要作用如下：

① 对乘客广播：通知列车到达、离站、线路换乘、时刻表的变更、列车误点、安全状况、播放音乐及改善候车环境，其广播范围包括站厅、站台、列车车厢等。

② 防灾广播：突发或紧急情况时，组织指挥事故抢险，提高应急响应能力。

③ 对运营人员广播：发布有关通知消息，协同配合生产，广播范围包括办公区、站台、站厅、运用库、段内道岔群附近和人行道等。

广播系统由控制中心和车站中心两级组成，正常情况下以车站广播为主；事故抢险及组织指挥时，以控制中心防灾广播为主。为了运营防灾的需要，控制中心环控调度员有最高优先权。在优先级上，由高至低依次是：环控调度、行车调度、维修调度。控制中心调度员高于车站值班员，站长广播台高于站台广播员。同一广播优先级时，预存语音信息高于人工播音，通常预存信息中防灾广播优先级最高。当多等级信息相继触发时，中断正在播放的广播，自动进入按序等待状态。

广播系统主要由控制中心广播、车站广播和车辆段广播组成。中心广播台设置在控制中心，具有语音和信号等控制能力，供环控调度、行车调度、维修调度等使用。在紧急情况下，调度人员可对中心和车站任何区域进行广播；站长广播台设于车站控制室，有语音、信号及各种控制功能，有人工广播、线路广播、预存广播，车站值班员可对站台、站厅、办公区进行广播；站台广播设于站台中部的墙上，每个站台一个，对站台进行定向广播；轨旁广播设于车辆段或地面站轨道沿线，对检修区域进行定向广播。

（五）闭路电视监控系统

闭路电视监控系统是安全技术防范中的一个重要组成部分，是一种先进的、防范能力极强的综合系统。它可以通过摄像机及其辅助设备（镜头、云台等）直接观看被监视场所的情况，可以把被监视场所的图像内容、声音内容同时传送到监控中心，被监视场所的情况一目了然。闭路电视监控系统的另一个特点是可以把被监视场所的图像及声音全部或部分的记录下来，为日后某些事件的处理提供方便条件及重要依据。

城市轨道交通系统中的闭路电视监控系统分为控制中心电视监控设备和车站电视监控设备两部分。

1. 控制中心电视监控设备

在调度控制中心的总调度台和列车调度台、环控调度台均设置有控制键盘和监视器。调度员通过键盘来选择所需要了解的某个监视区域，通过监视器来观察了解该区域的现场实况，如图 5.17 所示。

各车站送来的图像，接入图像切换开关单元的输入端，输出则依靠直接或间接地连通下述设备来实现：

① 调度用监视器。
② 磁带录像机。
③ 通信维护用监视器。

在控制中心的通信机房内，除了设有通信维护用监视器之外，还配备有相应的控制盘，供通信维护人员使用。

2. 车站电视监控设备

车站内设有若干台监视摄像机，按需要分别安装在站厅层和站台层。设在站台层的摄像机主要拍摄上下行站台始末端。站厅层摄像机则配备有自动云台，可以上下左右偏转进行摄像，如图 5.18 所示。

车站值班室、副值班室内设置有监视器和控制键盘，可以对站厅摄像机及图像切换开关单元进行控制，供值班员选择所希望看到的监控区域的图像。

车站监控摄像机的输出端连接到图像切换开关单元的输入端，图像切换开关单元有 10 路输入和 12 路输出，其中输出端的 12 路输出分别是：3 路输出连接车站的 3 个监视器，供值班员、副值班员使用；4 路输出经过图像复用调制器合并为一路后，再由光发送机经电光信号（E/O）转换，并经光纤电缆送达控制中心的光接收机经光电信号（O/E）转换，然后再由设在控制中心的图像分路解调器还原后输出 4 路图像信息，供控制中心的调度员使用；4 路接至站台上的列车工作监视器，供司机监视乘客上下车的情况；1 路引至车站通信机械室，通过一台 9 寸监视器，供通信维修人员使用。

3. 闭路电视监控系统的构成

对于车站较多的轨道交通系统来说，并非每个车站发出的四幅图像都可同时进入控制中心的控制与接口单元，而是只有三个车站可各向中心发出四幅图像。这时，将由调度员通过按压选择键来决定接受其中哪三个车站发来的图像。

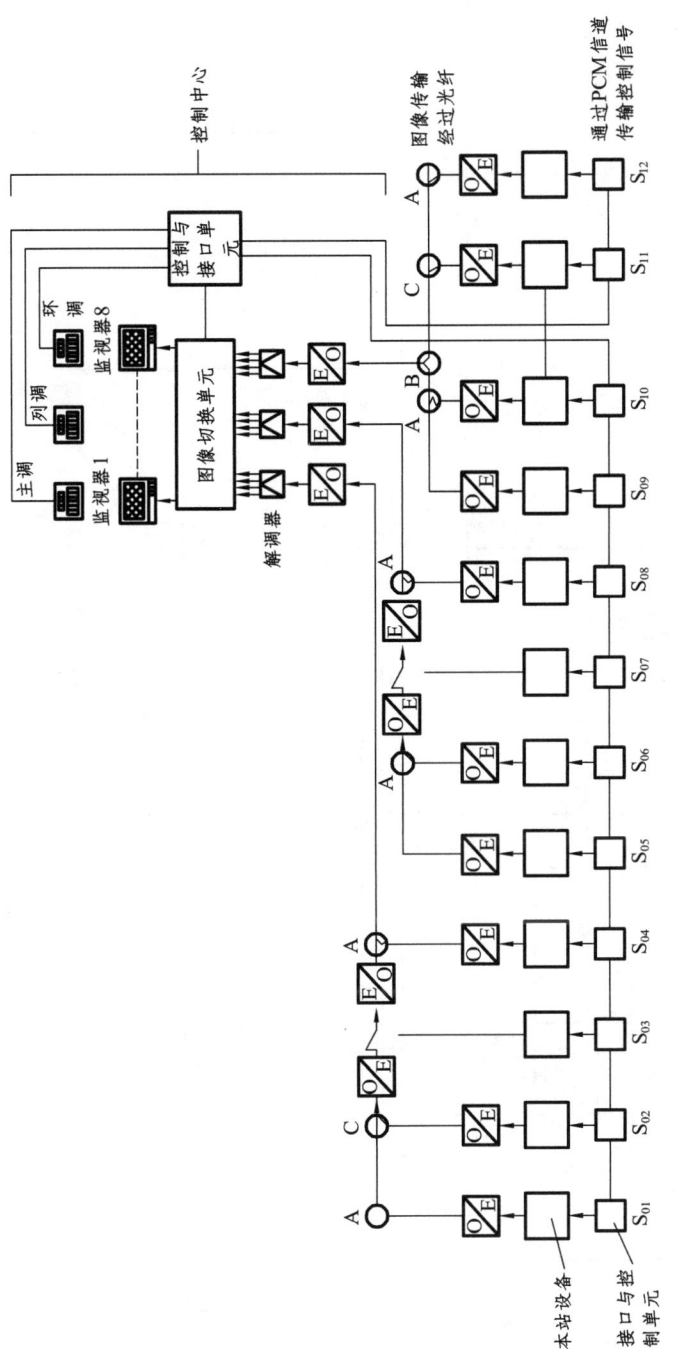

图 5.17 控制中心电视监控设备

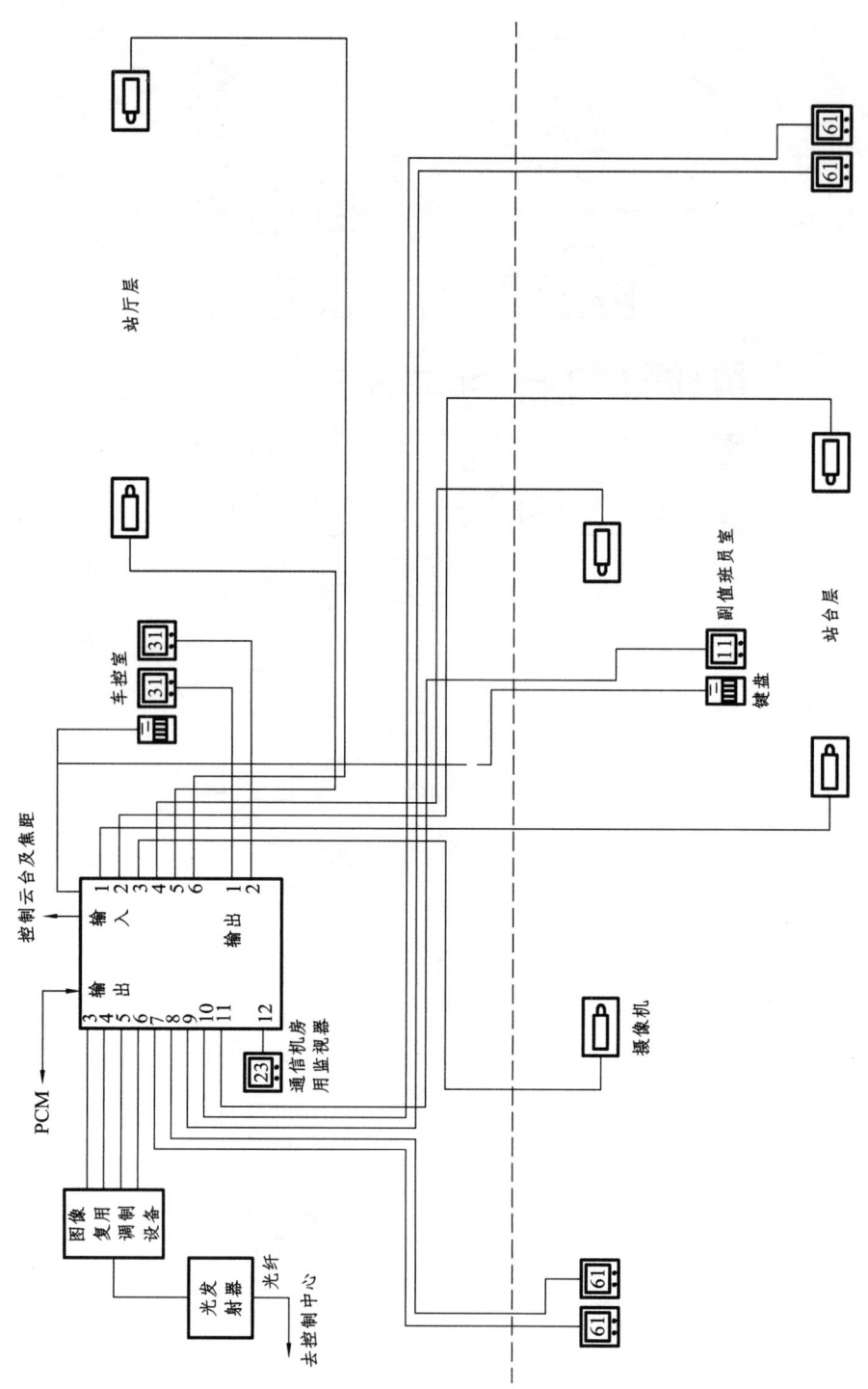

图 5.18 车站电视监控系统示意图

为了便于识别，每个车站备有图像字符发生器，产生该站的识别字符、图像记录日期和时间。车站值班员、调度员、维修人员均可以通过键盘选择所需监视区域的图像，而且不仅可选出一幅图像并使之固定地显示在监视器上，还可通过预先编程的方式对众多输入图像进行自动扫描显示，扫描顺序可预先通过编程决定，也可按键选择，图像切换开关单元具有调节图像停顿时间的功能，以便在 0~90 s 范围内进行调节。

（六）乘客导乘系统（简称 PIS）

乘客导乘系统是一套服务于城市轨道交通的文字信息发布系统，主要作用是为乘客提供各类车务及站务信息，同时还与移动电视网连接提供各类公共信息。

（七）无线集群通信系统

无线集群通信系统是一套使用无线通信方式进行调度指挥的系统。在城轨调度指挥过程中发挥着十分重要的作用，它是调度员与司机通信的唯一可靠手段，同时也是与移动中的工作人员、抢险人员实现通信的重要手段。该系统在保证行车安全及处理紧急突发事故方面有着不可替代的作用。

（八）时钟系统

时钟系统为城市轨道交通系统提供高质量、标准化的统一时间，使整个城市交通系统时间统一在同一个时间基点上，从而确保开车能够准点运行。

阅读知识

一、基于通信的移动闭塞 ATC 系统

空间和时间两种闭塞制式均基于轨道电路，而基于通信的移动闭塞系统不依靠轨道电路。与基于轨道电路的闭塞制式相比，移动闭塞具有以下优点：
（1）实现车地双向、实时、高速度、大容量的信息传输，易于实现无人驾驶。
（2）列车定位精度高。
（3）列车移动授权更新快。
（4）不受牵引回流干扰。
（5）轨旁设备简单、可靠性高。
（6）缩短列车追踪间隔、提高通过能力。
（7）能适应不同性能列车的运行。
无线移动闭塞系统主要由无线数据通信网、车载设备、区域控制器和控制中心等组成。实现这种闭塞制式的最主要的技术手段是基于无线通信的列车控制（Communication Based

Train Control，CBTC），采用交叉感应电缆环线、漏缆、裂缝波导管以及无线电台等方式实现了车地间双向、大容量的信息传输，达到连续通信的目的，真正意义上实现了列车运行的闭环控制。

通过可靠的无线数据移动通信网，列车不间断地将其标识、位置、车次、列车长度、实际速度、制动潜能和运行状况等信息以无线的方式发送给地面信号设备。地面信号设备可以得到每一列车连续的位置信息和列车运行的其他信息，并据此计算出每一列车的移动授权。根据来自列车的信息计算、确定列车的安全行车间隔，并将相关信息（如现行列车位置、移动授权等）动态更新发送给列车。

车载设备包括无线电台、车载计算机和其他设备（如传感器、查询器等）。列车根据接收到的移动授权和自身的运行状态计算出列车运行的速度曲线，车载设备保证列车在该速度曲线下运行，ATO 子系统在 ATP 的保护下，控制列车的牵引、惰行、制动。

移动闭塞技术在对列车的安全间隔控制上更进了一步。通过车载设备和轨旁设备连续地双向通信，控制中心可以根据列车实时的速度和位置动态地计算列车的最大制动距离。追踪列车之间的列车安全间隔距离是根据最大允许车速、当前停车点位置、线路等信息计算得出的。信息被循环更新，以保证列车不断收到实时信息，组成了一个与列车同步移动的虚拟的闭塞分区。因此在保证安全的前提下，两个相邻的移动闭塞分区就能以很小的间隔同时前进，这使列车以较高的速度和较小的间隔运行，最大限度地提高区间通过能力，从而提高运营效率。

二、闭路电视监视系统设备

1. 摄像机

摄像机是获取监视现场图像的前端设备，它一般以 CCD 图像传感器为核心，外加同步信号产生电路、视频信号处理电路及电源等。

摄像机有黑白和彩色之分，由于黑白摄像机具有高分辨率、低照度等优点，特别是它可以在红外光照下成像，因此在电视监控系统中，黑白摄像机应用得较多。

摄像机根据使用场所的不同，一般分为半球摄像机、枪型摄像机、一体化摄像机、红外一体摄像机、智能型摄像机、云台摄像机等。

不同摄像机具有不同的特点：球形摄像机没有角度限制，可以看到摄像头覆盖的全部场景；云台摄像机可以通过控制云台角度，改变摄像范围；一体化摄像机的镜头与摄像机为一体，不可拆卸镜头；枪型摄像机的摄像头可更换；红外一体摄像机在摄像头前加装红外灯，可用于夜间监控。

2. 镜头

镜头与 CCD 摄像机配合，可以将远距离目标成像在摄像机的 CCD 靶面上。

镜头的种类繁多，从焦距上分类，可分为短焦距、中焦距、长焦距和变焦距镜头；从视角的大小分类，可分为广角、标准、远摄镜头；从结构上分类，可分为固定光圈定焦镜头、手动光圈定焦镜头、自动光圈定焦镜头、手动变焦镜头、自动光圈电动变焦镜头、电动三可变镜头（指光圈、焦距、聚焦这三者均可变）等类型。由于镜头选择的合适与否，直接关系到摄像质量的优劣，因此在实际应用中必须合理选择镜头。

3. 云台

云台主要有水平云台、全方位云台、球型云台几种。

水平云台又叫扫描云台，绝大多数限于室内使用。水平云台体积小、质量轻，用于固定摄像机在水平方向进行360°的扫描。

全方位云台与水平云台相比，在垂直方向上增加了一个驱动电动机，该电动机可以带动摄像机座板在垂直方向±60°范围内做仰俯运动。由于部件增多，全方位云台在尺寸和质量上都比水平云台高。

球型云台从外观结构上看与普通云台有很大的不同，但传动机理和普通云台是一样的。球型云台一般都设计成一个中空的托架形，将云台及摄像机和电动镜头一起放置在封闭的球罩里。其托架部分正好用于安装摄像机和电动镜头，云台可以在水平和垂直两个方向任意转动，镜头前端扫过的轨迹恰好构成了一个球面。

4. 红外灯

在闭路电视监控系统中，有时需要在夜间无可见光的环境下，对某些重要部位进行监视。监视现场设置红外灯进行辅助照明可使CCD摄像机正常感光成像。与低照度的CCD摄像机相比，具有价格极低、在绝对黑暗的环境下仍可获得清晰的图像的特点。

闭路电视监控系统中使用的红外灯大致有两种类型：一种是用普通照明灯外加可见光滤除装置，能耗较高；另一种是用若干红外发光二极管组成的二极管阵列。

5. 解码器

解码器是控制摄像机云台或镜头时进行摄像机与控制器之间信号传输与转换的装置，一般安装在配有云台及自动镜头的摄像机附近，有多芯控制电缆直接与云台及自动镜头相连，另有两芯护套线或两芯屏蔽线的通信线，与监控室内的系统主机相连。

6. 视频矩阵

视频切换矩阵的功能是将输入的视频信息切换到指定输出端口。

视频矩阵如图5.19所示，主要功能就是实现对输入视频图像的切换输出，即将视频图像从任意一个输入通道切换到任意一个输出通道显示。一般来讲，一个M×N矩阵表示它可以同时支持M路图像输入和N路图像输出，而且能够将任意一个输入连接至任意一个输出。

图5.20所示为"8入4出"矩阵切换方式原理图，视频信号经驱动电路，提高带负载能力后，直接输入到矩阵交叉的电子开关，控制部分根据控制面板或键盘的指令输出选通码到矩阵交叉电子开关，使其选通指定通道摄像机的视频信号输入到指定的输出口。

7. 通信电缆

（1）视频电缆及连接器：视频电缆选用75欧姆的同轴电缆，通常使用的电缆型号为SYV-75-3和SYV-75-5。它们对视频信号的无中继传输距离一般为300～500 m，当传输距离更长时，可相应选用SYV-75-7、SYV-75-9或SYV-75-12的粗同轴电缆（在实际工程中，粗缆的无中继传输距离可达1 km以上）。一般来说，传输距离越长则信号的衰减越大，频率越高则信号的衰减也越大，但线径越粗则信号衰减越小。当长距离无中继传输时，由于视频信号的高频成分被过多地衰减而使图像变模糊（表现为图像中物体边缘不清晰，分辨率下降），而当视频信号的同频头被衰减得不足以被监视器等视频设备捕捉到，图像便不能稳定地显示。根据使用要求可考虑选用视频放大器。

图 5.19

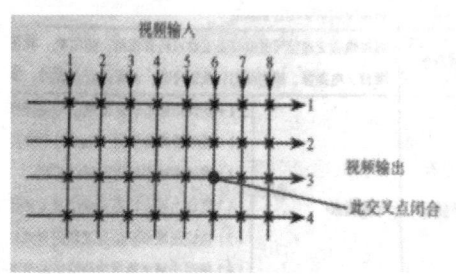
图 5.20

视频信号实际所能传输的距离与同轴电缆的质量及所用的摄像机和监视器均有关。当摄像机输出电阻、同轴电缆特性阻抗、监视器输入电阻这三个量不能完全匹配时,就会在同轴电缆中造成回波反射(驻波反射),因而长距离传输时会使图像出现重影及波纹,甚至使图像跳动。

在实际工程中,尽可能一根电缆一贯到底,中间不留接头,避免造成插入损耗。

(2)通信电缆:通信电缆指的是控制键盘与摄像机解码器之间连接的二芯电缆,一般采用 RS-485 通信方式。通信电缆可以选用普通的二芯护套线,为适应强干扰环境下的远距离传输,可选用带有屏蔽层的两芯线。

(3)控制电缆:控制电缆通常指的是用于控制云台及电动可变镜头的多芯电缆,它一端连接于控制器或解码器的云台、电动镜头控制接线端,另一端则直接接到云台、电动镜头的相应端子上。控制电缆提供的是直流或交流电压,而且一般距离很短(有时还不到 1 m),基本上不存在干扰问题,因此不需要使用屏蔽线。常用的控制电缆大多采用六芯电缆或十芯电缆。其中,六芯电缆分别接于云台的上、下、左、右、自动、公共六个接线端;十芯电缆除了接云台的六个接线端外,还包括电动镜头的变倍、聚焦、光圈、公共四个接线端。

复习思考题

一、填空题:

1. 半自动闭塞的办理手续由_____完成。
2. 半自动闭塞信号显示的转换由_____自动完成。
3. 自动闭塞按是否划分固定的闭塞分区或轨道电路区段分,有_____和_____两种。
4. 调度集中是一种自动化、_____化的远动系统。
5. 调度控制中心的主要设备有_____、调度集中控制台、表示盘及运行图记录仪等。
6. 调车信号显示蓝灯表示_____。
7. 调车信号显示月白色灯表示_____。
8. 以声音的长短、多少来显示的信号称_____。
9. 我国地铁和轻轨的信号机设于列车运行方向的_____侧。
10. 列车在车站进行的有目的的移动称_____。
11. 阻挡信号机设于_____的终端。

12. 列车速度表上的红指针所指表示＿＿＿＿＿＿＿＿＿＿＿。
13. 列车速度表上的黄指针所指表示＿＿＿＿＿＿＿＿＿＿＿。

二、简答题：

1. 城市轨道交通信号的基本颜色有哪些？各表示什么意义？
2. 何谓固定信号？何谓移动信号？
3. 城市轨道交通信号的固定色灯信号机有哪几种形式？
4. 说出下列四种信号表示器的作用：道岔表示器、警冲标、进路表示器、发车表示器。
5. 什么叫轨道电路？其组成有哪些？
6. 什么叫联锁？联锁设备应满足哪些要求？
7. 什么叫进路？什么叫列车进路？什么叫调车进路？什么叫敌对进路？
8. 什么叫闭塞？闭塞的方式有哪些？
9. 何谓半自动闭塞？何谓自动闭塞？
10. 在四显示闭塞区段，各灯光的颜色分别具有什么含义？
11. 什么叫调度集中？
12. 列车自动控制系统包括哪几部分？各部分起什么作用？
13. 城市轨道交通系统对通信有什么要求？
14. 城市轨道交通通信系统按用途分为哪些类型？
15. 城市轨道交通广播系统有哪些作用？

第六章　城市轨道交通运营管理

第一节　城市轨道交通运营组织基础知识

一、概　述

城市轨道交通运营管理是一个系统工程，它必须遵循轨道交通的客观规律，在运输组织上，实行集中调度、统一指挥、按图行车；在功能上，实现车辆、车务、机电、通信信号、供电、工建等专业紧密配合，确保隧道、线路、供电、车厂、通信信号、机电各系统设备状态良好，运行正常；在行车安全控制方面，主要依靠合理的行车组织和可靠的设备运行来保证行车间隔和正确的行车路径。

在运营组织上，城市轨道交通具有以下特点：

（1）相对其他公共交通方式而言是安全、高速、舒适、污染少、大运量的系统。
（2）一般只有客运业务，没有货运业务（除了少数线路承办邮件运输之外）。
（3）均采用双线运行（即上下行分线运行）。
（4）全日客流分布在时间上有较为明显的高峰（早、晚高峰）和低谷之分，个别线路可能会出现多个高峰。高峰时段客流量集中，时间性强；在空间上又有不同的区间客流密度分布，如在某个时段某个区间的客流量特别大。
（5）列车运行间隔时间短，发车密度高。
（6）全日运营时间内无法实施设备维护保养，需在运营时间外利用专门的检修时间进行。
（7）运行指挥集中，设备先进，牵涉的部门较多。

二、城市轨道交通列车运行图

（一）列车运行图基本概念

列车运行图是列车运行的时间与空间关系的图解。它规定了各次列车占用区间的次序，各次列车在区间的运行时分，在车站的到达、出发或通过的时刻，在车站的停站时间和在折返站的折返作业时间，以及列车交路和列车出入车辆段时刻等，能直观地显示出各次列车在时间上和空间上的相互位置和对应关系。

在列车运行图上，对列车运行时空过程的图解可以分为两种方式。一种是以横坐标表示时间，纵坐标表示距离，这时，运行图上的水平线表示车站的中心线，垂直线表示时间；水平线间的间隔表示车站间的距离，垂直线间的间隔表示时间的单位。另一种是以横坐标表示距离，纵坐标表示时间，这时，运行图上的水平线表示时间，垂直线表示车站的中心线；水平线间的间隔表示时间的单位，垂直线间的间隔表示车站间的距离。在我国，列车运行的图解现采用第一种方式。

（二）列车运行图的作用

在运输生产过程中，列车运行是一个极其复杂的环节，它不但需要运用各种技术设备，而且要求各个部门、工种和各项作业之间互相协调配合。列车运行图作为列车运行组织的基础，在这方面起着极为重要的作用。

在运输企业内部，列车运行图不但规定了线路、车站、车辆等技术设备的运用，同时也规定了与列车运行有关的各业务部门的工作要求。例如，调度所应按列车运行图指挥列车运行，车站应按列车运行图接发列车和组织客运工作。车辆段应根据列车运行图的要求，确定每天需要派出的运用车辆数、车辆出入段的顺序及时间，安排乘务员的作息时间和车辆的检修。供电、通信信号、机电、工务和建筑等部门，也都应根据列车运行图的规定来安排检修、施工计划。通过列车运行图，各行车有关部门严格按照一定的程序有条不紊地进行工作，把整个运输生产活动联结成为一个整体。因此，供运输企业内部使用的列车运行图技术文件既是行车部门组织列车安全正点运行的列车运行计划，也是运输企业组织运输生产和运输营销的综合经营计划。列车运行图对运输企业的生产效率和经济效益有着直接的、决定性的影响。

列车运行图对社会用户也具有重要的意义。供社会用户使用的列车运行图以列车时刻表的形式对外公布，它规定了向社会用户提供的运输服务规格与质量，是联系运输企业和社会用户的纽带，也是乘客安排个人出行计划的依据。服务质量欠佳的列车运行图，会引起乘客的抱怨，严重时还会造成客流的下降。

（三）列车运行图的图解表示要素（见图6.1）及格式

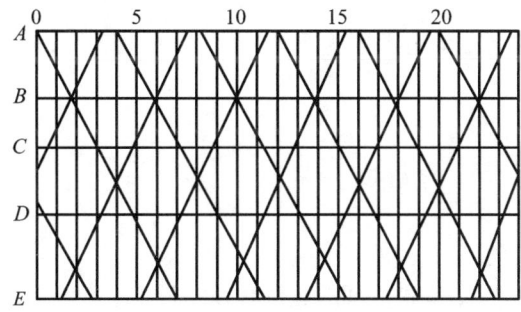

图6.1　列车运行图的要素表示法

1. 图解表示要素

（1）横坐标：表示时间变量，按要求用一定的比例进行时间划分，一般城市轨道交通系统列车运行图采用1分格或2分格，即每一等分表示1 min或2 min时间。

（2）纵坐标：表示距离分割，根据区间实际里程，采用规定的比例，以车站中心线所在位置进行距离定点。

（3）垂直线：是一簇平行的等分线，表示时间等分段。

（4）水平线：是一簇平行的不等分线，表示各个车站中心线所在位置。

（5）斜线：列车运行轨迹线，一般以上斜线表示上行列车运行线，下斜线表示下行列车运行线。

在列车运行图上，列车运行线与车站线的交点即该列车到达、出发或通过的时间。由于城市轨道交通列车停站时间较短，一般不标明到、发时间。

在列车运行图上，每个列车均有不同的车号与车次。按不同的列车类别规定代号与列车号，如专运列车、施工列车等；按发车顺序编列车车次，上行采用双数，下行采用单数。列车车号表示每个列车的顺序编号。

2. 格　式

根据竖线等分横轴的时间单位的不同，列车运行图主要有以下四种格式：

（1）一分格运行图，横轴以 1 min 为单位进行等分。

（2）二分格运行图，横轴以 2 min 为单位进行等分。

（3）十分格运行图，横轴以 10 min 为单位进行等分。

（4）小时格运行图，横轴以 1 h 为单位进行等分。

我国地铁和轻轨常采用一分格或二分格运行图格式。

（四）列车运行图分类

（1）按区间正线数目分：单线运行图和双线运行图。

（2）按列车间运行速度差异分：平行运行图和非平行运行图。

（3）按上下行方向的列车数分：成对运行图和不成对运行图。

（4）按同方向列车运行方式分：连发运行图和追踪运行图。

（5）按使用范围分：日常运行图、节假日运行图及其他特殊运行图（如分为冬季、夏季运行图，施工运行图等）。

城市轨道交通系统的列车运行图因为系统特征的原因，一般均为双线成对追踪平行运行图。

（五）绘制列车运行图的组成要素

1. 时间要素

（1）区间运行时分：指相邻车站之间的运行时分，需经过列车牵引计算和实际查表后确定。

（2）停站时分：指列车停站作业时间乘客上下车所需时间的总和。

（3）折返作业时分：列车到达终点站或在区间站进行折返作业的时间总和。

折返作业时分包括确认信号时间、出入折返线时间、司机换岗时间等。折返作业时间与折返线形式（即折返方式）、列车长度、列车制动力、信号设备水平、驾驶员操作水平等众多因素有关。

（4）出入车辆基地作业时分。

（5）营运时间：列车全日正常运营时间。

（6）停送电时间：在营运开始前和营运结束后的送电、停电所需要确认的操作时间。

2. 数量要素

数量要素是编制列车运行图的主要依据，是直接影响运行图编制的主要内容。

（1）全日分时段客流分布。在全日客流量经预测确定之后，还需按客流的时间分布进行预测、调查、分析，然后确定高峰、低谷时段客流量，从而对列车编组数或列车运行列数等相关因素进行合理安排，并作为开行不同形式列车的主要依据，如区间列车、连发列车等。

（2）列车满载率。列车满载率即列车实际载客量与列车定员数之比。编制列车运行图时，既要保证一定的列车满载率，又要留有一定余地。以应付某些不可测因素带来的客流量异动，并能保证乘客的舒适度（拥挤度）。

（3）列车最大载客量。列车最大载客量即一个编组列车按车辆定员计算允许装载的最大乘客数，分为定员载客量和超员载客量。

（4）出入库能力。由于列车出入库的次数较多，运营列车数量多，车辆基地与线路车站之间的出入库线有限，因此，每单位时段通过出入库线路的最大列车数，即出入库能力，是编制列车运行图的一个重要因素。

3. 其他相关因素

（1）与其他交通方式的衔接：包括大交通系统如铁路、港口、机场、公路交通枢纽等；城市交通方式如公交线路、车站布置、自行车停放、其他车辆停放等。

（2）列车检修作业：为保证列车状态完好，需均衡安排列车运行与检修时间，既使得每个列车均有日常维护保养时间，又使得各列车日走行公里数较为接近。

（3）列车试车作业：检修完的列车除了在车辆基地试验线试车之外，某些项目的试车有可能在正线上进行，此时需在运行图编制时考虑周全。

（4）驾驶员休息时间安排：根据驾驶员的休息制度，交接班地点与方式，用餐时间等，均衡安排各个列车的运行线。

（5）车站的存车能力：线路上的车站大多数无存车线，在终点站、区间站等个别车站设有停车线，可存放一定数量的列车，在日常运行时可作为停车维护之用，在夜间可存放列车以减少空驶里程，均衡早晨的发车次序。

（6）电动列车的能耗。

（六）城市轨道交通列车运行图编制原则

（1）在保证运量需求的条件下，使运营车数达到最少。

在运量最大的高峰时段，也就是线路上运营列车数最多的时候，综合考虑高峰时段列车运行速度、折返时间、列车开行方式等要素，使运营列车数达到最少，从而降低了系统的车辆保有量与运营成本。

（2）在保证安全可靠的条件下，提高列车运行速度，减小列车的运行时间。

列车运行速度高是城市轨道交通系统的主要优势，在安全得到保证的前提下（如采用现代化信号控制设备，选用性能良好的优质车辆，加强运行管理手段等），通过提高列车运行旅行速度，压缩折返时间，减少出入库作业时间等方式，提高线路上列车的运送速度，从而提高了系统的运行效率和系统的服务水平。

（3）尽量方便乘客。

城市轨道交通系统是城市公共客运交通的骨干，编制运行图时必须尽量顾及乘客的利益。主要是列车发车间隔方面，考虑在满足运行技术要求的前提下尽量选择较小的值，从而减少乘客候车时间。在高峰、低谷的安排，区间列车开行，特殊时段列车开行（如大型文体场馆散场时密集客流疏散方案）等方面，要有周详的考虑。

第二节　城市轨道交通列车运行调度工作

城市轨道交通系统是一个复杂的、技术密集的城市公共交通系统，它具有各项作业环节紧密联系，各部门、各工种协同工作的特点，为对运输生产活动进行集中领导、统一指挥和实行有效监控，城市轨道交通系统必须设立行车组织的指挥中心。行车指挥中心分两个层次：运营网络指挥中心（COCC）和线路控制中心（OCC）。

运营网络指挥中心作为中央运营协调与应急指挥中心，负责协调各线路控制中心及各相关单位，特别在发生影响两条及以上线路的紧急情况时，实现运营资源的统筹、协调和联动，提升应急突发事件的处置能力。

线路控制中心（简称控制中心）是城市轨道交通日常运输工作的指挥中枢，基本任务是组织指挥线路分进及组织与列车运行有关的各部门、各工种的协同作业，确保按图行车，组织完成客运生产任务，保证行车和乘客的安全，努力提高运输效率和发挥经济效益。

列车运行调度工作由调度控制中心实施。控制中心负责线路行车、电力、环控及客运等相关系统的运行调度和突发事件处理，其调度生产组织机构如图6.2所示：

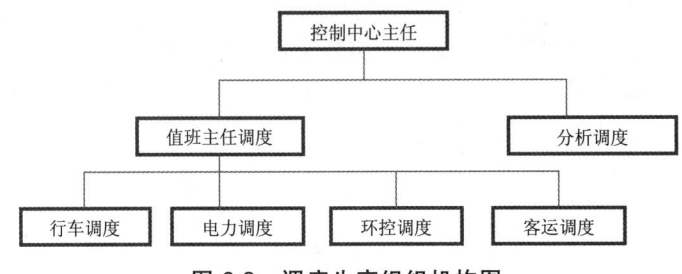

图6.2　调度生产组织机构图

下文将简单介绍与调度相关的工作。

一、行车调度

行车调度是列车运行的组织者、领导者和指挥者。

（一）列车运行调度工作的基本任务

（1）组织指挥各部门各工种严格按照列车运行图工作。

（2）监视列车到达、出发及途中运行情况，保证列车运行的正常秩序。

（3）在运行秩序因故不正常时，能够采取措施，尽快恢复正常的运行秩序。

（4）及时、准确处理行车异常情况，防止行车事故。

（5）随时掌握客流情况，及时调整列车运行方案。

（6）检查监督各行车部门执行运行图情况，发布调度命令。

（7）当区间与车站发生行车事故时，按运行组织工作规定的程序和内容汇报上级主管部门，并采取措施防止事故扩大，参与组织救援工作。

所有与列车运行有关的作业人员，如车站值班员、停车场运转值班员、列车驾驶员都必须服从行车指挥、执行行调命令。如果行车设备在运营时间内发生故障，由行车调度员指挥电力、环控调度以配合行车调整及处置。行车组织指挥层次图如图 6.3 所示。

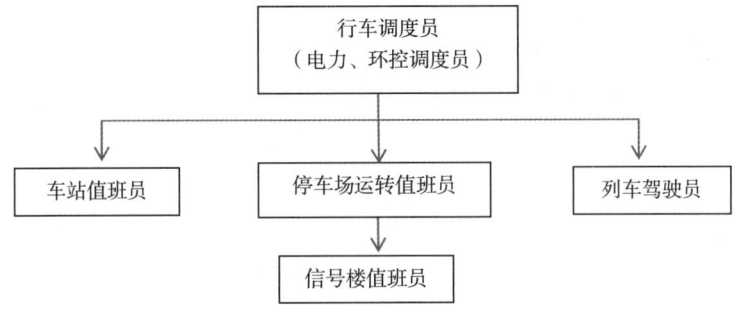

图 6.3　行车组织指挥层次图

（二）列车运行调度工作的主要设备

随着城市轨道交通运行控制系统的设备逐步向自动化、远程化、计算机化的方向发展，列车运行调度设备也已从人工电话调度指挥方式，向电子调度集中控制设备和计算机调度集中控制设备发展。

1. 人工调度指挥系统设备

（1）调度所设备：调度电话总机，传输线。

（2）车站设备：调度电话分机，传输线。

（3）车上设备：无线调度电话。

由调度员通过调度电话与车站值班员直接对话，由值班员安排列车进路，了解列车到达、出发信息，下达列车运行调整调度命令。通过车站值班员调度电话分机呼叫列车司机室的无线调度电话，传达调度命令。调度员人工绘制实绩运行图。

2. 电子调度集中设备

（1）调度所设备：调度集中总机、运行显示屏、运行图绘制仪、传输线等。

（2）车站设备：调度集中分机、传输线等。

（3）车上设备：无线调度电话。

电子调度集中设备实现了运行调度指挥的遥信与遥控两大远程控制功能（尚缺遥测这一项自动控制基础功能）。此时，调度员将直接安排列车进路，直接指挥列车运行调整，并通过显示屏监督列车运行情况。在必要的时候，可将列车运行进路排列工作下放至车站，由值班员执行。

3. 计算机控制的自动调度设备（CATS）

即ATC系统中央控制室（OCC）中的调度指挥系统。有显示屏、行车调度工作站、监控工作站、调度电话、广播装置等设备。其主要功能有：

（1）具有列车运行显示及人工控制功能。

（2）能发出控制需求信息，并从线路轨道及信号设备接受信息。

（3）能由OCC自动或由调度员人工将调度指挥信息传送到车站设备（如停站时间、运行等级等）。

（4）实现列车的动态显示，如列车位置、到站出发时分、车次车号等。

（5）存储多套列车运行图：如正常运行图、节假日运行图、施工运行图、事故调整运行图等。

（6）按当前正在使用的列车运行图调整列车运行。

（7）监视列车运行、调整列车发车时间、控制列车停站时分、控制终点站列车进路。

（8）非正常情况报警。

（9）生成与修正运行报告、记录运行数据信息、提供实时记录的重放，包括运行图、统计指标等。

二、电力调度

电力调度负责对变电所、接触网设备的运行状态进行实时监控和数据采集工作。例如，完成监控范围内的断路器、电动隔离开关的控制操作和完成对有关信息的采集、处理、记录及报表统计等。电力调度通过实时监控供电设备的运行，掌握和处理供电设备的各种故障，确保实现对系统安全、可靠地供电。

三、环控调度

环控调度负责监控全线各站典型区域的温度、湿度、CO_2浓度等环境参数，并对各区间的危险水位实施监控，及时发出报警信号；监控全线各车站的通风、空调和给排水设备，以及屏蔽门、自动扶梯和防淹门的运行，并根据具体情况下制定的环控要求，向车站下达调整区间隧道通风设备的运行模式的调度指令。

四、客运调度

客运调度负责监控全线各站的客流状况，根据行车调度的列车调整指令，向有关车站下达客流组织指令。例如，当行车调度下达列车越站指令时，客运调度就要通知相关车站进行车站广播，以免乘客误乘。尤其在发生非正常运营状况时，客运调度必须配合行车调度的调整计划，拟定相关的信息告知用语，通知相关车站，通过车站广播、车站乘客信息屏的发布、临时公告等方式，告知乘客，以实现对车站客流的有序组织，保证对行车命令中需要乘客配合的部分能有效得到执行。

第三节 城市轨道交通行车组织工作

一、车站的行车组织工作

车站按是否具有站控功能分为集中站和非集中站。集中站也称联锁集中站，它是指具有"站控"功能的车站。集中站车站值班员根据调度命令，可监控集中站管辖线路上的列车运行、办理电话闭塞行车以及执行扣车、实施催发车等列车运行调整措施。集中站通常为有道岔的车站。反之，非集中站是指不具有车站控制功能的车站，通常为无岔站。

车站行车组织是指在调度控制中心统一指挥下，合理运用车站的各项技术设备，完成车站行车控制、施工管理等一系列作业的总称。

在ATC系统中，设在车站控制室（一般为集中站）的现地控制盘，可以现地控制操纵信号变换，但不允许现地控制盘与CATS工作站同时控制，CATS工作站优先控制。正常情况下，由CATS控制即由中央控制，当调度中心行车调度员允许时，可以由"中央"模式换到"现地"模式。

（一）车站行车设备

车站行车设备是指为满足车站行车作业要求需配置的设备。主要有：
（1）车站线路：包括正线、折返线、存车线等。
（2）道岔：包括单开道岔、双开道岔、渡线道岔等。
（3）信号与通信设备：车站信号用设备通常包括发车表示器、防护信号机和阻挡信号机等；车站的联锁设备一般设置在有道岔的车站；用于车站行车作业的通信设备主要有调度电话、站间集中电话、公务电话等。

（二）车站列车运行控制

车站列车运行控制是根据整个系统的列车运行控制方式的变化而变化的。在自动控制方式（ATC）下，车站行车组织的主要工作是监护列车运行状态。在特殊情况下，控制中心下放权力，由联锁集中站进行行车控制，负责列车在车站的接、发、调车等作业，进行排列进路、单操道岔、设置信号等操作，并根据行车调度命令，对列车运行进行调整。

二、车辆基地（停车场）行车组织工作

停车场的作业由运转值班员总体负责，包括车辆运用作业以及为完成车辆调移而进行的调车作业。运转值班员是行车组织的领导人，信号楼值班员负责列车进路和调车进路的办理。

在ATC系统条件下，列车出入库作业由车辆基地信号楼操纵电气集中联锁设备（如6502型大站电气集中联锁），排好进路，列车可进入出入库线路。然后，由ATC车辆基地终端来完成正线运行工作。

车辆基地内部的调车作业由电气集中联锁设备保障其进路安排，由车辆基地信号楼指挥调车作业。司机操纵列车完成调车作业。行车组织工作由以下几个作业组成。

1. 出库作业

运转值班员根据现用的列车运行图、运营检修用车安排、车场线路存车情况等，编制发车计划，内容包括列车车次、出发股道、运用车编号等。发车计划编制完成后，将计划下达给信号楼值班员，上报给行车调度员。另外，运转值班员还应协助列车驾驶员办理出乘作业。如果发现车辆故障，应及时调整列车的出车次序，并给信号楼和行车调度传达变更出车计划的指令。

2. 入库作业

正常情况下，列车经由入库线入库。在设备故障或需检修施工时，在获得行车调度员批准以及信号楼值班员的准许后，列车也可由出库线入库。列车进入车库停稳后，运转值班员协助列车驾驶员办理退勤手续。

在发生列车晚点、脱线、清客、行车事故与救援工作时，运转值班员应组织当事人和有关人员填写情况报告并及时上报给有关部门。此外，运转值班员还应对当日列车故障与安全情况进行统计。

3. 整备作业

首先根据清洗计划组织列车清洗，包括车辆内部的清扫、清洁和车身清洗等。列车收车后，若无列车清洗等其他作业，运转值班员应及时向车辆检修部门办理车辆交接手续，便于进行列车检修作业。运转值班室接到车辆检修部门移交的车辆后，指派专人对车辆状态进行检查，确认车辆技术状态符合正线运行要求后，方能接收和投入使用。

4. 调车作业

除正线运行外，列车或车辆凡因列车折返、转线、解体、编组、取送等需要，在线路上进行的有目的的移动，都属于调车作业的范畴。

三、城市轨道交通乘务管理

城市轨道交通乘务员一般是指电动列车驾驶员，电动列车驾驶员的主要工作是城市轨道交通电动列车的驾驶、应急故障处理。部分城市的轨道交通电动列车驾驶员还负责电动列车在检查、维修、调试等过程中的列车操纵作业。

电动列车驾驶员是城市轨道交通行车组织的关键工种之一。列车运行时，电动列车驾驶员承担着保证列车运行安全和乘客人身安全的重要责任。所以，对于电动列车驾驶员而言，必须掌握规范的作业标准。

（一）乘务组织

在乘务管理方面，合理选择乘务方式、优化配备驾驶员，对提高乘务管理水平和企业经济效益具有显著意义。

1. 乘务方式

城市轨道交通的乘务方式分为轮乘制和包乘制两种。

（1）轮乘制。轮乘制是指列车的值乘驾驶员不固定，由各个驾驶员轮流值乘。采用轮乘制后，有利于合理安排驾驶员作息时间，以较少的驾驶员完成乘客输送任务。但驾驶员对车辆性能、状态的熟悉和对车辆保养的责任心，可能不如包乘制，为此需要通过建立制度、加强教育，明确驾驶员的职责、提高车辆保养质量。目前，大多数城市轨道交通线路的乘务采用轮乘制。

（2）包乘制。包乘制是指列车的值乘驾驶员固定，由若干个驾驶员包乘包管。采用包乘制后，便于驾驶员掌握车辆性能、状态，有利于增强驾驶员对车辆保养的责任心。但与轮乘制相比，采用包乘制时，驾驶员劳动生产率较低，对编制车辆运用计划的要求较高。

2. 驾驶员配备

驾驶员配备数与列车上值乘驾驶员数、折返站替换休息驾驶员总数、轮班循环天数及驾驶员备用系数有关。一般来说，包乘制比轮乘制增加定员 20% 左右。

3. 驾驶员操作培训

城轨电动列车驾驶员的日常驾驶操作培训主要依靠列车模拟驾驶器和列车模拟驾驶台来完成。它们两者都利用了计算机的仿真技术，对列车的牵引控制及制动控制进行模拟，从而实现对列车启动、牵引加速、制动、停车、ATO 自动驾驶、故障处置等操作的培训。

除此之外，还可设置各种突发事件的场景，进行针对性的培训，从而提高驾驶员对故障的辨识、处置及应对突发事件的能力。顺着我国今后大力发展城市轨道交通的趋势，采用列车模拟驾驶器及列车模拟台进行操作培训的方式，比较符合大规模培训驾驶员的要求，而其具有较好的安全性和经济性。

（二）驾驶员作业

驾驶员在驾驶列车时，必须确认各类行车信号，严格按照信号指示驾驶列车；同时必须坐姿正确，目视正前方，遇到危及行车安全的状况时应及时采取有效的应对措施，尽量避免人员及财产的损失。

1. 行车作业

列车在驶入正线前，驾驶员必须对列车进行一次出乘检查作业。行车作业流程为：出勤—列车检查—静、动态调试—出库驾驶—出停车场驾驶—正线驾驶。

列车结束正线运行后的作业流程为：退出正线运行—进停车场驾驶—进库驾驶—列车检查及收车—退勤。

2. 应急处置

运行列车若遇突发列车应急故障，驾驶员应及时汇报给行车调度员，服从行车调度员指挥，并运用合理的方法处置列车应急故障。如果列车自身不能运行，经驾驶员处理无效后，需要动用其他列车配合实施救援时，应及时向行车调度员提出救援请求。救援时，一般执行正向救援原则，即由后续列车对故障列车实施救援。

第四节 城市轨道交通客运组织工作

一、城市轨道交通客运组织工作的主要内容

（一）客运公司客运组织工作内容

（1）完成客流调查、预测等基础资料的准备工作。
（2）完成年度客运计划。
（3）审定、修改客运组织的有关规章制度。
（4）制订车票印制计划。
（5）制订列车开行计划，审批加开列车计划。

（二）站段客运组织工作内容

（1）贯彻执行有关规章、命令、指示。
（2）编制和下达、执行季度计划和月计划。
（3）制订车站客运管理办法，并执行该办法。
（4）组织协调各车站完成客运计划。
（5）实施客流调查工作，车站检、售票工作，卫生与服务工作。

二、票务管理工作

城市轨道交通运营的主要收入是票务收入，所以需要搞好票务管理工作包括制定票价、确定票制以及票务管理。

（一）票　制

1. 单一票价制

不论乘车距离，全线发售的均是单一票价的车票。单一票价制的优点是售票速度快，检票可实行单检制，即进站检票、出站不检票，有利于减少车站检票人员；缺点是不利于吸引短途客流。

2. 计程票价制

按乘车距离（乘车站数）发售不同票价的车票。计程票价制的优点是乘客的费用负担比较合理，有利于吸引更多的客流；缺点是车票种类多、售检票作业较复杂。

3. 区段票价制

把全线分成若干区段，按在区段内乘车和跨越区段乘车发售不同票价车票。区段票价制兼有单一票价制和计程票价制的特点。为尽可能使乘客费用负担合理，对两个区段的相邻站间乘车的乘客通常实行区段票价制。

4. 区域票价制

把地铁网分成若干区域，按在区域内乘车和跨越区域乘车发售不同票价的车票。在区域内乘车又有区域单一票价制和区域计程票价制之分。

轨道交通系统采用何种票价制式，首先是基于经营方面的考虑，但还与售检票方式有一定的联系，自动售检票方式是轨道交通系统采用不同票价制式的基础。

（二）票价制定因素

由于城市轨道交通系统是带有一定公益事业性质的公共交通系统，无法单纯考虑企业盈利而将票价定得过高。同时，票价高低又直接影响客流量与系统吸引力。因此，城市轨道交通系统制定票价应考虑以下因素：

（1）城市轨道交通系统运营成本。
（2）城市交通其他交通方式的票价水平。
（3）城市经济发展水平与市民生活水平。
（4）政策因素。包括物价政策、交通费补贴政策等。

在考虑上述因素后，兼顾轨道交通运营企业的经济效益与城市发展的社会效益，确定较合适的票价，并随上述因素的变化而调整。

（三）检售票方式

（1）人工检售票。可分为进站检票与出站检票两种。设备投资低、运营成本低，但需雇用大量检售票人员，支付较高的费用。此种方式将逐步被淘汰。
（2）自动检售票。采用自动售票机、检票机实现无人检售票，如图6.4所示。

图 6.4　自动检票机

此外，还有一种方式：不用买票，也无需带卡，只要用手机在读卡器上刷一下就可以坐地铁，目前正在建设中的杭州地铁1号线正计划引入"手机地铁票"自动售检票系统。

(四)车票种类

轨道交通车票的种类可根据车票采用的媒介、车票使用的时间、次数或线路的限制等进行划分。

1. 根据采用的媒介划分

车票分为纸质车票、筹码车票、磁卡车票和IC卡车票。纸质车票上印有票价、站名和编号等,适用于人工售检票。筹码车票采用代币TOKEN,投入后能开启闸门。磁卡车票的塑料基片上载有密码、编号、车次、进站时间和地点等信息。IC卡车票的塑料基片上封装了集成电路芯片等,具有存储容量大、保密性能强、使用寿命长等优点,IC卡车票又分为接触式IC卡车票和非接触式IC卡车票。

2. 根据使用时间的限制划分

车票分为普通车票和定期车票。普通车票是只能在当日一定时间内乘车使用的车票,定期车票是可以在一段时间内(如周内、季内或年内)乘车使用的车票。

3. 根据使用次数的限制划分

车票分为单程车票和储值车票,单程车票是供一次乘车使用的车票,储值车票是在车资用完前可多次乘车使用的车票。

4. 根据使用线路的限制划分

车票分为专线车票和联合车票。专线车票是只能在指定线路乘车使用的车票,联合车票是可以在多条线路乘车使用的车票。这里指的多条线路,既可以是轨道交通线网的线路,也可以是票制一体化下的常规公交线路。

除了以上主要的分类外,根据车票发售对象的不同,车票还分乘车证、学生票等。

下面简要叙述采用自动售检票系统时的各种车票发售与使用特点。

(1)单程票:日常使用,车票有面值,限当日、当站使用,在下车站由出站检票机自动回收。

(2)储值票: 日常使用,车票有面值,乘客一次购票、多次使用,并有尾程优惠,可设定使用有效期,使用完毕可回收。

(3)纪念票:为纪念政治、经济、文化等重大事件或题材而限量发售、兼有乘车和收藏功能的车票。车票有面值并有尾程优惠,可设定使用有效期,使用完毕一般不回收。

(4)应急票:在大客流时应急使用,类似于单程票,由车站人工发售,使用有效期与使用车站可设定,一般限当日、当站使用,使用完毕后进行回收。

(5)多程票:车票设定使用有效期与使用次数,例如,在使用有效期一个月内、每天乘车不超过规定次数,使用完毕可回收。

(6)乘车证:乘车证持有人主要是员工,因此又称为员工票。为加强票务管理,乘车证可设定使用有效期,如仅在月内或季内有效,以及设定允许使用次数,如每天允许持有人进出检票机几次。乘车证是一种特殊的多程票。

三、自动售检票（AFC）系统（Automatic Fare Collection）

（一）AFC 系统发展概况

AFC 系统在轨道交通的应用可以追溯到 20 世纪 70~80 年代，如巴黎地铁在 20 多年前就采用了当时相当先进的磁卡 AFC 系统，东京营团地铁在 1988 年 4 月开始应用磁卡 AFC 系统。随着 IC 卡的出现及 IC 卡技术的发展，一些地铁在 20 世纪 90 年代先后采用磁卡（单程票）与 IC 卡（储值票）兼容的 AFC 系统。

AFC 系统在我国的发展已有近 20 年历史，上海地铁在 20 世纪 80 年代末率先开始采用 AFC 系统的研究。在 90 年代中期，磁卡 AFC 系统技术已相当成熟，而 IC 卡技术在城市交通收费方面的应用才刚刚开始，上海轨道交通 1 号线最初采用的是磁卡与 IC 卡兼容的 AFC 系统，广州地铁 1 号线最初采用的是预留 IC 卡功能的磁卡 AFC 系统。近年来，IC 卡技术在轨道交通 AFC 系统中的应用规模迅速扩大。非接触式 IC 卡以其储存量大、保密性强、系统结构简单、运营成本较低、可实现一卡多用等优点，逐步取代了磁卡的地位，成为轨道交通车票的首选媒介。目前，国内新建轨道交通线路的 AFC 系统均选用非接触式 IC 卡技术。

非接触式 IC 卡 AFC 系统的应用使城市公共交通行业的票务联营成为发展趋势，上海的"一卡通"和广州的"羊城通"收费系统目前已拓展到多个城市公共交通领域。例如，很多城市的"一卡通"可以在常规公交、轨道交通、出租车和轮渡通用，为乘客出行带来了便利。

（二）AFC 系统的功能

AFC 系统应能自动快速地完成客票的发售和认证识别，保证信息系统媒体——电子车票具有一定的防伪性以便系统能够安全的运行。通过设在车站各入口、出口处的电子检票设备可对电子车票快速完成识别及相应操作，并通过闸机控制客流的快速通过。为使车票收费合理，AFC 系统应支持按里程分段收费。各入、出口处检票设备可将客流信息实时传输到车站管理计算机，然后这些信息可实时通过地铁与轻轨计算机网络系统传至系统中央机，供客运管理部门随时查询，从而实现地铁与轻轨全系统客流信息的实时采集。同时利用地铁与轻轨计算机网络系统，结算中心还可实时掌握客票发售情况并进行统计汇总。

（三）AFC 系统的构成

为实现以上功能，AFC 系统由中央计算机、车站计算机、自动售票机、半自动售票机、自动进出站检票机、票卡和编码分拣机等设备组成，如图 6.5 所示。

1. 中央计算机系统

中央计算机系统是 AFC 系统的控制、管理中心，负责设置收费标准，实时监视所有车站售检票设备的状态及维护信息，收集并保存着乘客账户信息、售票信息、扣款信息等 AFC 系统的重要数据。中央计算机系统包括票务中心服务器、工作站和主干网络系统。

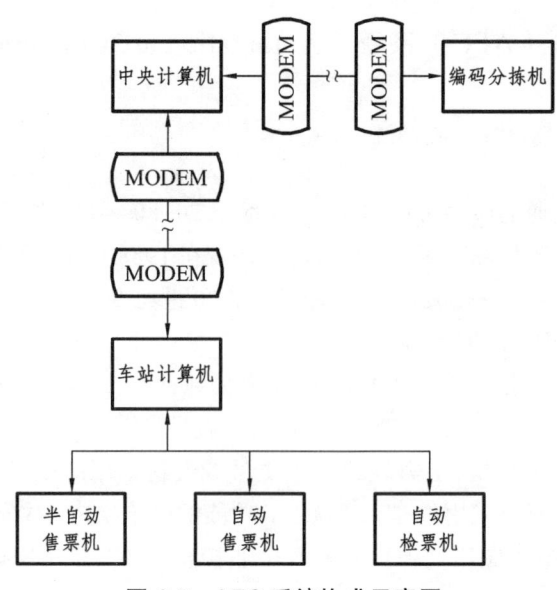

图 6.5 AFC 系统构成示意图

2. 车站计算机系统

车站计算机系统是指一个车站内，由各种车站检售票设备作为终端所组成的计算机网络系统，负责实时监控、调整车站检售票设备；收集、处理、审查车站售检票的交易数据，统计乘客量，提出信息管理报告，并送往票务中心计算机；接收票务中心计算机下载的收费标准，挂失储值票号码等，并将其数据送往车站的各售检票设备。它是车站终端设备与票务中心的枢纽，既负责管理和监控本站的设备，又负责终端与中央计算机系统之间的信息传递。

3. 车站售检票设备

车站售检票设备是设在地铁与轻轨车站、直接面对乘客的一些设备，主要包括检票机、自动售票机、半自动售票机、自动验票机和自动加值机等。车站 AFC 设备的基本功能如下：

（1）检票机：检票机又称闸机，根据用途的不同，分为单向检票机和双向检票机，其中单向检票机又分进站检票机和出站检票机。根据闸门阻挡方式的不同，分为三杆式检票机和门式检票机等。在入口处，检票机自动检查票的合法性；在出站处，检票机自动检查车票合法后，如为储值票则从中扣除乘车费用，如为单程票，则自动回收。三杆式检票机，要求在紧急情况下，只要切断电源，转杆即可迅速自动跌落，就成无阻挡通道，有利于乘客的安全疏散和撤离灾害现场。

（2）自动售票机：用于乘客自助式购票，能识别指定的硬币和纸币并退出伪币，可以找零。票盒无票或钱箱已满时能提示相关信息，设备的状态信息和运营数据自动传输给车站计算机。

（3）半自动售票机：用于辅助售票员处理各种售票及查询业务，如发售各种车票，车票的充值、挂失，以及退票、验票和补票等，设备的状态信息和运营数据会自动传输给车站计算机。

（4）自动验票机：用于乘客自助式查询车票的相关信息，包括车票种类、卡号、金额、有效期以及近期若干次乘车记录等。

（5）自动加值机：用于乘客自助式对储值票用现金或银行转账方式进行充值，用现金充值时能识别伪币，可以找零，具有分析车票和自动显示余额的功能，设备的状态信息和运营数据自动传输给车站计算机。

4. 票卡

轨道交通使用的票卡，目前主要有磁卡和非接触式 IC 卡两种。磁卡通常用于单程票、多程票和纪念票等票种，非接触式 IC 卡通常用于储值票和员工票等票种。

新建轨道交通线路更倾向于选用非接触式 IC 卡 AFC 系统，如大连轨道交通 3 号线的单程票和储值票均采用非接触式 IC 卡，单程票用的是薄型卡，存储容量为 512 bit，因卡的采购成本较低，解决了票、卡价格倒挂的问题。

单程票解决方案除了采用磁卡或薄型非接触式 IC 卡外，还有一种解决方案是采用筹码（TOKEN）。TOKEN 的采购成本较低，使用次数可达 1 000 次，因此每次使用成本很低。此外，TOKEN 的回收机械简单、可靠，由于分拣直接在检票机上进行，车票可在车站内循环。筹码型单程票的缺点是不适宜作为商业广告的载体。天津地铁 1 号线、南京地铁 1 号线和武汉轻轨均采用筹码型（TOKEN）单程票。

5. 编码分拣设备

新车票在进入 AFC 系统使用前，必须经由编码分拣机进行初始编码（固定数据编制）。每张车票只有唯一的一个系列编码，这个编码将在该车票的使用期内由系统进行识别或跟踪。

车票的编码过程是在中央计算机高度安全控制下进行的，编码分拣机的操作控制由工作人员通过控制计算机进行监控并与中央计算机进行通信完成的。

编码后的车票可装在售票机和检票机通用的票箱里，也可装在其他包装箱内，以便送到车站出售。

阅读知识

城市轨道交通备用客车的运用

备用客车是作为调整城市轨道交通行车间隔，进行客流疏导的关键工具。备用客车是城市轨道交通行车组织的一种常备列车车辆，包括按规定编组的客车车组、工程车和单机。其中备用客车（以下简称为备用车）的作用主要是当正线运营的列车发生故障时，上线替代故障列车；或因正线列车故障造成行车间隔变大时，上线调整行车间隔，以保证正线列车"套跑"运行图；或车站出现大客流等情况，导致大量乘客滞留时利用备用车上线以疏导客流。

（一）广州地铁备用车的实际运用情况

下面以广州地铁 2008 年 1 月份的运营情况为例，分析备用车在实际运营中的执行情况。

广州地铁 1 月份日均客运量已达 158.1 万人次。其中广州地铁 1、2、3 号线的客流量占总客流量的 96%，高峰期最大满载率均在 77% 以上。另外，广州地铁 2008 年 1 月份列车晚点情况较多，达到220次；相应备用车的实际使用也比较频繁，共107次。由于旧设备老化、新设备不完善及其他外界不定因素的影响，实际运营组织的晚点情况较多，从而加大了运营组织压力。

特殊情况下，如何把握关键时机，及时、合理地利用备用车调整行车间隔，保证正线列车能按照运行图运行，成为了地铁运营的关键点之一。

（二）备用车运用的优化

1. 备用车的使用原则

备用车的使用原则为：提前预想，果断决策，择机使用，不能"带病"上线。备用车使用的目的是及时调整行车间隔，疏散站台积聚乘客。这就要求使用的备用列车必须状态良好，不能"带病"上线，避免故障影响的扩大。当然，备用车的车辆状态是否具备使用条件，能不能上线，必须由车辆检修人员判断，必要时，需行车调度人员与检修人员沟通决定。

2. 备用车的使用时机

备用车的使用应及时、得当，能够调整运营秩序。但是，如果备用车的使用错过了关键时机，不但对行车组织的调整起不到实质性的作用，可能反而会使后续列车堵塞，造成列车运行间隔不均。下面以广州地铁常见的运营故障为例，分类说明备用车的关键使用时机。

（1）直接使线路通过能力下降的故障。发生此类故障时，故障区域的后续列车排队滞留，而在故障区域前方车站的列车到达间隔将持续增大，车站积聚的乘客不能及时得到运输，站台积聚的乘客将会超过车站实际的承受能力。这时，就需要行车组织人员择机合理安排备用车上线以调整运行。在地铁高密度行车间隔下，实际上线列车较多，在安排备用车上线时，应该优先考虑等间隔地调整列车运行。以广州地铁1号线为例，如果烈士陵园站上行有列车故障，行车组织人员应优先选择广州东站的备用车上线替代开行相应的车次，并相应地在西朗站合理安排个别列车转为备用车。

（2）屏蔽门故障。发生此类故障，预计列车延误较大时，应立即安排司机上备用车待令或通知车辆运用库做好加开备用车的准备，再择机加开到正线。

（3）车辆故障。发生此类故障无法在正线处理。按照《车辆故障处理指南》或检修调度要求列车需到终点站退出服务时，行车调度员应在第一时间通知有关车站备用车或车辆运用库备用车做好上线准备，并根据实际情况组织备用车在故障车前加开，替代故障列车上线进行载客服务。

（4）突发大客流。当某个车站突发大客流，出现站台乘降困难（持续有乘客上不了车）或受某个车站突发大客流影响，其他车站出现多趟列车均有大量乘客无法上车的情况时，行车调度员应及时安排加开备用车，减小行车间隔以疏散客流。在条件允许的情况下，为更有效的疏运大客流车站的乘客，利用备用列车上线后能将行车间隔缩短的优势，可适当安排列车在始发站不开门载客，空车直接不停站运行至大客流车站投入客运服务。

（5）个别列车发生较大的延误。当个别列车发生较大延误时，会导致此列车与前行列车间隔过大，造成后续列车堵塞。如果单纯地使备用车上线只是增加上线的车辆数，会给列车的间隔调整带来困难，并不能填补或拉匀行车间隔。此时，行车调度员可根据故障列车的实际位置，在具备折返条件的中间站安排列车折返，同时组织备用车上线。

3. 备用车的运用形式

（1）备用车直接上线。列车出现较严重晚点而不能"套跑"运行图时，可利用两端备用车进行行车间隔的调整，以保证列车满足运行需要。

（2）备用车不停站通过。如果中间站滞留大量乘客，且现有列车要到达该站的时间还较长，在条件允许的情况下（沿途站客流较小、站台能保证安全），可安排备用车在存车站不载客，直接运行到相应车站进行客流运输。

（3）回厂列车上线加开。在转峰期（高峰期转中峰期或中峰期转低峰期），如果正线客流较大，或有列车发生较大晚点，可将计划回厂的列车留在正线，加开运行，以满足行车组织的需要。

4. 备用车热备的建议

临时调用备用车，涉及列车准备、司机安排、进路准备等问题。这些都直接影响备用车发车的时机。从实际运营来看，备用车从准备到上正线的时间偏长，有时甚至会错过时机。因此，建议结合线网实际客流规律，在特殊时段采取"备用车热备"的方式，即提前组织司机在备用车上待命。主要的特殊时段有：早上出车至早高峰峰值结束时（9:00）；重大节假日高峰时间段（约14:00—18:30）；地铁沿线有大型活动，如广交会、焰火晚会等可能产生可预见性大客流时。

运营组织是个大联动机，使用备用车所涉及的因素也较多，在实际运营中可能由于设备故障或突发客流的发生地点、发生时间的不同，备用车的使用方式、方法也会不同。因此，就要求在备用车的使用上，除了需要行车调度人员预想充分、考虑周全外，同时还需要司机、车站、车辆运用库等各部门、各岗位的高效配合，这样才可保证备用车的高效使用。

复习思考题

一、填空题：

1. 供社会用户使用的列车运行图以_____的形式对外公布。
2. 城轨交通的列车运行图时间一般以一分格或_____分格为等分。
3. 城轨交通列车一般采用_____运行图。
4. 编制列车运行图时，原则上在保证运量需要的条件下，使运营车数达到最_____。
5. 城轨交通列车运行调度工作由_____实施。
6. 电子调度集中的设备分布于_____车站及车上。
7. 计程票价制是按_____不同发售不同票价的车票。
8. 目前城轨交通售检票的方式有_____和_____两种。
9. 自动售检票系统的英文缩写是_____。
10. 闸机根据闸门阻挡方式的不同，有_____和_____两种。

二、简答题：

1. 城市轨道交通运行组织的特点是什么？
2. 何谓列车运行图？它的作用是什么？
3. 列车运行图上的横坐标、纵坐标、水平线、垂直线、斜线各表示什么含义？
4. 列车运行图如何分类？

5. 城市轨道交通列车运行图的编制原则是什么？
6. 列车运行调度工作的基本任务有哪些？
7. 列车运行调度工作的主要设备有哪些？
8. 车辆基地行车组织工作主要有哪些内容？
9. 客运公司客运组织工作的主要内容有哪些？
10. 站段客运组织工作的主要内容有哪些？
11. 自动售检票（AFC）系统的功能是什么？它由哪几部分组成？
12. 车站售检票设备包括哪些设施？

第七章　环控、防灾与安全系统

第一节　环控系统

一、地铁与轻轨环境的特点

（1）由于地铁与轻轨的车站和区间隧道除出入口（地面线和高架线除外）等极少部位与外界相连通外，其余基本上与外界隔绝，所以只有用人工气候环境才能满足乘客的要求。

（2）列车各种设备的运行和乘客都将释放出大量的热量，若不及时排除，将使车站和区间隧道的温度上升，乘客在此环境中将难以忍受。

（3）地铁与轻轨隧道是狭长的地下建筑物，列车及各种设备的运行产生的噪声不易消除，对乘客的影响较大。

（4）地铁与轻轨列车在区间隧道运行时产生"活塞效应"，若不能合理应用，会干扰车站的气流组织，使乘客感到不舒适，并影响车站的负荷。

（5）地铁与轻轨车站和区间隧道需要不分昼夜地照明，因此车站和车厢的亮度、色调、装饰和布置都会成为影响乘客心理的重要因素。

（6）当发生事故，尤其是发生火灾事故时，将导致环境恶化，不易救援，要采取有效措施。

由此可见，要建立一个能满足乘客、工作人员生理上和心理上要求的人工环境，是一项复杂的系统工程，它包括环境中空气的温度、湿度、空气流动速度、空气质量和环境照度、色调、装饰、布置以及噪声控制、安全措施等因素。

通风和空调的任务是采用人工的方法创造和维持满足一定要求的空气环境。它包括空气的温度、湿度、空气流动速度和空气质量。当列车在区间隧道内阻塞时，能维持车厢内乘客短时间能接受的环境条件。当地铁与轻轨发生火灾事故时，能提供有效的排烟手段，给乘客和消防人员输送足够的新鲜空气，形成一定的风速，引导乘客迅速撤离现场。

二、环控系统

地铁与轻轨通风空调系统一般分为开式系统、闭式系统和屏蔽门式系统。根据使用场所不同、标准不同又分为车站通风空调系统、区间隧道通风系统和车站设备管理用房通风空调系统。

(一)开式系统

开式系统是应用机械或列车"活塞效应"的方法使地铁与轻轨内部与外界交换空气,利用外界空气冷却车站和隧道。这种系统多用于所在地最热月的月平均温度低于 25 ℃ 且运量较少的地铁与轻轨系统。

1. 活塞通风

当列车的正面与隧道断面面积之比(称为阻塞比)大于 0.4 时,由于列车在隧道中高速行驶,如同活塞作用,使列车正面的空气受压,形成正压,列车后面的空气稀薄,形成负压,由此产生空气流动。利用这种原理的通风,称为活塞效应通风。

活塞风量的大小与列车在隧道内的阻塞比、列车行驶速度、列车行驶空气阻力系数、空气流经隧道的阻力等因素有关。利用活塞风来冷却隧道,需要与外界有效交换空气,因此,对于全部应用活塞风来冷却隧道的系统来说,应计算活塞风井的间距及风井断面的尺寸,使有效换气量达到设计要求。实验表明,当风井间距小于 300 m、风道的长度在 25 m 以内、风道面积大于 10 m² 时,有效换气量较大,在隧道顶上设风口效果更好。由于设置许多活塞风井对大多数城市来说是很难实现的,因此,全"活塞通风系统"只有在早期地铁中被应用。现今建设的地铁与轻轨多设置活塞通风与机械通风共同工作的联合系统,其通风方式,如表 7.1 所示。

表 7.1 通风方式概况表

方 式		略 图	要 点
自然通风	利用列车活塞通风		路面每隔 70～100 m 设一通风口,无列车时,丧失排烟功能
半机械通风	车站:机械通风 区间:自然通风		车站环境得以改善
	车站:自然通风 区间:机械排风		隧道中间设置通风井,安设小型风机
机械通风	车站:机械给风(排风) 区间:机械排风(给风)		协调车站和隧道的通风,是地铁与轻轨标准的通风方式
	车站、区间互相独立的给、排风方式		在单线区间或双线带隔墙的较为有效
	车站区间均为独立的给、排风系统,车站风流为横向形态		在地铁与轻轨客运量急剧增加的情况下,为控制站内温升而采用的通风方式

2. 机械通风

当活塞式通风不能满足地铁与轻轨排除余热与余温的要求时，要设置机械通风系统。

根据地铁与轻轨系统的实际情况，可在车站与区间隧道分别设置独立的通风系统。车站通风一般为横向的送排风系统；区间隧道一般为纵向的送排风系统。这些系统应同时具备排烟功能。区间隧道较长时，宜在区间隧道中部设中间风井。对于所在地气温不高，运量不大的地铁与轻轨系统，可设置车站与区间连成一起的纵向通风系统，一般在区间隧道中部设中间风井，但实际还应通过计算确定。

（二）闭式系统

闭式系统使地铁与轻轨内部基本上与外界大气隔断，仅供给满足乘客所需的新鲜空气量。车站一般采用空调系统，而区间隧道的冷却是借助于列车运行的"活塞效应"携带一部分车站空调冷风来实现的。

这种系统多用于所在地最热月的月平均温度高于 25 ℃，运量较大的地铁与轻轨系统。

（三）屏蔽门系统

屏蔽门系统作为站台公共区与轨道交通的可控通道，在列车进站时能配合列车车门动作打开或关闭滑动门，为乘客提供上下车的安全通道。屏蔽门系统的作用是为了隔断站台侧公共区空间与轨道侧空间，避免人员跌落轨道和减轻驾驶员驾车进站时的心理恐慌。隔离列车运行时所产生的噪声、活塞风，保证站内乘客有一个良好的候车环境，避免活塞风所造成的站内空调冷气的损失。

1. 屏蔽门系统的组成

城市轨道交通在地下车站设置屏蔽门，在地面和高架车站设置安全门。站台屏蔽门总高度为 3 m，门高度为 2.15 m，安全门高度为 1.5 m，安全门结构和控制系统与屏蔽门相类似。

屏蔽门系统由机械和电气两部分构成，机械部分包括门体结构和门机系统；电气部分包括电源和控制系统。屏蔽门系统是安装于车站站台边缘，用以提高运营安全系数、改善乘客候车环境、节约城市轨道交通运营成本的一套机电一体化的设备系统，集成了现代计算机控制、伺服驱动、网络技术、UPS 电源技术和精密机械技术。

屏蔽门系统在站台设有滑动门、固定门、应急门、端门。应急门一般当做固定门使用，在列车进站无法停靠在允许的误差范围位置时，必有一道列车门对准应急门，此时若需要由应急门紧急疏散时，可由乘客在轨道侧列车上打开相对应的列车门后推动应急门的解锁装置，或由站台工作人员在站台侧用专用钥匙打开应急门，进行紧急疏散。应急门被使用后，必须确保关闭与锁紧。端门是车站工作人员通道，属非监控门，可在轨道侧推动端门推杆锁的解锁装置，或由站台工作人员在站台侧用专用钥匙打开。

2. 屏蔽门系统的控制模式

屏蔽门系统有系统级、站台级、人工操作（或称手动操作）三种控制模式。系统级控制是执行系统命令的控制模式；站台级控制是执行由站台 PSL 操作盘发出的命令的控制模式；

手动操作即是站台工作人员在站台侧用专用钥匙或由乘客在轨道侧推动解锁装置打开滑动门。此外，屏蔽门系统还有火灾控制模式，在相应的火灾模式下，车站值班人员可在车站控制室操作消防联动盘来操作屏蔽门紧急开关，配合打开滑动门，疏散乘客和配合环控系统排烟。上述模式的控制优先权从高到低依次为人工操作模式、火灾控制模式、站台级控制模式、系统级控制模式。

屏幕门系统设有障碍物检测功能，如滑动门关闭时检测到障碍物，会后退作短暂停止以释放夹到的障碍物，然后再次关闭，从而避免夹伤乘客。

屏蔽门系统与车站机电监控系统之间或主控系统之间设有通信接口，用于传送屏蔽门系统运行状态、故障诊断信息至机电监控系统或主控系统，以便于车控室人员、维修人员监视屏蔽门状态。

在站台监控亭设有屏蔽门系统监控器，工作维修人员可在此PSA上监控屏蔽门系统的运行状态，查看/下载屏蔽门系统运行历史记录，修改屏蔽门系统控制程序，上传参数等。

在车站安装空调系统，如图7.1所示。隧道用通风系统（机械通风或活塞通风，或两者兼用），若通风系统不能将区间隧道的温度控制在允许值以内，应采用空调或其他有效的降温方法。

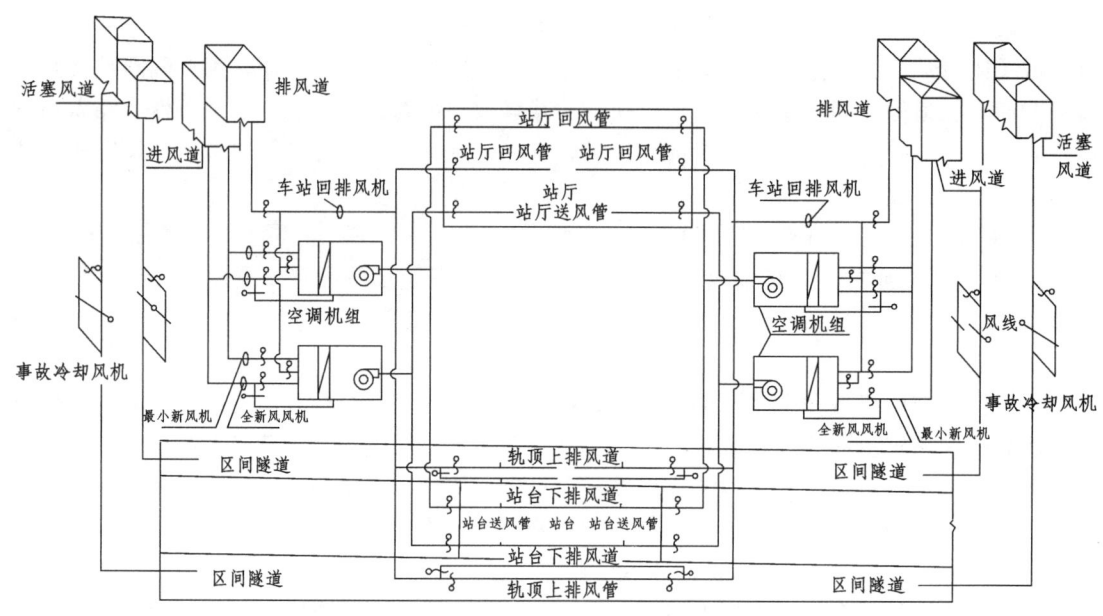

图 7.1 车站通风空调系统图

安装屏蔽门后，车站成为单一的建筑物，它不受区间隧道行车时活塞风的影响。车站的空调冷负荷只需计算车站本身设备、乘客、广告、照明等发热体的散热，及区间隧道与车站间通过屏蔽门的传热和屏蔽门开启时的对流换热。此时屏蔽门系统的车站空调冷负荷仅为闭式系统的22%～28%，且由于车站与行车隧道隔开，减少了运行噪声对车站的干扰，不仅能保持车站安静、舒适的环境，也使旅客更为安全。

三、通风空调设备

地铁与轻轨通风空调设备大部分与地面建筑工程所用设备相同。地铁与轻轨的专用通风设备简介如下。

1. 隧道通风机

地铁与轻轨隧道通风机需要较大的风量，较低的风压。一般风量为 40~90 m^3/s、风压为 800~1 200 Pa。需要同时有正风与反风的要求，因此多为轴流式风机。

地铁与轻轨所用的风机，主要有以下特点：

（1）风量在 40~90 m^3/s、风压为 800~1 200 Pa。
（2）可逆转，逆转风量不低于正转风量的 90%，正、反转置换时间不大于 60 s。
（3）电动机内置式，轴联传动。
（4）适用的环境条件，温度为 –15 ℃~45 ℃，相对湿度为 30%~95%。
（5）输送的介质：空气、150 ℃烟气，因此风机需耐 150 ℃高温、并可持续工作 1 h；
（6）低噪声。
（7）设有运行状态的反馈信号。
（8）设有各种安全保护装置。

2. 组合风阀

由于地铁与轻轨通风系统的风量较大、运行模式较复杂，需设置大型组合风阀来满足系统的要求。从我国目前所用的组合风阀来看，面积为 20 m^2 左右。其特点有：

（1）由若干单元阀组合而成。
（2）承受静压 1 400 Pa 时开启自如。
（3）组合阀只设一个执行机构来执行命令。
（4）全程时间不大于 60 s。
（5）耐 150 ℃高温，可连续工作 1 h。
（6）全开启的流通面积不小于外轮廓尺寸面积的 85%。
（7）符合立式安装及卧式安装的要求。
（8）可手动、远动调节带运行状况的反馈信号。

3. 消声器

地铁与轻轨隧道通风系统的风机为大风量、中低风压的轴流式风机，其噪声以中、低频为主，频谱范围宽低频多出现于峰值，因此隧道通风所用的消声器多为厚片组成的片式消声器。

片式消声器应具有防火、防潮、耐腐蚀、无异味、经久耐用，便于安装、清洗、维护，不老化等特点，片间的风速在 12 m/s 时对低频有良好的消声效果。

一般消声器要根据风机的声学频谱特性、总声功率级及环境噪声要求专门设计。由于地铁与轻轨风道形状较复杂，消声器的外形要根据断面的形状特定进行加工。

四、通风建筑物

通风建筑物主要包括：地面风亭、风道、风机室、消音室等，如图 7.2 所示。

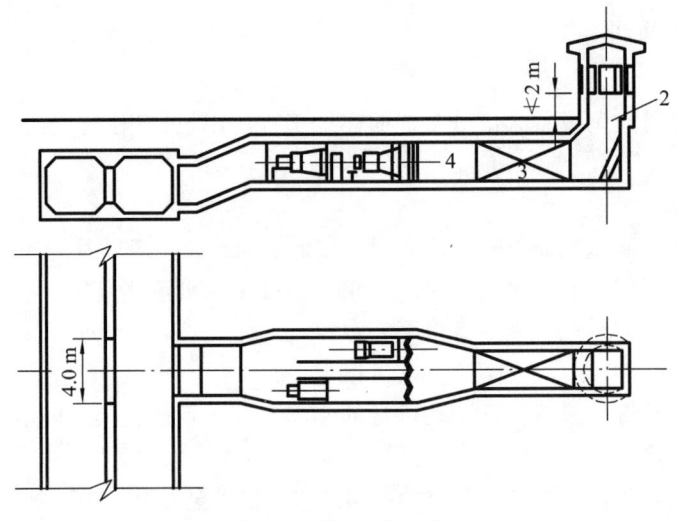

图 7.2 通风建筑物

1—地面风亭；2—金属门；3—消音室；4—风机

（一）风　亭

风亭是地铁和轻轨与外界交换空气的主要渠道，进风质量的好坏又直接影响地铁与轻轨的环境，因此风亭的设计就显得十分重要。

地铁与轻轨的进风亭应设于空气洁净的地方，任何建筑物距通风亭口部的直线距离应大于 5 m。当进风亭与排风亭合建时，排风口要高出进风口 5 m。有时由于受规划所限，风亭不能建得太高，这种情况，进、排风口之间的距离应大于 5 m。

为了避免地面纸屑、砂土进入风亭，进风亭格栅底部距地面的高度应大于 2 m，各风口应尽量错开方向。进风亭建于绿化地带内时，其高度可降低，但不宜低于 1 m。

排风口单独设置时，其格栅可设于地面绿化带内，但应高出地面 30 cm，并配有排水设施。风亭的外形宜作为建筑小品进行处理，应和周围环境及建筑物相协调。

（二）风　道

风道为连接隧道及地面风亭的一段渠道，它在隧道边墙上形成的风洞，其上边应尽量靠近隧道顶板，其下边应尽可能接近轨顶平面，风道断面一般为 4 m 宽，即使在最狭窄的地方其长宽规格也不应小于 2 m×3 m。

风道断面为矩形或正方形，其覆盖厚度应大于 1 m，选择埋深时，应考虑风道线路遇到城市地下建筑物及管网的情况。此时如不妨碍风道运用的话，可让其穿越风道，不必拆迁。

风道具体线路的规划应会同城建有关部门共同决定。风道应经常有电力照明。风道靠近线路隧道的地方，应设金属栅栏，栅栏上设有 1.8 m×1.0 m 的门。风道纵向坡度不得小于 3‰，中央应设 150 mm×150 mm 的敞口排水沟，沟边至风道侧壁的横向坡度不得小于 2‰。

（三）风机室

风机室的尺寸应根据安装在其中的风机限界、风机安装及拆卸的方便条件以及通风设备运用的便利条件来决定。

风机室一般设置在靠近区间隧道或车站隧道的风道内，本身就是风道的扩大部分。浅埋于地铁与轻轨中，风机室离隧道的距离，要能使风道设在离地表 1 m 的地方，因为这样可减少土方量，比较合理。

若在风机室内安装两台风机，则最方便的方法是前后交错排列；若并排安设，则在两侧都必须设置过道。

风机室内，除风机外，还设有金属闸门，借助这些闸门可使 1 台或 2 台风机停止工作。在风机及电动机的轴线位置风机室顶板安设一根装配梁，梁长为自风机叶片开始至电动机外 1.5 m 处。

为了将通风网的吸风部分和压风部分隔离开，在风机上方设有一道 120 mm 厚的钢筋混凝土墙。为避免通风机开动时扩散器发生过大震动，在离风机端不远处设置第二道同样的隔墙，这两道墙均在风机安装之后修建。

风机室的地板应用瓷砖铺砌，在不得已的情况下也可使用水泥地面，并应有从风机室两侧向中央倾斜的横向坡（$i=0.02$）。在风机室中央应设宽 200 mm、深 150 mm 的排水沟。

（四）消音室

消音室的尺寸，应按消音的需要经计算确定。当浅埋车站时，风机室两端都要设消音室，以便在地面风亭一边和在车站那一边都能消除风机开动时发出的噪声。

第二节　给排水系统

给排水系统的功能是满足车站及车辆段生产、生活和消防用水对水量、水质和水压的要求，保证车站和车辆段排水畅通，为轨道交通安全运营提供服务，同时对车辆段内的生活污水和生产污水进行收集和处理，以达到排放标准。

给排水系统分别由给水系统和排水系统两部分组成。其中给水系统包括生活给水系统、生产给水系统和消防给水系统，排水系统包括污水系统、废水系统和雨水系统。对于不能直接排入城市污水系统或没有城市污水系统可接入的区域，应设置污水处理装置。

国内个别城市轨道交通系统（如上海 1 号线等）在车站内设置了水喷淋及水幕系统，在发生火灾时能起到灭火及阻隔烟气扩散的作用。但该类型系统存在严重缺陷，系统动作后在地板上会产生大量的积水，导致地板湿滑，不利于乘客的疏散，因此未大量得到使用。

一、给水系统

(一) 用水量及水质

用水量：工作人员生活用水量为每班每人 30~50 L，小时变化系数为 2.5~3；冲洗用水量为每次 2~4 L/m^2；生产及冷却冷冻循环给水系统的补充水量应按工艺要求确定。

水质：生活饮用水的水质，必须符合国家现行《生活饮用水卫生标准》(GB 5749—85)的要求。生产及冷却冷冻循环给水系统的水质按工艺要求确定。

(二) 水　源

地铁与轻轨给水水源，应优先选择城市自来水，除消防要求及特殊情况外，不宜选择地下水或地表水。当选择城市自来水时，其设计应符合当地自来水公司等有关部门的规定。地铁与轻轨水源的供水量必须满足地铁与轻轨各项用水量的需要。

为满足地铁与轻轨消防用水的要求，每个车站宜由城市自来水干管引入地铁与轻轨 2 根给水管，如有引入困难也必须保证引入 1 根给水管。

(三) 给水系统

地铁与轻轨宜采用生产、生活和消防共用的给水系统。根据经济技术比较，也可采用生产、生活与消防用水分开的给水系统。

(四) 主要给水设施

1. 阀门及冲洗给水栓

地铁与轻轨 2 条给水干管的车站两端及区间连通管处应设阀门。每个用水点的给水支管应设阀门。消火栓给水系统每个独立的供水区段宜设手动电动阀门进行分隔。当车站由城市自来水引入 2 根消防给水管时，宜在区间连通管的前后设 4 个手动电动阀门；当车站由城市自来水引入 1 根消防给水管时，则在车站两端连通管处分别设 4 个手动电动阀门，如图 7.3 所示。

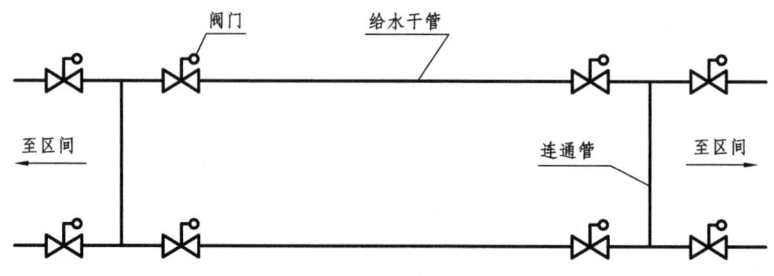

图 7.3　连通管阀门布置图

车站应设置 DN25 的冲洗给水栓，一般每 50 m 设一个。在生产、生活及消防共用的给水系统中，冲洗给水栓宜设在消火栓箱内。在分开的给水系统中，宜单独进行设置。区间隧道考虑调用冲洗车冲洗，一般不设冲洗给水栓。

2. 消火栓设置

地铁与轻轨消火栓的布置，应保证2支水枪的充实水柱能同时到达地铁与轻轨内任何部位。如采用双口双阀消火栓，车站消火栓间距为40~50 m，区间为50~100 m。目前我国地铁与轻轨区间消火栓的间距除北京地铁为100 m外均为50 m左右。当采用单口消火栓时，车站消火栓间距不宜超过30 m。

3. 水泵接合器

地铁与轻轨消防给水系统，应设水泵接合器。水泵接合器的数量应根据消防用水量确定，并应设在地面出入口或通风亭附近便于消防车通行的区域的地下或墙壁上，距接合器40 m范围内必须设置室外消火栓或消防水池（也可利用城市的室外消火栓）。

如设区间通风道，水泵接合器也可设在区间通风亭附近。接合器引入管通过风道和区间消防管网相接。

4. 水表及水表井设置

车站或区间的给水引入管，必须根据当地自来水公司的要求，设置水表及水表井。

当生产及生活给水管网与消防给水管网分开设置时，则在生产及生活管网上设置水表，在消防给水管网上不设水表。但由城市自来水引入的给水总管必须保证消防用水的需要。

当生产及生活用水和消防用水给水管网共用时，则只设生产及生活用水的水表。另外在给水引入总管设置水表的前边接出能满足消防流量的旁通管，平时由手动或电动阀门关闭，进行消防工作时能由消防控制室控制开启。

二、排水系统

（一）排水系统分类及排水量

地铁与轻轨排水系统可分为：结构渗漏水排水系统，消防及冲洗废水排水系统，粪便及生活污水排水系统，隧道洞口及露天出入口雨水排水系统等。

计算各系统排水量时，可参考下列标准：结构渗漏水按隧道结构每昼夜不大于 0.5 L/m^2 计算；消防废水按消防用水量计算，冲洗废水按 $2~4 \text{ L/m}^2$ 计算；粪便污水量按我国现行《建筑给水设计规范》的规定计算；隧道洞口及露天出入口的雨水量按当地30年一遇的暴雨强度计算；车站每次冲洗时间宜控制在 1 h，区间隧道冲洗时间按冲洗车喷头的喷水量、隧道断面及长度计算。

（二）各类排水系统的排水方式

1. 结构渗漏水

主要通过设在车站及区间隧道的线路排水沟，自流集中到线路某区段坡度最低点处的排水泵站集水池，然后提升高度排至地面的城市雨水或雨污合流排水系统。消防及冲洗废水也通过线路排水沟集中到邻近的区间或车站排水泵站排除。线路排水沟的流水坡度一般不小于3‰。

2. 粪便及生活污水

主要是指车站及折返线厕所的粪便及卫生器具的生活污水。将这些污水通过下水管道集中到厕所附近的污水泵房的污水池，利用排水泵提升高度排至地面的化粪池，然后再自流到城市污水排水系统。

3. 隧道洞口及露天出入口的雨水

应在洞口部就近设置排雨水泵站，将雨水汇流至泵站集水池，然后提升高度排至地面城市雨水排水系统。该泵站所处位置如能利用地形高差使雨水通过重力流排放，则不必设排雨水泵站。

（三）排水泵站（房）

1. 排水泵站（房）的种类及主要技术规定

（1）主排水泵站。主要排除结构渗漏水及消防冲洗废水。应设在某区段线路坡度最低点，每个泵站担负的隧道长度单线不宜超过 3 km，双线不宜超过 1.5 km。在我国地铁与轻轨中，主排水泵站有的设在车站端部，有的设在两站之间的区间隧道变坡点的凹处。设在区间时，有的和区间风道合建，有的和防灾联络通道合建，也有单建的。泵站的集水池容积按结构渗水和消防废水 30 min 内总和的水量确定，但不得小于 30 m^3。泵站室内地坪宜高出轨面 0.25~0.30 m。太高则会造成人员出入及设备安装不便。

（2）辅助排水泵站。当主排水泵站所担负的区间隧道长度超过规定，结构渗水和消防废水量较大，或者车站结构需要设倒滤层排水时，宜设辅助排水泵站。泵站设置地点根据具体情况而定。

（3）污水泵房。设在厕所附近，主要排除粪便及生活污水，泵房污水池容积按不大于 6 h 内排出的污水量确定，并应满足污水泵排水能力的需要。污水池底面应设不小于 10‰ 的坡度，坡向吸水坑。为便于清理及维修污水池，顶板上进入孔的位置应设在水泵吸水坑的上方。

（4）局部排水泵房。宜设在出入口自动扶梯机坑、折返线车辆检修坑端部、车站盾构端头井、碎石道床区段等不能自流排水的低洼地点，集水池的容积宜按 10~30 min 的结构渗水量与平时冲洗废水量之和确定。如消防废水量大于冲洗废水量时，则应按消防废水量计算。

（5）临时排水泵房。设在分期修建的隧道先建段的最低点，泵房集水池的有效容积按 10~30 min 的结构渗水量与消防废水量之和来确定。

（6）隧道洞口排雨水泵站。如果列车出入线隧道洞口的地形不能按重力流方式排水时，则必须在洞口适当地点设排雨水泵站。泵站水泵的排水能力，应结合汇水面积及当地 30 年一遇的暴雨强度计算。泵站的设计必须保证行车的安全。除执行《地下铁道设计规范》的相关规定外，还应执行我国现行《室外排水设计规范》的相关规定。

（7）露天出入口排水泵房。当露天出入口的雨水不能按重力流方式排除时，宜在出入口适当地点设排雨水泵房，排水泵房的集水池容积和排水泵能力，考虑汇水面积的情况下按当地设计降雨重现期 30 年计算。

2. 排水泵站（房）的排水泵台数及排水泵能力

各种排水泵站（房），均设置 2 台泵，平时 1 台参与工作，1 台作为备用。其排水泵能力，由最大小时排水量确定。在排除消防废水和结构渗水时，应考虑 2 台泵同时工作，这时排水泵总的排水能力按消防废水量和结构渗水量的最大小时排水量确定。位于河湖等水域的主排水泵站，应增设 1 台同等能力的排水泵。

厕所粪便污水泵的排水能力，因所需排污水量很小，故排水能力宜结合所选排水泵的排水能力考虑。

隧道洞口的排雨水泵站，宜设置 3 台泵，平时由 1 台或 2 台泵参与工作，雨水达到设计雨水量时，3 台泵同时参与工作。

为了行车的安全，保证排水的可靠性，主排水泵站、辅助排水泵站及排雨水泵站宜按一级负荷供电。

各种排水泵站（房）的排水泵，应设计为自灌式，宜选用立式或潜污排水泵。

第三节　防灾系统

突然爆发，给人类与社会带来灾难性后果的突发事件称为灾害。灾害的主要特点是突发性强、发展迅速和后果严重。灾害可以分为自然灾害和人为灾害两大类。自然灾害以自然变异为主因，主要包括水害、风害、雷击和地震等；人为灾害以人的因素为主因，主要包括火灾、爆炸、投毒和恐怖袭击等。灾害具有突发性与破坏性，一旦发生，人员伤亡、财产损失、秩序失控、后果严重，因此防灾减灾是安全管理的重要部分。

地铁与轻轨可能发生的灾害包括火灾、水灾、地震、风灾、雷击、停电、设备损坏、行车事故及人为事故等。但发生次数最多，影响最大，造成人员伤亡和经济损失最严重的是火灾事故。轨道交通火灾的发生具有突发性，并且大都发生在运营时间内、运行列车上。在隧道、车站和列车构成的封闭环境中发生火灾，高温伴随着有毒浓烟，加上被困在一个有限空间的恐惧感往往会使乘客惊慌失措、作业人员应变出错，从而加剧乘客疏散、救人灭火的难度，造成群死群伤，对行车安全和乘客安全造成严重危害。因此，应对火灾是轨道交通防灾的重点。地铁与轻轨的防灾设计，应把防火灾措施放在首位。

防灾设计应贯彻"预防为主，防消结合"的消防工作方针。

一、防火设备

地铁与轻轨内的防火设备主要有消防系统和防灾通信系统。

（一）消防系统

地铁和轻轨中涉及消防系统有很多，如防灾报警系统（Fire Alarm System，简称 FAS）、水消防系统、自动气体灭火系统、机电设备监控系统、防排烟风机等。本节主要介绍水消防系统、火灾自动报警系统和自动气体灭火系统。

1. 水消防系统

主要由消火栓灭火系统和自动喷淋灭火系统组成。

（1）消火栓灭火系统，主要设在车站的管理用房、站厅层、站台层、出入口、车站和区间风道内，在区间隧道内每 100 m 设一个消火栓。当发生火灾时，当消火栓的玻璃被打破，信号就会传送到车站综合控制室，由报警控制器主机确认后自动远动控制消防泵启动灭火。

（2）自动喷淋灭火系统，主要设置在车站的票务房间、易燃的库房、备品库及商业区部分。当喷淋灭火分区发生火灾时，由于现场温度升高而使闭式喷头上低熔点合金熔化或玻璃球爆裂，喷头即行喷水灭火。这时管网中水压骤然下降，压力开关把信号传送给综合控制室，经确认后自动或远动控制喷淋泵的启动（消防泵和喷淋泵合用），不流指示器触点闭合，车站综合控制室立即显示着火部位，并有报警音响。

2. 火灾自动报警系统

火灾自动报警系统分布在站厅、站台、一般设备用房等位置，能监督车站消防设备的运行状态，接收车站火灾探测器、手动报警按钮等现场设备的报警信号并显示报警位置，优先接收控制中心发出的消防救灾指令，并能在火灾发生时，发出模式指令使机电设备监控系统运行转入火灾模式，实现消防联动。同时可通过事故广播系统的闭路电视系统组织疏散乘客，对气体灭火系统保护区域进行火灾监视，达到及早发现火灾，通报并发送火灾联动指令的作用。

在不能采用水和泡沫灭火的部位则采用"1301"灭火剂。在地铁内主要用于车辆变电所、机械室、信号继电器室、计算机房及总机房等设备房间。

火灾自动报警系统主要由探测器、控制器及信号线组成。

3. 自动气体灭火系统

自动气体灭火系统布置在重要的设备房，如高低压室、通信设备室、环控电控室，信号设备室等，能实现火灾信号采集、系统信息处理、声光报警控制、信息报告、相关环控设备联动控制和气体释放全过程自动控制。其控制方式一般有自动控制、电气式的手动控制和机械操作控制三种。目前应用的全自动灭火系统绝大部分是气体灭火系统，而常用的气体灭火系统则以卤代烷（如 1301、FM200、烟烙尽等）和二氧化碳灭火系统为主。

全自动气体灭火系统可以分为两大部分，即药剂储存和喷放设备、报警和控制设备，主要包括存储气体的钢瓶、驱动钢瓶内气体释放的阀门、输送气体的管网、整个系统的中央控制单元（通称控制盘）、火灾探测器、声光报警设备及一些辅助使用的开关等。

为了保证在发生火灾的情况下，乘客能安全迅速能够疏散，在车站出入口、楼梯口、通道拐弯处、区间隧道内及联络通道内等适当位置都设置了明显的疏散诱导标志灯或安全信号标志。

（二）防灾通信系统

地铁的防灾通信系统，由防灾调度电话系统、防灾广播系统和闭路电视监视系统等组成。

1. 防灾调度电话系统

在指挥中心设 FSDI 调度总机 1 台，在各车站的综合控制室及车辆段防灾控制室设 1 台程控调度电话分机。考虑到防灾调度电话的重要性，在指挥中心同时设置 YD-Ⅲ-4 型调度电话总机 1 台，在各车站综合控制室及车辆段防灾控制室设 DFY-1 型音频选号调度电话分机 1

台。在火灾报警系统内设有独立的消防对讲专用电话（主要设置在手动报警按钮旁、消防泵房、变电所、通风空调机房、机械室、信号继电器室等重要设备用房内），在消火栓旁设对讲电话插孔。这样能及时通知车站综合控制室值班人员尽快采取措施灭火。

2. 防灾广播系统

地铁与轻轨防灾广播和行车、客运广播共用一套广播系统，是由防灾报警监控管理中心和车站两级组成。防灾报警监控中心设广播控制台，车站广播控制台设在车站的主值班室，各车站综合控制设防灾广播控制盒。当发生火灾时综合控制室值班人员可通过防灾广播控制盒来操纵车站广播、控制台，对车站管辖范围内的任一广播区域或根据灾情进行分区广播，也可以对所有广播区域进行广播。

3. 闭路电视监视系统

地铁与轻轨内闭路电视监视系统是为防灾报警监控管理中心和车站综合控制室值班人员提供图像信息的监视系统，系统由图像摄取、图像显示、图像录制、车站控制、监控管理中心控制、视频信号传输等部分组成。其图像摄取范围为：在站台两侧不同行车方向各设 2 个摄像机，站台层楼梯出入口设 1~3 个摄像机，在站厅层的两端售检票厅处各设 1 个摄像机。通过闭路电视监视系统，车站综合控制室值班人员可观察站台层、站厅层内乘客候车、乘降开车及车站出入口和自动扶梯乘客疏散的情况，特别是在有灾情的情况下，为指挥乘客安全疏散提供了图像信息。

二、防火措施

（一）设计、建设阶段的防火措施

1. 合理选材与设计

在车站，应设置防火分区、防火墙、甲级防火门及防火卷帘门，同时在结构和建筑装修裸露部分都要采用非燃材料，各种管道保温也要采用非燃材料制作，各种电缆、电线要采用阻燃型或耐火型材料。变电所采用干式变压器、真空开关、电缆桥架外涂防火材料等作为防火措施。

如果地铁要经过过江隧道，其防火系统的设计就更加要引起重视了。如武汉地铁 2 号线在设计过江隧道时就没有为节省资金而将公路过江隧道与其合为一体，而是把安全放在首位。因为目前世界上采用盾构法建造的隧道，最大直径只能达到 15 m，而武汉过江隧道如果采用公铁两用，则直径需要达到 16 m，过江隧道采用盾构法修建，技术上无法达到公铁两用的要求。武汉地铁在设计过江隧道时在顶部还设有专门的排烟通道，火灾发生后，立即启动风阀，产生的烟雾可及时由上部抽放，而不像传统隧道那样往前或者往后排放。

2. 设置火灾自动报警系统

火灾报警系统能使火警在第一时间被发现，达到控制火灾灾情和减少损失的目的。火灾报警系统由中央监控设备、车站监控设备、安装在现场的烟感探测器、温感探测器和人工报警装置等组成。火灾报警系统具有探测火灾及报警功能，能监控着火区域防火阀动作状态、控制有关防火卷帘门关闭、控制消防水泵的启动及监控其工作状态。为降低系统控制与操作的复杂程度，火灾探测及报警与通风系统等控制的消防联动可分开设置。

3. 配备高效消防设备

轨道交通使用的消防设施主要有消火栓灭火系统、气体灭火装置、手提灭火器和自动喷水灭火装置等。消火栓灭火系统通过环状消防供水管网覆盖车站各处。气体灭火装置主要设置在车站、车辆段的设备用房内。手提灭火器主要设置在车站的站厅、站台、通道和设备管理用房内。自动喷水灭火装置主要设置在车站的站厅和站台区域，与火警探测器联锁，在火灾发生时能自动喷水灭火，抑制火势蔓延和减少损失。对于自动喷水灭火装置，我国的《地铁设计规范》没有必须设置的规定。

4. 提高通风系统排烟能力

在隧道发生火灾时，隧道通风系统应按与乘客撤离方向相反的原则迅速排除烟气，并向乘客和消防人员将其提供新鲜系统，形成一定的迎面风速，引导乘客安全撤离。在车站站厅或站台发生火灾时，车站通风系统会进入火灾模式排除站厅或站台烟气，同时防止烟气向站台、出入口或站厅、隧道蔓延。

通风系统排烟能力可用排烟量指标（m^3/s）表示。提高通风系统排烟能力有助于快速降低烟气浓度、缩短排除烟气的时间，对乘客安全撤离和减少人员伤亡具有重要作用。

5. 设置紧急疏散导向标志

为确保人员迅速安全撤离，在车站的站厅、站台、自动扶梯、楼梯口、通道及拐弯处和出入口均应设置紧急疏散导向标志和应急照明设施；在隧道内及疏散通道每隔100 m应设置疏散标志灯。

（二）运营阶段的防火管理

在运营阶段，防火管理工作的重点是：健全防火管理体制，编制火灾应急预案，建立应急指挥体系，进行防火安全思想教育，开展防火与应急救援培训，组织火灾应急救援演习，加强易燃易爆危险品管理，确保消防设备技术状态良好，以及检查防火措施落实情况等。主要做好以下几方面的工作。

1. 防火安全思想教育

防火安全思想教育的内容包括防火安全意识、消防法规规章和遵守劳动纪律等。

防火安全意识教育侧重于提高员工对火灾的严重后果、防火的重要性及其防止火灾的社会意义和经济意义的认识，通过增强防火安全意识来引导员工安全行为的形成。

消防法规规章教育侧重于帮助员工树立消防的法制观念，杜绝消防违法违章行为的发生。消防法规规章大体分消防基本法规、消防行政法规和企业防火规章三类。消防基本法规是消防安全管理的最高法规，如《中华人民共和国消防法》。消防行政法规是指由国务院、国务院有关部委或地方政府颁发的消防法规。

实践表明，许多重大事故的发生与劳动纪律松懈、违章作业、违章指挥等有关。因此，在防火管理工作中，必须进行关于遵章守纪的教育，规范员工的工作行为，从而促进安全生产。

2. 防火与应急救援培训

防火知识与技能的培训分两种：一种是防火基本知识与技能的培训，面向全体员工；另一种是防火专业知识与技能培训，主要是针对相关工种员工和应急救援人员。

应急救援培训通常与防火专业培训相结合。各种火灾情况下的应急救援，人员疏散，伤员急救，行车指挥等的程序、办法与措施是培训的重点内容，但员工自我防护、职业道德和心理辅导方面的内容也不应忽视。

遇到特大火灾，员工是履行职责投入救援、还是丢下乘客自行逃生，这里面有一个职业道德和是否失职的问题。此外，在突发火灾面前，员工表现慌乱、胆怯、优柔寡断，会失去扑灭火灾和人员撤离的最佳时机，心理辅导的目的就是要让员工知道人在紧急状态下的反应会直接影响突发灾害后果及自身的安全。

3. 火灾应急救援演习

组织火灾应急救援演习的重要性体现在以下几个方面：

① 发现防火设计、消防设备存在的问题。
② 检验和完善火灾应急预案。
③ 提高火灾应急处置和综合救援能力。
④ 增强员工安全防火意识。

三、列车火灾即时处理

列车火灾即时处理应遵循"救人第一、及时扑救、快速撤离"的原则，按照列车火灾应急预案规定的程序、办法与措施进行。

（一）列车在车站上发生火灾

列车在车站上发生火灾时，列车司机、车站值班员应迅速将火灾情况向控制中心报告。车站应立即通过广播向车内乘客和候车乘客发出火灾警报，指明乘客应从何路线撤离，并派车站作业人员组织、引导乘客快速疏散，努力把混乱情况控制在最低限度内。切断牵引电流，防止救援人员触电，车站通风系统进入火灾模式，车站的检票口和安全出口应全部开放。同时，车站应组织力量进行初期扑救和伤员救护，并将重伤伤员及时送往医院。

（二）列车在隧道内发生火灾

（1）列车在隧道内发生火灾时，如果列车能够继续运行，司机有两种选择：继续运行至前方站或停车于区间隧道内。从救援难度、乘客撤离的难度、通风照明条件等进行综合分析，以及比较列车继续运行时间与救援人员到达列车停留位置时间的长短，列车应尽可能运行至前方站，在车站组织乘客撤离和进行灭火救援。此时，司机应迅速将火灾情况向控制中心、邻近车站报告，并通过广播要求乘客保持镇静。

（2）列车在隧道内发生火灾时，如果列车不能继续运行，司机应立即通过广播要求乘客保持镇静，告示乘客撤离方向与方法，乘客撤离方向主要由列车着火位置与列车停车位置决定。此外，司机应迅速将火灾情况、乘客撤离方向报告给控制中心。

根据列车着火位置、列车停车位置、乘客撤离方向和列车运行方向等情况，控制中心要启动相应的送风排烟模式，原则上通风排烟方向应与大多数乘客撤离方向相反。

在组织乘客撤离时，应切断牵引电流，打开隧道内照明灯。行车调度员应封锁火灾发生区间，停运有关车站。同时，邻近车站应派救援人员赶往火灾现场，协助乘客撤离和进行扑救，及时对伤员进行救护，并将重伤伤员送往医院。

四、防洪、防地震、防雷击及防风灾

（1）跨越河流的高架结构应按当地 100 年洪水频率标准进行设计。位于江河岸边附近的出入口的台阶高度应高出 100 年一遇的洪水水位，或设计临时防洪挡板。地铁与轻轨出入口台阶及通风亭门洞下沿应高出室外地面 150～450 mm。必要时应设防洪挡板。位于江河等水域下的区间隧道两端应设手动、电动防淹门，其排水泵站应增加排水泵台数。地铁与轻轨列车出入线洞口及露天出入口的排雨水泵的排水能力，按当地 30 年洪水频率标准进行设计。其隧道洞口宜设防洪门。

（2）地下、地面、高架车站及区间结构的设计，应符合我国现行有关抗震设计规范的规定。

（3）列车及地面和高架线路结构应考虑必要的防雷击及防风的措施。

第四节　城市轨道交通安全管理

一、概　述

城市轨道交通是现代化大城市广泛采用的一种安全、快速、舒适、无污染运量大的有轨运输工具。它由许多设备系统所组成，不同的设备系统完成着轨道交通不同的功能，而各个部门之间又是相互配合、紧密联系、互为整体的，犹如一架庞大复杂的联动机，在实现运营服务的过程中，如果某一环节出现问题．就可能危及整个系统的运行安全。运行安全不但关系到整个系统的正常运作，而且关系到广大乘客的生命及国家财产的安全，所以运行安全是城市轨道交通的生命线、效益线。

城市轨道交通是城市中心的交通工具，它运送乘客的数量与其他交通工具相比多得多。特别是地铁车站，它一般设在地下，是个人口高度集中的场所，而紧急逃生口与地面不同比较有限。另外地铁本身的建造运营成本也相当高，所以地铁的安全性尤为突出，尤为重要。人们非常重视地铁的安全，在地铁安全方面的投入也是相当大的，在地铁安全方面的管理也更为严格。

二、城市轨道交通的安全与事故

轨道交通的安全对城市的经济发展和市民的日常生活有着举足轻重的影响。没有安全，就没有效率，更谈不上服务，也不可能产生经济效益和社会效益。因此，"安全第一、预防为主"在城市轨道交通中应被高度重视。

（一）安全的有关概念

1. 绝对安全与相对安全

在生产活动领域，关于安全的概念，目前大体有绝对安全和相对安全两种观点。

绝对安全观点认为：安全是指没有危险、不发生事故（故障）或灾害，不存在会引起人员伤亡、设备损坏或系统中断运行的条件。而相对安全观点则认为：绝对安全、零事故可以作为一个不懈追求的目标，但在实践中，绝对安全是不存在的。因此，应把安全理解为将危险、故障等发生的概率小到可以忽略的程度，以及将它们所造成的对人与环境的伤害控制在可接受水平。

2. 危险

在生产过程中，危险是指会引起人员伤亡、设备损坏或使系统中断运行的各种不安全因素集合，这些不安全因素可以是现实的，也可以是潜在的；这些不安全因素可能与设备有关，也可能与人有关，还可能与人机环境有关；危险还包含了各种尚未为人类所知，或虽为人类所知但尚未为人类所控制的不安全因素。因此，危险是与安全相对的概念，两者是一种此消彼长的关系。

3. 故障

故障是指在生产过程中发生的意外的、失去控制的事件。在大多数情况下，故障的概念与设备不能在规定条件下完成规定功能的情形有关。故障常常引起系统的中断运行，严重的故障及对故障处置不当会导致事故发生。

4. 事故

事故也是指在生产过程中发生的意外的、失去控制的事件。事故往往导致人员伤亡、设备损坏或系统中断运行。事故概念侧重于后果已经形成，事故发生的根本原因是危险源。应该指出，事故不是与安全相对的概念。在实践中，认为不发生事故就是安全的，或者没有出现人员伤亡和设备损坏就不算事故。这些都是不正确的。

5. 灾害

灾害是指出人意料、突然发生的事件，常常造成灾难性后果。按照灾害的成因分类，灾害可以分为自然灾害和人为灾害。自然灾害以自然变异为主因，人为灾害以人的因素为主因。灾害具有突发性强、猝不及防、灾度难测和灾因复杂等特点。

6. 安全管理

安全管理是运营管理的重要组成部分，它是以控制危险、防止事故，最大限度减少事故损失为目标而进行的决策、组织与控制等一系列活动。安全管理涉及技术设备选型、作业人员招聘、有关规章制定、应急预案编制、安全教育与检查、事故调查与处理、安全状况统计分析等各方面。有效的安全管理是运营安全有序可控、基本稳定的保证。

（二）城市轨道交通事故的种类

在轨道交通运营与非运营时间内，由于作业人员违章作业、人为差错，技术设备故障或其他内外部因素，造成人员伤亡、设备损坏、中断正常行车或危及行车安全的意外事件均是构成事故的原因。

我国目前尚未制定全国统一的城市轨道交通事故等级标准，但各拥有轨道交通系统的城市都结合自己的特色，制定了相应的规则和标准。以部分城市的轨道交通为例，按照事故造成的损失，以及对正线列车运行的影响程度，事故将等级分为特别重大事故、重大事故、较大事故和一般事故。

（1）特别重大事故：是指造成全市轨道交通发生 6 h 以上停运；造成 30 人以上死亡，或者 100 人以上重伤；或者造成 1 亿元以上直接经济损失；或者发生毒气、爆炸、恐怖袭击等社会公共安全事件。

（2）重大事故：是指造成两条以上轨道交通线路全线中断运营 3~6 h 或部分区段中断运营大于 6 h；造成 10 人以上 30 人以下死亡；或者造成 50 人以上 100 人以下重伤；或者造成 5 000 万以上 1 亿元以下直接经济损失的事故。

（3）较大事故：是指造成一条线路全线中断运营 1~3 h 或部分区段中断运营大于 3 h；造成 3 人（含 3 人）以上 10 人以下死亡；或者造成 10 人以上 50 人以下重伤；或者造成 1000 万以上 5000 万元以下直接经济损失的事故。

（4）一般事故：

是指造成一条线路全线中断运营 30 min~1 h；造成 3 人以下死亡；或者 10 人以下重伤；或者造成 1000 万元以下直接经济损失的事故。

按照事故的责任承担，事故分为责任事故和非责任事故。责任事故是指由于有关人员的过失造成的事故。责任事故还可进一步分为全部责任事故、主要责任事故和次要责任事故等，以及分为肇事者责任和管理者（领导者）责任等；非责任事故是指由于客观因素或外部原因造成的事故。

三、运行安全的规章制度

为了实现城市轨道交通的运行安全，使地铁员工都能有章可循、有法可依，各轨道交通公司均应建立健全运行安全规章制度。其主要内容包括：

（1）城市轨道交通行车组织规则。
（2）突发事件应急处理办法。
（3）各类应急预案处理办法。
（4）车厂运作手册。
（5）车站运作手册。
（6）特种设备质量安全监察规定。
（7）各专业的操作规程、手册。
（8）事故管理规则。
（9）行车设备施工管理规定。
（10）安全、消防管理办法。

四、国内外重大灾害案例

1969 年 11 月 11 日，北京地铁试运行期间，因车辆电器设备故障引起火灾，造成 3 人死亡、300多人中毒受伤，2辆客车被烧毁，地面交通中断一天，火灾造成直接经济损失100多万元。

1987年11月18日傍晚，英国伦敦地铁国王十字站（King'Cross station）自动扶梯下面的机房燃起大火，火焰随运行中的自动楼梯上窜并沿售票厅迅速蔓延，惊慌失措的乘客在混乱中夺路而逃。由于火势凶猛、车站地形复杂和消防队员没有带防护面罩等原因，救援工作进展缓慢，大火在燃烧4个多小时后才被扑灭。火灾造成32人死亡、100多人受伤。

1995年3月20日早高峰时间，日本奥姆真理教的成员把装满"沙林"液体的塑料袋放在东京地铁内。然后用雨伞尖将其戳破，毒气随即弥漫在列车中、车站上。受到毒气突然袭击，许多乘客和地铁工作人员瘫倒在地，出现咳嗽、头晕、恶心和呼吸困难，现场秩序一片混乱。在投毒事件中，共有16个车站遭到毒气袭击，造成12人死亡、5 500多人中毒、1 000多人住院治疗。

1995年10月28日夜间，阿塞拜疆首都巴库的一列地铁列车因电路故障起火，由于缺乏经验，司机把列车停在隧道内，给乘客撤离和组织救援带来不利，被困乘客纷纷打碎车窗玻璃夺路而逃，在浓烟中乱成一团。大火直到第二天凌晨才被扑灭。由于车辆燃烧过程中产生大量有毒气体，这场火灾造成558人死亡、269人受伤。

1999年5月30日，在白俄罗斯首都明斯克，因突然下起大雨，参加啤酒节活动的人群纷纷涌入一个地铁站避雨，在车站通道里，由于人多拥挤、发生践踏，造成54人死亡、100多人受伤。

2003年2月18日上午，韩国大邱市地铁1079次列车上发生纵火事件，当时该列车正在驶入中央路站，3分钟后1080次列车也进入中央路站，大火又迅速蔓延到1080次列车。大火在燃烧了3个多小时后才被扑灭，火灾造成198人死亡、146人受伤，两个列车的12节车厢全部被烧毁，线路的恢复运营需要几个月的时间。

欧洲地铁多次发生由恐怖分子制造的爆炸袭击事件。2004年2月6日早高峰时间，俄罗斯首都莫斯科一列地铁列车在运行中发生爆炸，造成近50人死亡、130多人受伤。2004年3月11日早高峰时间，在西班牙马德里的三个轨道交通车站先后发生列车爆炸事件，造成192人死亡、1 500多人受伤。2005年7月7日早高峰时间，英国伦敦地铁又发生系列爆炸事件，造成56人死亡、700多人受伤。

分析上述轨道交通重大突发灾害案例，绝大多数轨道交通灾害与人的因素有关，是人为灾害。早期的轨道交通灾害，如火灾的发生大多是因为人、机方面的原因。近年来，恐怖组织多次将客流集中的轨道交通作为袭击目标，轨道交通灾害出现了新的情况，提高防恐、反恐能力成为轨道交通安全的重要课题。

复习思考题

一、填空题：

1. 当活塞式通风不能满足地铁与轻轨排除余热的要求时，要设置_____系统。
2. 屏蔽门系统是站台公共区与轨道交通的_____通道。
3. 屏蔽门系统有系统级、_____级、人工操作三种控制模式。
4. 给排水系统分别由给水系统和_____系统组成。
5. 突然爆发、给人类和社会带来灾难性后果的突发事件称为_____。

6. 自然灾害以＿＿＿＿＿＿＿＿＿为主因。
7. 人为灾害以＿＿＿＿＿＿＿＿＿为主因。
8. 地铁与轻轨的防灾设备主要有消防系统和＿＿＿＿＿＿＿＿＿＿＿系统。
9. 闭路电视监控系统是为有关工作人员提供＿＿＿＿＿＿＿信息的监视系统。
10. 列车发生火灾时即时处理应遵循"＿＿＿＿＿＿第一、及时扑救、快速撤离"的原则。

二、简答题：

1. 通风和空调设备的任务有哪些？
2. 地铁与轻轨的通风空调系统有哪几种形式？
3. 何谓活塞效应通风？
4. 地铁与轻轨的通风建筑物主要包括哪些？
5. 地铁与轻轨的主要给水设施有哪些？
6. 地铁与轻轨的排水系统有哪些类型？
7. 地铁与轻轨可能发生的灾害有哪些？
8. 水消防系统由哪几部分组成？各用于什么场所？
9. 防灾通信系统由哪几部分组成？

附录一　轨道交通常用缩略语英汉对照
（按字母顺序）

1.	AFC	automatic fare collection	自动售检票
2.	AGT	automated guideway transit	自动导向交通
3.	AR	automatic reversal	自动折返
4.	ARS	automatic route setting	进路自动排列
5.	ATC	automatic train control	列车自动控制
6.	ATO	automatic train operation	列车自动驾驶
7.	ATP	automatic train protection	列车自动防护
8.	ATR	automatic train regulation	列车自动调整
9.	ATS	automatic train supervision	列车自动监控
10.	ATT	automatic train tracking	列车自动跟踪
11.	AVM	add value machine	自动加值机
12.	AVM	automatic vehicle monitoring	车辆自动监控
13.	BAS	building automatic system	环境与设备监控系统
14.	BOM	booking office machine	半自动售票机
15.	CC	central computer	中央计算机
16.	CCR	central control room	中央控制室
17.	CCTV	closed circuit television	闭路电视
18.	CLOW	center local operation workstation	中央联锁工作站
19.	CSC	contact less smart card	非接触式智能卡
20.	CTC	centralized traffic control	调度集中
21.	DCC	depot control center	车辆段控制中心
22.	DMC	depot maintenance controller	车辆检修调度
23.	E/S	encoder/sorter	编码/分拣机
24.	ECS	environment control system	环控系统
25.	EMCS	electrical and mechanical control system	机电设备监控系统
26.	ENG	entry gate	进站检票机
27.	ESB	emergence stop button	紧急停车按钮
28.	EXG	exit gate	出站检票机
29.	FAS	fire alarm system	火灾报警系统
30.	IC	integrated circuit	集成电路

31.	LOW	local operation workstation	联锁工作站
32.	LRT	light rail transit	轻轨交通
33.	LRV	light rail vehicle	轻轨车辆
34.	MCC	maintenance control center	维修控制中心
35.	MMI	man machine interface	人机界面
36.	OCC	operation control center	运营控制中心
37.	PIS	passenger information system	乘客信息系统
38.	PM	people mover	专线型、中运量自动导向交通
39.	PRT	personal rapid transit	网络型、小运量自动导向交通
40.	PSD	platform screen door	站台屏蔽门
41.	RM	restricted manual	（ATP）限速人工驾驶
42.	RRT	rapid rail transit	快速轨道交通
43.	RTU	remote terminal unit	远程终端单元
44.	SC	station computer	车站计算机
45.	SCADA	supervision, control and data acquisition	电力监控
46.	SM	supervised manual	（ATP）监控人工驾驶
47.	TCM	ticket checking machine	自动验票机
48.	TVM	ticket vending machine	自动售票机
49.	UMT	urban mass transit	城市大运量交通
50.	URM	unrestricted manual	（ATP 切除）人工驾驶
51.	URT	urban rail transit	城市轨道交通
52.	VVVF	variable voltage variable frequency	变压变频

附录二 轨道交通常用缩略语英汉对照
（按专业类别）

综合类

名　称	全　称	中文名
FAS	Fire Alarm System	火灾报警系统
BAS	Building Automation System	建筑设备自动化系统
AFC	Auto Fare Collection	自动售检票系统
ATP	Automatic Train Protection	列车自动防护
ATS	Automatic Train Supervision	列车自动监控
ATC	Automatic Train Control	列车自动控制
ATO	Automatic Train Operation	列车自动运行
SCADA	Scan Control Alarm Database	供电系统管理自动化
OCC	Operated Control Center	控制中心
HMI	Human Machine Interface	人机接口
UPS	Uninterrupted Power Supply	不间断电源
MOC	Ministry of construction	建设部
TCP/IP	Transmission Control Protocol/Internet Protocol	传输控制协议/网络互联协议
FTP	File Transfer Protocol	文件传输协议
API	Application Programming Interface	应用程序接口
IBP	Integrated Backup Panel	综合后备盘
LAN	Local Area Network	局域网
WAN	Wide Area Network	广域网
MTBF	Mean Time Between Failure	平均无故障时间
MTTR	Mean Time To Repair	平均修复时间
SNMP	Simple Network Management Protocol	简单网络管理协议
IEEE	Institute for Electrical and Electronic Engineers	国际电子与电气工程师协会
GB	Guo Biao	中国国家标准
EN		欧洲标准
OTN	Open Transport Network	开放传输网络
OSI	Open System Internet	开放系统互联
PC	Personal Computer	个人计算机

PIIS	Passenger Information and Indication System	旅客向导系统
PSD	Platforms Screen Door	安全门
QoS	Quality of Service	服务质量
RAMS		安全性、可靠性、可用性、可维护性
TB	Tie Biao	中国铁道部标准
CIF	Cost Insurance and Freight	到岸价格
UIC		国际铁路联盟
ITU-T		国际电讯联盟
IEC	International Electrician Commission	国际电工委员会
ISO	International Organization For Standardization	国际标准化组织
ANSI	American National Standards Institute	美国国家标准学会
NFPA	National Fire Protection Association	美国全国防火协会
BSI	British Standards Institution	英国标准学会
DIN	Deutsches Institut für Normung	德国标准化学会
JISC	Japanese Industrial Standards Committee	日本工业标准调查会
EIA	Electronic Industries Alliance	美国电子工业协会
CCIR		国际无线咨询委员会标准
ISO9001		质量安全体系标准
ISO14000		环境管理体系标准
RIA	Railway Industry Association	铁路工业协会
IDC I	Ntermodality Data Center	清结算数据中心
Tc	Trailer Car	带司机室拖车
T	Trailer	不带司机室拖车
Mp	Motor Car With Pantograph	带受电弓的动车
M	Motor Car	不带受电弓的动车
AW0		空载
AW1		每位乘客都有座位
AW2		每平方米6人
AW3		每平方米9人
CSC	Contactless Smart Card	非接触智能卡
CST	Contactless Smart Token	非接触智能筹码
EOD	Equipment Operating Data	设备运行参数

车辆系统

LRU	Line Replaceable Unit	线路可替换单元
TBD	To be Defined	待定义，待规定
TBEx	Trailer Bogie-External	拖车外转向架
TBIn	Train Bogie-Intermediate	拖车中间转向架

TBU	Tread Brake Unit	踏面制动单元
WSS	Wheel Speed Sensor	轮速传感器
PB	Powered Bogie	动车转向架
FDU	Frontal Display Unit	前部显示单元
IDU	Internal Display Unit	内部显示单元
TIMS	Train Integrated Management System	列车综合管理系统
DAA	Digital and Audio Announcements	数字语音广播器
MPU	Main Processor Unit	主控单元
APU	Audio Power Unit	放大器单元
VPI	Visual Passenger Information	可视乘客信息
VVVF	Variable Voltage Variable Frequency	变压变频

信号系统

ACS	Axle Counting System	计轴系统
AM	ATO Mode ATO	自动折返模式
AP	Access Point	接入点
AS	Access Switch	接入交换机
ATO	Automatic Train Operation	列车自动运行
ATP	Automatic Train Protection	列车自动防护
ATPM	ATP Manual Mode ATP	防护下的人工列车驾驶模式
ATS	Automatic Train Supervision	列车自动监控
BS	Backbone Switch	骨干交换机
CBTC	Communications-Based Train Control	基于通信的列车控制
CC	Carborne Controller	车载控制器
CI	Computer Based Interlocking	计算机联锁
DCS	Data Communication Subsystem	数据通信子系统
DSU	Database Storage Unit	数据库存储单元
EB	Emergency Brake	紧急制动
ILC	Interlocking Controller	联锁控制器
LCD	Liquid Crystal Displayer	液晶显示器
LED	Light Emitting Diode	发光二极管
MAL	Movement Authority Limit	移动授权
MR	Mobile Radio	车载无线台
OCC	Operational Control Center	运营控制中心
RM	Restricted Manual	限制人工模式
TOD	Train Operator Display	司机显示器

通信系统

MDF	Multiplex Distribution Frame	综合配线架

TBS	TETRA Base Station TETRA	基站
PABX	Private Automatic Branch Exchange	专用自动小交换机
DDF	Digital Distribution Frame	数字配线架
ODF	Optical Distribution Frame	光配线架
ADF	Audio Distribution Frame	音频配线架
DxTiP	Digital Exchange for TETRA	数字交换机
ISDN	Integrated Services Digital Network TETRA	综合业务数字网
OMS	OTN Management System	管理系统
NCC	Network Control System OTN	网络控制系统
PCM	Pulse Code Modulation	脉冲编码调制
TETRA	Terrestial Trunked Radio	欧洲数字集群标准
TDM	Time Division Multiplexing	时分复用
PSTN	Public Switched Telephone Network	公用电话交换网
CDD	Configuration and Data Distribution Server	配置及数字分配服务器

自动售检票系统

CPS	Central Processing System	中央计算机系统
SPS	Station Processing System	车站计算机系统
PIN	Personal Identification Number	个人身份号码
ACC	AFC Clearing Center	轨道交通 AFC 清算管理中心
AGM	Automatic Gate Machine	自动检票机
TCM	Ticket Checking Machine	自动验票机
TVM	Ticket Vending Machine	自动售票机
SEMI-TVM	Manually Operated Ticket Vending Machine	半自动售票机
PVU	Portable Verifying Unit	便携式验票机
GATE		闸机

火灾报警系统

FAC	Fire Advisory Council	消防专项合格证书
I/O	Input/Output	输入/输出
EST	Edwards System Technology	爱德华系统技术
NCS	Network Control Station	网络控制工作站

环境监控系统

DCS	Distributed Control System	集散控制系统
PID	Proportional-Integral-Differential	比例-积分-微分调节
PLC	Program Logical Controller	可编程序控制器
RI/O	Remote Input/Output	远程输入输出
EMCS	Electrical and Mechanical Control System	机电

参 考 文 献

[1] 孙章, 等. 城市轨道交通概论. 北京: 中国铁道出版社, 2005.
[2] 孙有望, 李云清. 城市轨道交通概论. 北京: 中国铁道出版社, 2003.
[3] 佟立本. 交通运输设备. 北京: 中国铁道出版社, 2005.
[4] 汪松滋, 黄钟. 地铁概论. 南京: 南京出版社, 1994.
[5] 张庆贺, 等. 地铁与轻轨. 北京: 人民交通出版社, 2005.
[6] 马德芹, 蔺安林. 地下铁道与轻轨交通. 成都: 西南交通大学出版社, 2003.
[7] 长春客车厂老年科学技术协会编. 城轨车辆技术与应用. 北京: 中国铁道出版社, 2005.
[8] 郭小碚, 等. 中国城市及城际轨道交通发展与规划. 北京: 中国铁道出版社, 2006.
[9] 周庆瑞, 金锋. 新型城市轨道交通. 北京: 中国铁道出版社, 2006.
[10] 吴祥明. 磁浮列车. 上海: 上海科学技术出版社, 2003.
[11] 吴爽. 中等规模城市的快轨交通建设规划. 都市快轨交通, 2007 (1).
[12] 周巧莲. 上海城市轨道交通车辆基本性能分析. 机车电传动, 2007 (3).
[13] 汪文富, 杜芳. 地铁牵引接触网的沿革与趋势. 《人民铁道》报, 2004-01-04.
[14] 周文辉. 铁道概论. 北京: 中国铁道出版社, 1997.
[15] 张冠增. 城市发展概论. 北京: 中国铁道出版社, 2000.
[16] 叶霞飞, 顾保南. 城市轨道交通规划与设计. 北京: 中国铁道出版社, 1999.
[17] 胡懿洲. 建立城轨交通接触网评价体系的探讨. 中国铁路, 2007 (11).
[18] 张国宝. 城市轨道交通运营组织. 上海: 上海科学技术出版社, 2006.
[19] 张国宝. 城市轨道交通运输组织. 北京: 中国铁道出版社, 2005.
[20] 人力资源和社会保障部办公室, 广州地铁总公司编. 城市轨道交通概论. 北京: 中国劳动和社会保障出版社, 2009.
[21] 王伟文. 城市轨道交通车站客运服务. 北京: 中国铁道出版社, 2010.
[22] 赵矿英. 城市轨道交通概论. 北京: 电子工业出版社, 2013.